경희 고대사 · 고고학 연구총서 3

동북사강
東北史綱

부사년(傅斯年) 지음 / 정지호 옮김

일러두기

1. 이 책은 1932년에 출간된 『동북사강 초고』 중 부사년이 집필한
   제1권 「고대의 동북」 편을 번역한 것이다.
2. 역자의 주석은 각주로 표기하였다.
3. 본문 중 번역을 매끄럽게 하기 위해 임의로 보충한 부분은 [   ]
   를 써서 표시하였다.
4. 중국의 인명과 지명은 모두 한국어 발음으로 표기하였다.
5. 일본의 인명과 지명은 모두 일본어 발음으로 표기하였다.

고대사 · 고고학 연구총서 3

東北史綱

저 자 | 傅斯年
역 자 | 정지호
펴낸이 | 최병식
펴낸날 | 2017년 8월 31일
펴낸곳 | 주류성출판사 www.juluesung.co.kr
        서울특별시 서초구 강남대로 435 주류성빌딩 15층
        TEL | 02-3481-1024(대표전화)·FAX | 02-3482-0656
        e-mail | juluesung@daum.net

값 20,000원

잘못된 책은 교환해 드립니다.

ISBN 978-89-6246-323-1 94910
ISBN 978-89-6246-283-8 94910(세트)

• 이 책은 정부(교육부)의 재원으로 한국연구재단의 지원을 받아 수행된 연구임(과제번호 NRF-2014S1A5B8062948).
• 이 도서의 국립중앙도서관 출판예정도서목록(CIP)은 서지정보유통지원시스템 홈페이지(http://seoji.nl.go.kr)와 국가자료공동목록시스템(http://www.nl.go.kr/kolisnet)에서 이용하실 수 있습니다. (CIP제어번호 : CIP2017018992)

경희 고대사 · 고고학 연구총서 3

동북사강
東北史綱

부사년(傅斯年) 지음 / 정지호 옮김

차례

역자 서문

『동북사강』의 저술배경

1931년 9월 18일, 중일전쟁에서 아시아·태평양전쟁으로 이어지는 이른바 '15년 전쟁'의 서막을 알리는 '만주사변'(9.18사변)이 발발하였다. 중국 국민정부는 일본과의 정면 대결을 피한 채 국제연맹에 일본의 부당함을 호소하였다. 일본의 침략을 경계한 국제연맹은 1932년 2월 만주사변의 실태를 조사하기 위해 영국의 리튼(Victor Alexander George Robert Lytton, 1876년~1947년) 경을 단장으로 한 조사단을 파견하였다. 그해 10월 리튼 경은 보고서를 통해 중국·만주의 사정에서 중일분쟁의 원인에 이르기까지 상세하게 논하고 있다. 보고서는 만주에서 일본의 이익은 존중하지만, 만주국은 인정하지 않으며, 중국의 일부로서 자치권을 부여해 사실상 국제연맹의 관리 하에 둔다는 것을 주요 내용으로 하고 있었다. 이에 대해 일본제국은 즉각 반론을 제기하고 마침내 1933년 3월 국제연맹에서 탈퇴를 선언하였다. 이는 앞으로 전개될 중일전쟁, 그리고 아시아·태평양전쟁에의 사전포석이었다고 할 수 있다.

당시 북평(현 북경) 중앙연구원 역사어언연구소 소장 겸 북경대학 사학과 교수로 재직하고 있던 부사년은 만주사변 발발 후 북평도서관에서 개최된 회의에서 비분강개한 어조로 "서생(지식인)은 무엇으로써 조국에 보답할 것인가(書生何以報國)"라는 명제를 제기하였다. 이 명제는 국가적 위기에서 지식인의 역할에 대한 자문(自問)이라고도 할 수 있다. 부사년의 문제 제기에 대해 참석자들은 중국통사를 저술해 민족의식을 고취하는 것으로 뜻을 모았다.

이와 같이 『동북사강』은 '서생보국' 즉, 위기에 처한 국가를 위해 지식인의 소명을 다한다는 의

1947년 부사년이 호적에게 보낸 사진

지 하에 기획된 것이었다. 나아가 국제연맹에서 파견된 리튼 조사단에게 중국 측의 입장을 전달하는 자료로 제공할 목적도 가지고 있었다. 실제로 리튼 조사단의 일정에 맞추기 위해 『동북사강』이 출간되기 전에 요점을 간추린 〈Manchuria in History〉라는 영문 팜플렛을 서둘러 간행하여 조사단에게 제공하기도 하였다.[1] 이 영문 팜플렛의 책임자는 역사어언연구소 이제(李濟)였다.

---

1) 영문 팜플릿의 내용에 대해서는 이병호, 2008, 「'東北工程' 前史 —傅斯年의 『東北史綱』 비판—」, 『東北亞歷史論叢』 20 참조.

『동북사강』의 구성에 대해서는 본서의 「고백」에서 밝히고 있듯이, 부사년(傅斯年)이 제1권『고대의 동북(古代之東北)』, 최초부터 수 이전까지(自最初期之隋前)』를 담당하고, 방장유(方壯猷)가 제2권『수에서부터 원 말까지의 동북(隋至元末之東北)』, 서중서(徐中舒)가 제3권『명청시대의 동북(明淸之東北)』, 소일산(蕭一山)이 제4권『청대 동북의 관제 및 이민(淸代東北之官制及移民)』, 장정불(蔣廷黻)이 제5권『동북의 외교(東北之外交)』를 담당하기로 하였다. 각 권은 순차적으로 발간할 계획이었으나, 『동북사강 초고』라는 책이름으로 부사년이 담당한 제1권「고대의 동북」만 출간되었다(이하『동북사강』은『동북사강 초고』 제1권을 가리킨다). 결국 동북지역의 통사를 집필하려는 계획은 고대사 부분에 그치고 말았다고 할 수 있다. 그러나 제5권을 담당한 장정불이 1932년 12월『동북의 외교』상편에 해당하는 원고를 잡지에 게재하였으며, 제2권을 담당한 서중서도 원고의 일부인「동삼성의 봉금」 문제를 잡지에 게재한 바 있다. 제3권을 담당한 소일산 역시 대저『청대통사』를 저술하였다는 점에서 각 연구자는 비록 출간하지는 못하였지만, 나름대로 원고를 집필하고 있었음을 알 수 있다.

왜 '만주'가 아니라 '동북'인가

'서생보국'의 일환으로서 집필된『동북사강』은 일본 제국의 만주 침략에 대한 지식인들의 지적 대응이라고 할 수 있다. 구체적으로 말하면 당시 일본 학계에서 야노 진이치(矢野仁一)를 필두로 '만몽은 역사상 중국의 영토가 아니다'라는 학설이 강하게 제기되었는데 이러한 주장에 대항하여 저술된 것이다. 부사년은『동북사강』의 머리말[引語]에서 본서가 '만주'라는 용어를 사용하지 않고 '동북'이라는 용어를 사용하는 의의에 대해 상세하게 설명을 하고 있다. 부사년은 근래 일본 및 서양서적에서 중국의 동삼성(요녕성, 길림성, 흑룡강성)을 '만주'라고 칭하는 것은 명백한 오류이며, 만주는 역사적으로 지명이 아니라 종족을 가리키는 것이라고 말 한다. 청나라가 통치하던 2백여 년간 만주를 지역명으로 사용한 적이 없음에도 불구하고 이 지역을 만주라고 칭하는 것은 오로지 중국을 침략하고 영토를 분할하기 위해 날조한 것이며, 민족적·지리적·정치적·경제적 근거가 전혀 없다는 점을 재삼 강조하고 있다. 또한 그는 역사적으로 발해(渤海)를 둘러싼 3면은 모두 중국 문화의 발상지로서 요동 일대는 이미 오래 전부터 중국의 번봉(藩封)이었기 때문에 "2, 3천년의 역사 속에서 동북이 중국에 속한다는 것은 강소성(江蘇

북경대학 입학 당시 동생 부사엄(傅斯巖)과 함께

省)이나 복건성(福建省)이 중국에 속하는 것과 다르지 않다"고 단언한다.

역사적으로 '만주'가 지명으로 사용되었는가 아닌가에 대해서는 학계의 의견이 분분하다. 예를 들면, 미국의 마크 엘리엇(Mark C. Elliott)은 19세기 초반부터 세계지도뿐만 아니라 중국에서 제작된 지도 및 문헌에서도 지명으로 사용되었다고 주장한다. 이러한 논의에도 불구하고 만주가 지명인지 아닌지에 대한 지역개념이 정치적으로 중요성을 띄게된 것은 20세기의 산물이 아닌가 생각한다. '만주', '만선', 혹은 '만몽' 등의 개념이 20세기 일본 제국주의가 만들어낸 지역개념이라고 한다면, '동북'은 중국의 민족주의가 만들어낸 개념인 것이다. 따라서 부사년이 역사적으로 동북지역은 중국의 영토라고 주장하는 것에는 '근대 국가/국민주권' 의식을 과거의 역사에 투영하여 '중국사=국사'를 창조하고자 하는 의도가 담겨 있다고 할 수 있다.

만주사변이 발발한지 1주년이 되는 1932년 9월 18일 부사년은 「9·18 1주년에 즈

음해서(九一八一年了)」라는 글을 『독립평론(獨立評論)』에 발표하였다. 『독립평론』은 일본이 만주를 침략하자 호적·정문강·부사년·장정불 등이 주도하여 국내의 정치 현안은 물론 중일현안에 대한 의견을 개진하기 위해 만든 잡지이다. 이 글에서 부사년은 "9.18은 우리 [민족]이 태어난 이래 최대의 국난"이라고 소회를 밝히고 이에 적절히 대응하지 못하는 국민정부에 대해 적지 않은 실망감을 드러내고 있다.[2] 이 '국가주권'의식을 역사에 발동시켜 현재로부터의 계보학=국사를 형성하고자 하는 시도는 근래 많은 논란을 낳고 있는 '동북공정'의 저변에 깔린 의식이라고 할 수 있다. 현재 중국은 중화인민공화국의 영토를 중국사의 공간적 범위로 규정하고 거꾸로 시대를 거슬러 올라가 고구려의 역사를 중국사의 일부로 통합시키려고 하고 있다. 이 '국사' 만들기 작업은 이른바 '동북공정'을 통해서 현재도 진행형으로 아직 끝나지 않은 프로젝트라는 사실을 알 수 있다.

『동북사강』의 내용

부사년이 집필한 『동북사강』 제1권은 중국 문명의 발생부터 수 이전까지 중국과 동북지역의 관계에 대해서 서술하고 있다. 전체 138쪽에 달하는 길지 않은 분량이지만, 실증사학의 대가답게 최대한 관련 사료를 소개하면서 자신의 입장을 설명하고 있다.

제1장 「발해안 및 그 주변 내지의 문화의 여명(渤海岸及其聯屬內地上文化之黎明)」에서는 근대 고고학과 인류학적 연구 성과 및 신화 등의 비교를 통해서 중국의 북부와 동북 지역은 이미 선사시대부터 인종 및 문화적, 지리적인 측면에서 공동의 기원과 기반을 지니고 있음을 밝히는데 주력하고 있다. 특히 제3절의 「주몽 천녀 현

---

2) 孟眞(부사년), 1932. 9. 18, 「九一八一年了」, 『獨立評論』 18號, pp.2~8.

조 제 신화(朱蒙天女玄鳥諸神話)와 제4절 「은상과 동북(殷商與東北)」은 『이하동서설』[3]에서 서술하고 있는 내용과 겹치는 부분이 많은데, 은 왕조의 난생(卵生) 건국 설화의 서사구조와 부여, 고구려의 건국 설화가 거의 유사한 점을 들어 사막 북쪽의 유목민족 등과는 달리 동북지역은 먼 옛날부터 중국과 일체였다는 것을 강조하고 있다.

제2장 「연·진·한과 동북(燕秦漢與東北)」에서는 한 무제가 한사군을 설치하기 이전에 이미 조선은 중국과 밀접한 관계를 맺고 있었다는 것을 밝히고 있다. 즉 주나라 때 조선은 기자 후손의 나라였으며 이후 위만이 왕을 자처한 곳으로 중국과의 관계가 밀접하였고, 연·진나라 시기에는 중국의 세력이 지금의 서울에까지 미쳤다는 것이다. 부사년은 이러한 주장에 대한 증명으로 방언을 들어 북연과 조선이 하나의 방언구역이었다는 것을 단정하고 있다. 나아가 한 무제시기에는 한반도 전역이 모두 중국의 다스림으로 통일되었는데, 한 무제가 성공할 수 있었던 것은 '대완(大宛)' 등 본래 '비중국'이었던 지역과는 달리, 원래부터 중국의 영향력이 강하게 작동하고 있었기 때문에 가능하였던 것이라고 주장하고 있다.

제3장 「양한 위진 시기의 동북 군현(兩漢魏晉之東北郡縣)」에서는 한 무제가 한사군 설치 이전에 한반도의 동북쪽과 길림성의 동남쪽에 이미 창해군을 설치하였으며, 한사군 중 진번군은 오늘날 한반도의 남쪽 경계로까지 이르렀다고 하여 중국의 동북지역뿐만 아니라 한반도의 남쪽까지 중국의 영토에 속하였다고 주장한다. 여기에서는 한부터 수에 이르는 동북 제군(주요 군으로 요동군, 요서군, 낙랑군, 현도군, 대방군 등을 들고 있다)의 연역과 그에 대한 사료 및 주석을 방대하게 제시하고 있는데, 특히 동북지역 제군의 연역표는 각 군별 시대별 추이를 일목요연하게 보여주고 있다. 부사년은 이를 통해 자신의 주장이 매우 실증적이라는 것을 강조하고

---

3) 『이하동서설』은 부사년이 1933년에 발표한 책으로 중국 고대사 연구에 커다란 영향을 미쳤다는 평가를 받고 있을 뿐만 아니라 은나라가 동북에서 일어났다고 하는 것에서 한국 고대사 연구에도 커다란 반향을 불러 일으켰다. 부사년 지음(정재서 역주), 2011, 『이하동서설』, 우리역사연구재단.

있다.

제4장「전한 위진 시기의 동북 속부(西漢魏晋之東北屬部)」에서는 한 위진시기 동북지역에 존재하였던 각 종족에 대해 고찰하고 있다. 여기에서는 우선『후한서』,『위지』,『진서』등의 사료를 통해서 부여에서 삼한에 이르기까지 각 종족의 예속과 문화에 대한 사료를 제시하

1935년 5월, 안양현 유적지에서. 왼쪽부터 부사년, 프랑스 한학자 폴 펠리오, 양사영(梁思永)

고, 각 종족이 거주한 지리적 특징을 비롯해 문화와 풍속의 역사적 변천에 대해 설명하고 있다. 이 장은 본서의 핵심적 내용을 담고 있다고 할 수 있는데, 동북 지역은 역사적으로 중국의 속지였다는 것이다. 그 근거로 부사년은 왕조는 본래 동북에서 왔으며, 나라가 멸망하자 그 유망인(기자)이 다시 동북으로 돌아갔다는 사실을 들고 있다. 그리고 춘추시대 초기까지 하북성 및 산동성 부근에 거주하던 맥인 중 일부는 중국인으로 융화되었으나 일부는 동쪽으로 진출하여 지배계급을 형성하였다고 한다. 따라서 한화의 영향이 강한 지역일수록 문화가 발달하였으며, 읍루와 같이 한화의 영향이 적었던 곳은 낮은 문화수준에 머물러 있었다고 한다.

제5장「한진시기 동북의 대사건(漢晋間東北之大事)」에서는 조조의 오환정벌에서 모용씨의 창업에 이르기까지 중원이 극도로 혼란하였던 후한 말기에서 오호십육국 시기까지 동북 지역에서 일어난 주요 사건을 거론하면서 이 지역이 중국의 판도 내에 있었다는 사실을 주장한다. 우선, 조조의 오환 정벌로 인해 동북 지역에 중국 왕조의 위엄이 다시 서게 되었다는 것을 높게 평가하고 있다. 그리고 공손씨 정권의 성립으로 중화제국은 통일의 일부를 상실하게 되었으나, 공손씨가 고구려, 한(韓),

예(穢)의 위협을 제거하여 동북지역을 견고히 해 줌으로써 동북지역의 이탈을 막아주었다는 점에서 긍정적인 평가를 내리고 있다. 또한 모용씨 정권은 비록 선비족이 세웠지만, 중원문화를 적극적으로 수용하여 한화정책을 시행하였다는 점에서 동북지역은 중원문화와 불가분의 일체였음을 내세우고 있다.

『동북사강』에 대한 평가 및 의의

'서생보국'의 일환으로 저술된 『동북사강』은 적은 분량에도 불구하고 출간되자마자 커다란 반향을 불러 일으켰다. 우선, 중국에서는 소순정(邵循正), 무풍림(繆風林) 등의 학자를 중심으로 『동북사강』이 정사의 동북지역에 관한 기사 중에서 '동이전'의 기록에만 의지하여 기타 중요한 사료를 대부분 누락하였으며, 사료의 자의적 해석으로 인한 사실의 곡해가 많다는 비판이 제기되었다.[4] 동북사 연구자로 저명한 김육불(金毓黻)은 동북사의 연구가 "대부분 일본이 중심이 되어 있는 기이한 현실" 속에서 『동북사강』은 기존의 연구를 기초로 해서 동북지역을 포괄하는 체계적인 연구성과"라는 점에서 긍정적 평가를 내리면서도, 『동북사강』이 제1권 출간 후 후속편이 나오지 않아 의거할 만한 것이 없다는 점에서 아쉬움을 드러내고 있다.[5] 『동북사강』은 출간과 함께 많은 문제점이 제기되기도 하였지만, 국가존망의 위기 속에서 동북지역사 연구의 시초를 열었다는 점에서 커다란 관심을 받았으며, 특히 근래에는 구국을 위한 학술연구의 사례로서 긍정적인 평가를 받고 있다.[6]

근래 중국에서의 평가가 대체로 긍정적인 반면에 일본에서는 "『동북사강』은 일

---

4) 이에 대해서는 葉碧苓, 2007, 「九一八事變後中國史學界對日本『滿蒙論』之排斥 ―以『東北史綱』第一卷爲中心之探討―」 『國史館學術集刊』 11, pp.30～132 참조.

5) 金毓黻, 1936, 『東北通史』, 五十年代出版社, pp.2～3.

6) 焦潤明・雛海英, 2014, 「傅斯年與東北史研究」, 『東北史地』 2014, p.6, p.17.

본인의 연구에 대항하기 위해 급하게 진행된 측면이 강하고, 연구축적이 거의 없는 상황에서 저술되었기 때문에 그 수준은 그다지 높지 않다[7]는 비판적 견해가 주류를 이루고 있다.

한국에서의 평가는 더욱 호의적이지 않다. 동북지역을 중국사(=국사)로 만든 『동북사강』의 기본적 관점은 근래 동북공정의 기본을 형성하는데 충실히 활용되었다. 이 점에서, 중국과 역사분쟁을 겪고 있는 한국에서 『동북사강』에 대해 비판적인 것은 어쩌면 당연한 일일지도 모르겠다. 가령 이병호는 "학술적인 관점에서 『동북사강』은 명백한 실패작"이라고 평가하면서 "학술보국이라는 의지만을 가지고 만주사에 밝지도 않은 상태에서 불과 수개월 만에 급히 집필되다보니 수많은 오류와 왜곡이 발생하였다[8]라고 비판하고 있다. 부사년을 다년간 연구한 김창규 역시 『동북사강』은 "창졸간에 집필하였기 때문에 사료의 운용과 사실의 고증 및 목차의 설정 등에 잘못된 점이 많다[9]는 평가를 내리고 있다.

『동북사강』은 기존의 비판적인 연구가들의 주장처럼 학술적인 관점에서 보면 많은 문제를 내포하고 있는 것이 사실이다. 그러나 만주사변 이후 대내외적 위기 속에서 '서생보국'의 차원에서 저술된 『동북사강』은 일본 제국의 침략성을 호소하여 국가주권을 수호하고, 나아가 중국인에게 애국심을 고취하였다는 점에서 성공적이었다고 평가 할 수 있을 것이다. 『동북사강』이 출간된 이후 김육불의 『동북통사』를 비롯해 동북지역에 관한 역사서적이 다수 출간되었다. 이는 부사년이 동북지역에 대한 관심을 고취시키는데 있어서 중요한 역할을 하였다는 점을 부인하기는 어렵

---

7) 淸水美紀, 2003, 「1930年代の『東北』地域槪念の形成 －日中歷史學者の論爭を中心として－」, 『日本植民地硏究』 15, pp.37~53.

8) 이병호, 2008, 「'東北工程' 前史 －傅斯年의 『東北史綱』 비판－」, 『東北亞歷史論叢』 20, p.273, p.275.

9) 김창규, 2012, 『부사년(1896~1950)과 그의 시대』, 선인, p.127. 목차 부분을 보면, 제4장 「전한 위진 시기의 동북 속부」에 이어 제5장에 해당하는 「한진시기 동북의 대사건」이 원문에는 역시 제4장으로 되어 있다. 책 목차의 장절이 중첩될 정도로 교정을 볼 여유조차 없었던 것이 아닌가 생각한다.

다. 또한 1934년에 역사지리단체 우공학회(禹公學會)가 조직되어 현재까지도 많이 사용되는『중국 역사지도집』의 토대가 된「지리연혁도」를 제작, 간행하였다. 이러한 일련의 작업도『동북사강』에서 제기한 대일관계의 긴장에 따른 구국의식이 만들어 낸 '국사만들기 프로젝트'의 하나로 볼 필요가 있을 것이다.[10)

그렇다면 문제는 이러한 '국가주권'의식이 역사에 적극적으로 개입하여 거꾸로 거슬러 올라가는 계보학을 만들어내는 것을 어

말년의 부사년 모습

떻게 볼 것인가에 있는 것이 아닐까? 중국이 현재 영토를 중국사의 공간적 범위로 규정하고 그 공간에서 전개된 '국사'로 채 포섭될 수 없는 '역사의 흔적'을 지워버리려고 하는 행위를 우리는 어떻게 평가해야 할 것인가? 이는 중국 내의 소수민족의 역사적 고유성을 지워버리는 행위일 뿐만 아니라 주변국의 '주권'을 침해하는 위협으로 받아들여져 갈등을 낳는다.[11) 한국에서는 부사년이『동북사강』을 토대로 해서 저술한『이하동서설』에 대해서는 "고대 한국의 역사와 문화를 규명하는데 상당한 지식과 유용한 관점을 제시하였다"[12)는 평가를 하고 있다. 이러한 배경에는 동이족

---

10) 川島真, 2010,「近現代中国における国境の記憶 -『本来の中国の領域』をめぐる-」,『境界研究』1, p.14.

11) 임지현 엮음, 2004,『근대의 국경 역사의 변경 -변경에서 역사를 바라보다-』, 휴머니스트, pp.24~27.

12) 부사년 지음(정재서 역주), 2011,『이하동서설』, 우리역사연구재단, p.43.

부사년 초상화

의 역사를 새롭게 재조명하였다는 '역사주권' 의식이 작용하고 있다고 볼 수 있다. 그런데 '국가주권' 의식은 말할 것도 없고 '역사주권' 의식을 바탕으로 과거의 역사를 거꾸로 거슬러 올라가 계보화하려는 행위는 고대 사회가 지니는 문화적 다양성과 복수성, 그리고 인간의 유동성과 역동성을 획일화하는 위험성을 지니고 있는 것은 아닌가 반추해볼 필요가 있다.

역자는 『동북사강』이 비록 '국가주권'의 수호라는 목적 하에 저술되어 그 한계가 자명하지만, 일국사 안에 채 담아 낼 수 없는 고대 동북지역 사회의 복잡 다난한 역사적 흐름을 파악하는데 여전히 유용한 책이라고 생각한다. 역자가 학문적 능력의 편벽함을 무릅쓰고 이 책을 번역하게 된 동기도 바로 여기에 있다.

『동북사강』은 '역사학은 사료학이다'라고 언급한 부사년의 학풍에 어울리듯 다양한 원전 사료를 제시하고 있으며, 경우에 따라서는 동일한 사항에 대한 서로 다른 사료의 내용을 글자 하나하나 대조해 가면서 제시하고 있어 비교사적 관점에서 유익힘을 주고 있다. 게다가 상당한 지면을 할애하여 동북 지역의 군현에 대한 연원을 도표로 밝혀주고 있어 지리적 측면에서도 동북 지역을 이해하는데 편리함을 제공해 주고 있다. 그동안 고대 동북지역의 역사에 대해서는 부분적으로 번역된 것이 있지만, 전체를 총괄해서 일목요연하게 보여준 책이 없다는 점에서 이 역서의 의미가 있지 않을까 생각하며, 향후 동북지역 고대사 연구에 다소나마 유용하게 이용되기를 기대한다.

본서를 번역하는 과정에서 물심양면으로 도움을 주신 고대사·고고학 연구소의 조인성 소장님, 강인욱 선생님께 감사를 드리며, 번역 원고를 꼼꼼히 읽어가며 조언을 해준 조정은, 이선이 선생님께도 감사를 드린다.

마지막으로 좋은 책을 만들기 위해 애써주신 주류성 출판사 관계자 여러분께 머리 숙여 감사를 전한다.

1. 본서는 모두 5권으로 구성되어 있으며, 그 외 컬러판 지도 몇 장을 부록으로 실었다.
   독자들에게 편의를 제공하기 위해 5권을 각각 출판하며, 전권이 출간되길 기다려 지도를
   인쇄하여 함께 판매할 것이다.

2. 본서 5권의 제목은 다음과 같다.
   부사년(傅斯年), 제1권『고대의 동북(古代之東北), 최초부터 수 이전까지(自最初期之隋前)』
   방장유(方壯猷), 제2권『수에서부터 원 말까지의 동북(隋至元末之東北)』
   서중서(徐中舒), 제3권『명청시대의 동북(明淸之東北)』
   소일산(蕭一山), 제4권『청대 동북의 관제 및 이민(淸代東北之官制及移民)』
   장정불(蔣廷黻), 제5권『동북의 외교(東北之外交)』

3. 본서의 목차와 범례, 서문 등은 모두 제5권을 출판할 때 첨부한다.

4. 본서의 초고 및 지도 등은 이미 완성되었으며 민국 21년(1932년) 말에 전권 출간할 계획이
   다. 다만, 인쇄 사정은 우리들의 관여 범위가 아니기 때문에 다소 지연될 수도 있으니 독자
   여러분의 양해를 구한다.

머리말

중국의 동북 문제가 발생한 지 이미 수십 년이 경과하고 있다. 제1차 세계대전이 발발하기 이전 일본과 러시아는 경쟁하듯 우리(중국)를 유린하였다. 러시아 혁명 이후 북경(北京)에서 '중러협정[1]'을 체결한 러시아는 면목을 일신하였지만, 일본의 침략은 더욱 노골화되었다. '대륙정책', '만몽생명선[2]' 등 우리를 향한 온갖 노골적인 침략의 구호를 드러냄에도 불구하고 중국인은 여전히 깊은 잠에 취해 있다. 민국 29년(1930년) 9월 18일, 마침내 심양(沈陽)의 변[3]이 발발하였다. 우리나라는

---

1) 1924년 5월 31일 중국 정부와 소련 정부가 베이징[北京]에서 체결한 협정으로 정식 명칭은 '중·러해결현안대강협정(中俄解決懸案大綱協定)'이다. 협정의 전문은 15조로 되어 있는데, 대강의 내용을 보면, 제정 러시아와 중국, 또는 제정 러시아와 제3국간에 체결된 중국 주권의 이익에 해로운 모든 조약을 무효로 하고, 중국의 국경 안에 있는 제정 러시아의 모든 조계지를 포기한다는 내용을 골자로 하고 있다.

2) 1929년 10월 미국에서 시작되어 전 세계로 확산된 경제공황으로 인한 경제위기와 사회불안 속에서 일본 제국은 식민지 조선의 안정을 도모하고, 소련의 동북아시아와 한반도 진출을 봉쇄하려는 전략적 측면에서, 그리고 풍부한 자원과 시장으로서의 잠재력에 대한 적극적인 평가에서, 만주지역을 일본제국주의의 발전을 위한 '생명선'으로 간주하였다.

3) 일본 제국이 1931년 9월 18일 유조호사건(柳條湖事件, 만철 폭파 사건)을 조작해 만주를 중국 침

공정한 도리[公道] 및 세계 여론에 호소하였으나[4] 포악한 이웃(일본)의 만행은 아무런 거리낌 없이 눈강(嫩江) 전투에서 금주(錦州)를 탈취하였다. 이의산(李義山)[5]이 "탄식하노라. 선조로부터 물려받은 현도군(玄菟郡)에 쌓인 해골과 널브러진 시신이 구름을 이룰 만큼 심하구나!"라고 한 광경이 수만 리 국토에까지 이르렀다. 지금 동방의 도적[東寇, 일본]은 나아가 상하이에서도 함부로 잔악한 짓을 하여,[6] 국민혁명군 제19로군은 적을 맞이하여 분투하고 있으며, 세계의 시각도 크게 변하고 있다.

중국인 중에는 후안무치한 사람들이 너무 많아 조만간 망국에 이르지 않겠는가! 그런데, 향후 끝없는 투쟁을 위해서는 동북에 관한 지식이 절실한데, 동북의 사정을 나라 사람들에게 물어보면 대체로 그 깊은 내막을 알지 못하니, 어찌 좁고 미천한 견식으로 널리 국가대사에 관여할 수 있겠는가!

우리들[7]이 현 상황에 관한 동북 역사에 대해 알고 있는 것은 정치·경제의 10분의 1에도 훨씬 미치지 못하지만, 우리들 모두 역사학에 흥미를 지닌 사람들로, 단지 할 수 있는 바를 다할 뿐이다. 내가 할 수 없는 바를 사람들이 버려두겠는가(己

략을 위한 전쟁의 병참 기지로 만들고 식민지화하기 위해 벌인 침략 전쟁을 말한다. 일반적으로 '만주사변'이라고 하는데, 중국에서는 '9·18사변'이라고 한다.

4) 당시 장제스 국민당정부는 공산당과의 내전을 중시하여 일본의 침략에 직접 맞서기보다는 국제연맹에 제소하는 수준에서 문제를 해결하려고 하였다. 이에 국제연맹은 1932년 2월 만주사변의 실태를 조사하기 위해 영국의 리튼(Victor Alexander George Robert Lytton, 1876년~1947년) 경을 단장으로 해서 조사단을 파견하였다. 그해 10월 리튼은 보고서를 제출하였는데, 주요 내용은 만주에서의 일본의 이익을 존중하지만, 만주국을 인정하지 않고 중국의 일부로서 자치권을 부여해 사실상 국제연맹의 관리 하에 둔다는 것이었다. 이에 대해 일본은 즉각 반론을 제기하고 마침내 1933년 3월 국제연맹에서 탈퇴를 선언한다.

5) 중국 당나라의 시인(812~858)으로 본명은 상은(商隱)이다. 굴절이 많은 화려한 서정시를 썼으며, 시집으로는 『이의산시집(李義山詩集)』이 있다.

6) 1932년 2월 만주사변으로 인해 열강들의 주목이 만주에 집중되는 것을 피하기 위해 일본제국의 관동군이 상하이에서 일으킨 전쟁이다. 상하이에서 전쟁이 진행되는 가운데 3월 만주국이 성립하였다.

7) 『동북사강』은 본서의 고백에서 언급하고 있듯이 부사년의 주도 하에 당시 소장파 역사학자들인 방장유(方壯猷), 서중서(徐中舒), 소일산(蕭一山), 장정불(蔣廷黻) 등이 참여한 공동연구 프로젝트였다. 이러한 연유로 본문에서 '우리들'이라고 언급한 것이다.

所不能 人其舍諸)?[8] 우리들이 이 글을 집필하는 가장 큰 이유는 바로 여기에 있다.

일본인은 근래 "만몽(滿蒙)은 역사적으로 지나(支那)[9]의 영토가 아니다"[10]라는 망설을 세계에 떠벌리고 있다. 이 '지록위마(指鹿爲馬)'[11]와 같은 언설은 본래 일고의 가치도 없지만, 일본인은 급기야 이를 가지고 동북을 침략하는 구실로 삼고 있으니 역시 변론할 가치가 있다. 백번 양보한다고 해도 동삼성(東三省)[12]이 중국인지 아닌지는 본래 역사를 가지고 근거로 한 것은 아니다. 일반적으로 어느 땅이 어느 나라의 것인가에 대해서는 두 가지 조건이 있다.

첫째로 국내법[國法] 및 국제법[國際公法]에서 규정한 바에 따라 [영토의] 계승 또는 할양은 해당국[本國]의 법령을 거쳐야 하는데, 이는 국제적 규약의 조문에 보인다. 이 규정에 따라 동북지역이 중국이라는 것은 모든 법률적 규정 및 사실상에 있어 하북(河北) 혹은 광동(廣東)이 중국의 영토인 것과 하등 다를 바가 없다. 또한

---

8) 『논어』 「자로편」을 보면 인재를 어떻게 천거할 것인가라는 물음에 대해 공자는 "먼저 네가 알고 있는 인재를 등용하면 네가 모르던 인재들을 사람들이 [추천하지] 그냥 버려두겠느냐(舉爾所知 爾所不知 人其舍諸)?"라고 대답하고 있다. 여기에서 부사년의 글은 일단 내가 할 수 있는 것을 하다 보면 할 수 없는 것에 대해서는 그것을 할 수 있는 다른 사람들이 나타나지 않겠는가라는 의미를 담고 있다고 하겠다.

9) 에도시대 일본의 국학자나 난학자는 화이관념에서 벗어나 일본의 우위성을 내세우고자 하였는데, 특히 난학자는 네덜란드 서적에 보이는 Chian라는 말을 '지나'로 표기하여 중국 문화의 정치적 우월성을 제거하려고 하였다. 이후 일본제국은 멸시와 부정의 의미를 담아서 중국에 대한 명칭을 지나로 불렀다.

10) 이 주장의 대표적 학자로 우선 야노 진이치(矢野仁一)를 들 수 있다. 그는 『만주국사(満州国史)』, 『만주문제에 대해(満州問題について)』 등의 저서를 통해 만주(満州)는 청조시대 만주 기인(旗人)의 거주지로서 특별히 보류되어 있던 곳으로 "역사적으로 중국의 영토가 아니다"라고 하며, 나아가 고대부터 만주는 '만주국'으로서 존재하고 있었다고 주장한다. 이에 대해 시라토리 쿠라키치(白鳥庫吉)는 만주 지역에서는 일관된 하나의 역사적 발달 체제는 없었다고 주장한다. 즉 만주는 "만주족, 몽골족, 한족이 서로 패권을 다툰 지역으로서 일관된 역사는 없었다(『東洋』 36-3, 1934)고 주장한다. 야노와 시라토리의 견해는 만주에 일관된 역사 체제가 있었는가 없었는가에 대해서는 차이를 보이지만, 역사적으로 중국의 역사와는 무관하다는 점에서는 공통된 견해를 보이고 있다.

11) 사슴을 가리켜 말이라고 한다는 말로 윗사람을 농락하고 권세를 부리는 것을 비유한다. 진(秦)나라 2세 황제의 무능함을 이용하여 권력을 장악한 환관 조고가 신하들을 시험해 보기 위해 사슴을 말이라고 했다는 말에서 유래하였다.

12) 길림성(吉林省), 요녕성(遼寧省), 흑룡강성(黑龍江省)을 말한다.

일본과 러시아는 '포츠머스 조약'[13]을 계기로 중국에 개입하였는데, 이 역시 중국의 허가를 받은 후에야 비로소 효력을 발생하는 것이다.

둘째로, 민족자결주의 원칙에 의거해서 반드시 그 지역 인민의 다수가 속해 있는 나라와 동족이 아닌 경우에 한해 비로소 대항의 논리가 성립할 수 있다. 현재 우리나라 사람으로 동삼성에 거주하는 자는 3천만 명이지만, 일본인은 20만 명도 채 안 된다. 게다가 그중 대부분은 조차지 및 남만주철도 구역에 그쳐 중국이 통치하는 수만 방리에 겨우 수천 명에 불과하다. 따라서 동북 인민의 자결(自決)을 위해서는 재앙을 불러일으키는 일본인을 즉시 경계 밖으로 축출해야 할 것이다.

이 두 가지 연유로 동북 지역이 중국에 속한다는 것은 해와 달이 하늘을 지나는 것과 같이 분명하다. 역사를 논하는 것은 본질적인 것은 아니지만, 역사적으로 발해(渤海)를 둘러싼 3면은 모두 중국 문화의 발상지이다. 이미 오래 전부터 요동 일대는 중국의 군현이었으며, 백산(白山, 백두산) 흑수(黑水, 흑룡강 일대)는 중국의 번봉(藩封)이었다. [명나라] 영락제(永樂帝, 재위 1402년~1424년)는 동북을 평정한 후 지금의 러시아령인 동해변의 아무르 성[阿穆爾省][14]을 직할로 삼았고, 만주(滿洲)는 본래 명(明)나라의 신복(臣僕)으로 공납을 바치던 지역이며 또한 속국이었다. 이 2, 3천년의 역사를 통해서 보면 동북이 중국에 속한다는 것은 강소성(江蘇省)이나 복건성(福建省)이 중국에 속하는 것과 다르지 않다. 현재 변론할 필요조차 없는 것을 부득이하게 변론하니 이것이 우리들이 이 책을 저술하는 두 번째 이유이다.

본서에서 사용하는 사료는 이전 시대의 정사(正史) 및 통감(通鑑)을 기본으로 하지만, 근래 우리나라 학자들의 연구 성과도 또한 많이 반영한다. 명청시대에 관해서는 많은 사료가 새로 발견되어 이를 가지고 실증하는 일은 매우 흥미롭다. 근래

---

13) 1905년에 미국 포츠머스에서 미국 대통령 루스벨트의 중재로 일본과 러시아가 맺은 러일 전쟁의 강화 조약이다. 한국에 대한 일본의 우월권, 청국 정부의 승인을 전제로 한 요동반도의 조차권(租借權), 연해주 연안의 어업권 등을 그 내용으로 하고 있다.
14) 본래 청조의 영토였으나 1858년에 아이훈 조약을 체결하면서 러시아 제국에 넘어갔다.

일본의 학자들도 동북의 역사와 지리에 대해 비교적 많은 연구 성과를 올리고 있는데, 살펴서 신뢰할 만한 것은 반영하고자 한다. 다만, 옳고 그름을 논함에 국가의 경계를 한정하는 것은 아니지만, 일본의 역사 연구자들이 공정하게 논리를 펼친다면, 향후 동북사를 중국학의 일부로 연구할 것이며, 또한 중국사의 일부로 그리고 그 지역은 중국의 군현이자 번봉이며, 역사적으로 영원히 일본과 아무런 관계도 없다는 사실을 인정할 수밖에 없을 것이다. 역사학자가 흰 것을 검다고 할 수 없는 것은 사슴을 가리켜 말이라고 할 수 없는 것과 같으니 동북이 역사상 중국이 아니라고 할 수는 없는 것이다.

본서가 '만주'가 아니라 '동북'이라는 명사를 사용하는 것의 의의에 대하여

일본 및 서양인의 서적 중에는 동삼성을 가리켜 '만주(滿洲)'라고도 하는데, 이는 명백한 오류이다. 이 용어를 잘못 사용하게 된 유래는 깊다. 『만주원류고(滿洲源流考)』[15]에서 상세하게 다루고 있듯이 만주는 본래 지명이 아니다. 또한 종래 만주라는 이름의 정치적 공간은 존재하지 않았다는 점에서 정치 영역의 이름도 아니다. 이 지역 일대는 청초, 봉천장군(奉天將軍)과 영고탑장군(寧古塔將軍)[16]이 경계를 관할하였는데, 봉천부윤(奉天府尹)[17]이 관할하는 주(州), 현(縣)의 민정(民政)은 산

---

15) 1777년 청대 건륭제(乾隆帝)의 지시에 의해 한림원 주관으로 여러 학자들이 참여하여 편찬한 서적으로 정식 명칭은 『흠정만주원류고(欽定滿洲源流考)』이다. 총 20권으로 구성되어 있으며, 만주의 연혁, 근원 및 지명 등에 대하여 다루고 있다. 이에 대한 번역으로는 남주성 역주, 2010, 『흠정 만주원류고』 상, 글모아출판 등이 있다.

16) 영고탑은 청조의 발상지로서 현재의 흑룡강성 목단강시(牡丹江市) 영안(寧安)에 해당한다. 만주어로 '6개'라는 의미로 누루하치의 증조부인 복만(福滿)이 낳은 6형제가 이곳에 있었다는 것에서 지명이 유래하였다고 한다. 청조는 1653년 만주 지배를 위한 거점으로서 군사 조직인 앙방장경(昂邦章京)을 영고탑성에 설치하였는데, 1662년에 영고탑장군으로 개편하였다.

해관(山海關) 내의 부(府), 청(廳), 주(州), 현(縣) 제도와 다를 바 없었다. 강희제(康熙帝, 재위 1661년~1722년) 이래 성경성(盛京省)이라고 불렀는데, 청 말 동삼성으로 변경하고 독무(督撫)[18]를 설치하였다.

청대 2백여 년간 관문서와 개인 기록에 일찍이 만주를 지역으로 부르는 경우는 없었다. 이 용어는 본래 [일본이] 중국을 침략하기 위한 구실로 '세력 범위'를 조성하기 위해서 통용시킨 것이다. 게다가 남만(南滿), 북만(北滿), 동몽(東蒙) 등의 용어는 오로지 중국을 침략하고 영토를 분할하기 위해 날조된 것으로서, 민족적·지리적·정치적·경제적 근거가 전혀 없다. 청 말 이래 중국인이 분별없이 한문 중에 사용하게 된 것은 웃어넘길 수 없는 유감스런 일이다. 이에 본서에서는 삼성(三省) 지역을 포괄하는 개념으로 '중국 동북'이라는 용어를 사용하며, 약칭으로 '동북'이라고 하겠다. 이는 [역사적] 사실에 근거하는 것이다.

그런데, 만주(滿洲)라는 단어의 근원에 대해서는 설명할 필요가 있다. 청대 관찬서인『만주원류고(滿洲源流考)』에는 다음과 같이 언급하고 있다.

하늘의 아들[天男]이 작은 배를 타고 물길을 따라 흘러 내려가다가 물가에 이르러 강독으로 올라갔다. …… 무리가 말하길 "이 분은 하늘이 낳은 성인이니 걸어서 가게 할 수는 없다"고 하여 손을 마주 잡아 가마를 만들고는 집으로 맞이하였다. 세 씨족은 상의하여 주인으로 추대하고는 여인을 아내로 삼게 하고 패륵(貝勒)[19]으로 받들었다. 장백산(백두산) 동쪽 악다리성(鄂多里城)[20]에 거주

---

17) 청 초 성경(盛京) 지역에는 요양부(遼陽府)를 설치하였는데, 순치(順治) 14년(1657년) 봉천부로 변경하고 부윤 1명을 두어 성경 지역의 업무를 관장하였다.

18) 광서 33년(1907년), 청조는 성경장군 대신 중국의 내지와 같이 '동삼성(東三省) 총독'을 임명하고 봉천·길림·흑룡강(黑龍江) 세 성(省)에는 각각 순무(巡撫)를 두어 다스렸다.

19) 만주어 beile의 음역으로 부족의 수장을 의미한다. 명 말 요동지역에 여진족이 성장하자 그 부족장(누루하치 등)을 패륵이라고 칭하였다. 입관 후 패륵은 종실과 몽골 외번에 수여하는 작위 명칭으로 사용되는데, 청조의 만주귀족 12등급 중에서 친왕(親王), 군왕(郡王)에 이어 세 번째에 위치하였다.

하면서 이름을 만주라고 하니, 이것이 나라의 기틀을 연 시초이다. 국서(國書)를 살펴보면, '滿洲'는 본래 '滿珠'라고 하였는데 두 글자는 모두 평성(平聲)[21]으로 읽는다. 우리 왕조가 동쪽의 땅을 눈부시게 개척하자 매년 티베트[西藏]에서는 '만주사리대황제(曼珠師利大皇帝)'라고 쓴 붉은 글씨[丹書]를 바쳤다. 그 뜻을 번역하면 "만주(曼珠)는 한자어로 묘하고, 길하며, 상서롭다는 뜻이다." 또한 '만주실리(曼珠室利)'라고도 하는데, 『대교왕경(大敎王經)』에 의하면 "석가모니(釋迦牟尼)의 스승은 비로자나여래(毗盧遮那如來)이며, 대성(大聖) 만주실리(曼珠室利)는 비로자나의 본사(本師)이다." 수(殊)와 주(珠)는 발음이 같고 실(室)과 사(師)도 발음이 같다. 당시 거룩한 칭호[鴻號]를 처음 부르게 된 것은 실로 이로부터이다. 오늘날 한자로 만주(滿洲)라고 쓰는 것은 대개 주(洲)의 의미가 지명에 가깝기 때문에 이 글자를 빌려서 사용한 것이 이후 답습된 것에 불과하다. 따라서 부족명이지 지명이 아니라는 것은 명확하다.

그러나 이 책의 권수에 실린 건륭 42년(1777년) 8월 19일의 상유(上諭)에는 다음과 같이 이르고 있다.

　　또한 사서에 금나라의 선조는 말갈부(靺鞨部)에서 나왔으며, 옛 숙신(肅愼)의 땅이라고 한다. 우리 왕조가 처음 일어났을 때, 옛 이름인 만주(滿洲)에 소속된 것을 주신(珠申)이라고 하였다. 후에 만주(滿珠)로 호칭을 변경하였는데, 한자로 전해지는 과정에서 만주(滿洲)로 잘못 전이된 것이다. 실제로 옛 숙신은 주신의 음이 변한 것으로 재차 강역이 서로 같다는 것을 충분히 증명하고 있다.

---

20) 청나라 만주족의 발상지로 알려져 있다. 어디에 있었는지에 대해서는 여러 설이 분분한데, 근래에는 길림성 돈화시(敦化市) 오동성(敖東城)이라는 견해가 유력하다.
21) 평성이란 고저가 없이 평평한 소리이다.

생각하건대, 만주는 본래 지명이 아니지만, 그 근원은 의외로 지명인 건주에서 유래하였다. 작년 북평(北平)[22) 고궁박물원에서 발견된 『청태조무황제실록(淸太祖武皇帝實錄)』(청태조실록은 이미 세 개의 판본이 발견되었는데, 강희 초년 이후 무황제라는 호칭이 금지되었다는 점에서 이 판본이 가장 이른 시기에 나온 것임을 알 수 있다. 이 판본은 한문으로 명(明)을 대국이라고 하고, 스스로를 이군(夷君)으로 언급하고 있는 것에서 전혀 수정되지 않았음을 알 수 있다. 다음으로 심양(沈陽) 고궁에 소장된 『만주실록(滿洲實錄)』 판본이 있다. 이 판본도 수정된 곳이 그다지 많지는 않다. 다음으로 중앙연구원 역사어언연구소에서 소장하고 있는 판본이다. 이 판본은 현재 이미 여러 차례 수정되었는데, 수정을 거칠 때마다 미사여구가 더욱 많아졌다. 마지막 판본은 고궁에 소장된 제2판본인데, 현재 이미 간행되어 본래의 면목을 찾기는 어렵다)에는 다음과 같이 기록하고 있다.

> 세 씨족의 사람이 싸움을 중단하고[息爭], 포고리옹순(布庫哩雍順)을 함께 받들어 주인으로 삼고, 백리(百里)의 여성을 아내로 삼게 하였다. 그 나라의 호칭을 만주(滿洲)라고 정하니 그가 곧 시조이다[남조(南朝)에서 건주(建州)를 잘못 부른 것이다].

이 서적은 청대 초기에 나온 것으로 당시까지 만주인이 그 출신을 꺼려 은폐하는 일은 심하지 않았다. 강희제는 남순(南巡) 시 효릉(孝陵)[23)을 알현하였을 때 구

---

22) 북평은 북경에 대한 다른 명칭이다. 명 태조 주원장은 1368년 원나라의 수도인 대도(大都)를 '북방의 화평'이라는 의미에도 북평부로 변경하였다. 이 북평은 북경의 최초의 명칭인 셈이다. 이후 영락제가 1421년 수도를 남경에서 북평으로 천도하면서 명칭을 북경으로 변경하였다. 1928년 장개석의 국민정부는 중국을 통일하면서 북경을 다시 북평으로 변경하였다. 부사년이 이 글을 쓸 때에는 북평이 북경의 정식 명칭인 셈이다. 이후 1937년 일본제국의 괴뢰정부에 의해 북평은 다시 북경으로 변경되었다가 1945년 종전 후 다시 원래의 이름인 북평을 회복하였으나 1949년 중화인민공화국 성립과 함께 북평은 북경시로 개정되어 현재에 이르고 있다.
23) 효릉은 명나라를 건국한 태조 홍무제 주원장의 능묘이다. 강희제는 청조의 지배질서가 안정을

고수(九叩首)[24]를 하였으며, 강희제 말년 비로소 '나라의 정치와 교화가 널리 시행되었다(得國至政)'는 말이 있었다. 옹정제(擁正帝) 시기에는 『대의각미록(大義覺迷錄)』[25]을 저술하였으나, 건륭제(乾隆帝) 시기에 이르러 국사(國史)를 개찬하고, 널리 분서(焚書)를 행하여 명대의 [기록을] 말살하고 그 조상을 치장하였다. 『만주원류고』는 건륭 42년(1777년)에 완성되었는데, 청초의 '태조무황제실록'과 비교해 보면 약 백여 년이 경과한 시기로 당시는 한화(漢化)된 이후 스스로 부끄러워 조상의 사적을 지나치게 개조하였기 때문에 [원래의 사실을] 규명하기는 어렵다.

청나라 시조를 만주라고 불렀다는 설이 신빙성이 없다는 것은 다수의 사실로 증명할 수 있다.

우선, 천명(天命)[26], 천총(天聰)[27] 시기는 모두 금(金)나라의 한(汗)을 칭하였고, 먼 조상은 대체로 명조 사람으로 "충실히 변경을 지켰을"(『청태종벌명고시(清太宗伐明告示)』, 北京大學, 『國學季刊』 1권 2호 수록) 뿐일 터인데, 어찌 사람들이 '대황제'라고 칭하였겠는가? 만일 이 칭호가 천총 시기에 만들어졌다고 한다면 시조로 거슬러 올라가는 것은 황당무계한 일이다.[28]

찾아가자 강남지역을 6회에 걸쳐 순행하였는데, 첫 번째인 강희 23년(1684년), 두 번째인 강희 28년(1689년)에 효릉을 참배하고 절을 올렸다. 여기에는 개인적으로 주원장을 높게 평가한 것도 있지만, 한족을 포섭하려는 정치적인 의도도 담겨 있었을 것이다.

24) 청나라 때 시행한 황제를 알현할 때의 예법으로 세 번 무릎을 꿇고 아홉 번 머리를 조아리는 것(三跪九叩首)을 말한다.

25) 청나라 옹정제 시기 호남성의 무명교사였던 증정이 천섬총독(川陝總督) 악종기(岳鍾琪, 1686년~1754년)에게 반청 모반을 종용한 죄목으로 체포된다. 악종기는 남송시대 여진족의 금(金)나라와 끝까지 항전할 것을 주장하다 비운의 생을 마감한 악비(岳飛, 1103년~1141년)의 후손이다. 심문과정에서 증정은 만주족을 이적이라 해 청나라 정부의 정통성을 부정하고 옹정제 개인에 대해서도 매우 부정적이었는데, 옹정제는 청조와 자신에 대한 비판을 숨기지 않고 공개하여 논쟁거리로 만들어 자신의 논리로 굴복시키고자 하였다. 이 사건에 관한 옹정제의 상유와 증정과의 문답을 모은 책이 바로 『대의각미록(大義覺迷錄)』이다.

26) 청 태조 누루하치의 연호이다.

27) 청 태종 홍타이지의 연호이다.

28) 청조는 1636년 홍타이지의 시기 국호를 금에서 대청으로 변경하고 스스로 대청제국의 황제에 즉위하였다. 따라서 그 이전 선조를 황제라고 추존하는 것은 비역사적이라는 뜻이다.

둘째, 『만주원류고』 권1에서 언급한 것과 이 책머리의 상유에서 언급한 내용이 완전히 서로 다르니, 한 곳에서는 숙신의 음역(音譯)이라고 하고, 다른 곳에서는 번승(番僧, 라마승)의 증호(贈號)라고 한다. 그런데, 건륭 연간에 저술된 『전운시사(全韻詩詞)』 주칙(注則)에 의하면 "우리나라는 동쪽에서 일어났기 때문에 티베트[西藏]에서는 매년 만주사리대황제(曼珠師利大皇帝)라고 쓴 붉은 글씨[丹書]를 바쳤는데, 오늘날 한자로 만주(滿洲)라고 표기한 것은 대체로 주(洲)가 지명에 가깝기 때문으로 이를 빌려서 사용한 것이 관습이 되었다"라고 한다. 동일한 서적에서 두 가지 설[29]을 이야기하고, 동일한 사람이 두 가지 설[30]을 말한다는 것은 청조의 전성기에도 이 호칭의 근원에 대해서는 정설이 없었다는 것을 보여준다고 하겠다.

최초의 판본인 『태조실록』에서는 만주와 건주를 동일한 이름으로 여기는데, 건주가 한어의 오기라는 것은 특별히 주의할 필요가 있다. 생각하건대, 건주라는 명칭이 등장하는 것은 적어도 당대(唐代) 발해국(渤海國, 698년~926년)[31] 시기이다. 『당서』, 「발해전」에는 부(府)·주(州)의 명칭과 숫자를 기록하는데, 대체로 솔빈부(率賓府)[32] 아래에는 건주를 두었다고 한다. 『만주원류고』에서는 이 명칭에 다음과 같이 주석을 달고 있다.

> 『원일통지(元一統志)』금(金)나라 상경(上京)의 남쪽을 건주(建州)라고 한다.
> 『명실록(明實錄)』영락(永樂) 2년(1404년) 건주위(建州衛)를 설치하였다(생

---

29) 『만주원류고』권수에서는 만주를 숙신의 음역이라고 하고, 『만주원류고』권1에서는 티베트에서 바친 증호에서 유래한다고 하여 같은 책에서 두 가지 설을 이야기하고 있는 것을 말한다.

30) 『만주원류고』권수에 실린 상유와 『전운시사』주칙은 모두 건륭제의 말이므로 같은 사람이 두 가지 설을 이야기 하였다고 한 것이다.

31) 고구려를 계승하여 대조영이 건국한 국가로, 한반도 북부와 만주 및 연해주에 걸친 지역에서 존속하였으며, 주변국과의 교역으로 번창하여 당나라로부터 '해동성국(海東盛国)'이라고 일컬어졌다.

32) 발해의 지방 행정 구역의 하나로서 속주(屬州)로는 화주(華州), 익주(益州), 건주(建州)의 3개 주가 있었다. 중심 지역은 러시아 연해주(沿海州)의 우스리스크로 비정(比定)되며 말의 특산지로 유명하다.

각하건대, 우리 왕조가 처음 발흥한 지역은 옛 발해 건주 지역이다. 요(遼)·금(金)·원(元) 또한 모두 건주가 있었으니, 지금의 객라심(喀喇沁)과 토묵특(土默特) 지경이다. 요나라 시기 이주한 것으로서, 발해의 옛 [지역은] 아니다).

당안(唐晏, 1857년~1920년)[33]의 『발해국지(渤海國志)』에서는 건주에 대해 다음과 같이 언급하고 있다.

『원일통지』에 의하면 "혼동강(混同江)은 속칭 송아리강(松阿里江)이라고 하는데, 장백에서 시작해서 북쪽으로 흘러 건주 서쪽으로 50리를 지난다"라고 한다. 이로써 생각하면 건주 지역은 마땅히 길림성 동남쪽 액다력성(額多力城)의 서쪽으로, 본 왕조의 발상지이다. 『영고탑기략(寧古塔紀略)』에 의하면 "영고탑 성 동쪽에 각라촌(覺羅村)이 있는데, 전설에 의하면 우리 왕조의 발상지"라고 한다. 그런데 『유변기략(柳邊紀略)』에는 각라성(覺羅城)으로 되어 있다. 『대청일통지(大淸一統志)』에 의하면 "악다리성(鄂多里城)은 흥경(興京)의 동쪽 천5백 리에 있는데, 본 왕조가 최초로 이곳에 도읍을 세웠다"라고 한다. 『성경통지(盛京通志)』는 『원사』, 「탑출전(塔出傳)」을 인용해서 "안반탑(顔叛塔)을 나와 처자를 버리고 휘하의 12기만을 거느린 채 곧장 건주에 이르니 함평(咸平)에서 천5백 리에 이르렀다"라고 한다. 함평은 지금 개원현(開原縣) 지경으로, 지역으로 보면 액다력성에서 개원까지 천여 리에 이르니, 바로 『원일통지』에서의 건주가 있는 곳을 증명할 수 있다. 그러므로 이전 사람들은 명대의 건주위(建州衛)가 발해의 건주라고 믿었던 것이다.

이에 따르면, 발해의 건주는 일종의 지명으로 요, 금, 원대에도 변경되지 않았는

---

33) 청대 만주족 출신의 학자로서 『발해국지』를 비롯한 다수의 서적을 편찬하였다.

데, 명대 영락제 시기 건주위를 설치한 것은 실로 오랜 풍속에 따른 것이지 결코 새롭게 만든 것은 아니다[명대 동북 제위(諸衛)의 새로운 이름은 모두 음역(音譯)인데 이들을 미화해서 부른 것은 모두 문화의 오랜 토양에 의한 것이다]. 건주의 호칭은 이미 멀리 선대부터 있었지만, 만주의 호칭은 아직 누루하치 시기에는 보이지 않는다. 두 글자가 비록 동일한 말이라고 해도 만주는 건주의 음이 전이된 것에 불과하며, 결코 건주를 만주의 오자라고 할 수는 없다.

이상의 분석을 통해 다섯 가지 사실을 파악할 수 있다.

첫째, 건주라는 호칭은 명나라 중엽에 이르기까지 적어도 수백 년을 지나면서 민간에서 성립한 것으로 관민 모두 알고 있었다.

둘째, 만주는 청대 초기 아직 은폐하거나 치장하지 않은 기록에서는 건주라고 되어 있으며, 이른바 '위작(僞作)'에서 이를 가리켜 본래 동일한 말이라고 한 것뿐이다.

셋째, 청나라의 먼 조상은 아주 작은 부락을 형성하고 있었으며, 명나라를 위해 "충직하고 양순하게 변방을 지켰으므로"[『태종벌명고시(太宗伐明告示)』], 결코 티베트에서 "만주사리대황제(曼珠師里大皇帝)"라고 부르는 일은 없었다. 게다가 청대 초기의 명칭은 금(金)나라였으며, 만주(滿洲)라고 하지 않았다는 것은 이미 학계의 정설이다.

넷째, 금(金)나라였으며 만주(滿洲)라고 하지 않았다는 것은 이미 학계의 정설이다.

넷째, 만주(滿洲) 명칭의 유래를 보면 건륭 연간부터 두 가지 의견이 완전히 서로 대립하고 있었다.

다섯째, 이 명칭은 만주어에서는 오히려 만주(曼珠)라고 되어 있다.

이상 다섯 가지 사례를 종합해 보면 하나의 해석을 내릴 수 있다. 누루하치가 창업할 당시 제 부족은 건주라는 명칭을 오래도록 사용하고 있어, 그가 비록 금(金)이라는 국호를 세웠어도 부락의 옛 호칭에 대한 관습은 변하지 않았다. 게다가 한화가 진행될수록 금이라는 호칭이 그다지 내세울 것이 없음을 알고 몽골어(몽골 경전의 명사는 대부분 티베트에서 나왔다)의 만주(曼珠)라는 단어를 가차하였는데, 한어로 옮기는 중에 건주라는 글자로 잘못 전해진 것이다. 만주(曼珠)라는 말이 널리 사용된 것은 동부 몽골의 라마교에서 일 것이다.

대체로 라마교는 원나라 말기 이후 북방 민족의 국교가 되었기 때문에, 청족(淸族, 만주족)의 초기 문화는 한족이 아닌 몽골이며 문서 역시 몽골어로 되어 있었다. 그러나 이 만주라는 말을 만들 때에는 분명히 건주라는 말과 절충을 고려하였던 것 같다. 건주라는 말은 그들의 선조가 이미 오래전에 승인하여 신화와 고사에 들어가 있었기 때문에 바꿀 수가 없어 교묘하게 왜곡한 것이다. 그러므로 만주를 건주라고 하는 것은 노(魯)를 어(魚), 해(亥)를 시(豕)라고 하는 것(비슷한 글자로 잘못 쓰는 것)과 같은 것이다[생각하건대, 만(滿), 건(建) 두자는 비록 성조는 다르나 오늘날 북방의 방언에서는 소리가 중첩된다. 그러므로 만주가 건주를 왜곡하였다는 것은 명확한 사실이다].

건주 호칭을 변경하는 과정 및 만주라는 말의 제도적 의의에 대해서는 본서의 제3권에서 전론으로 다루겠다.

제 1 장

발해안 및 그 주변 내지 문화의 여명

제1절 동북과 중국 북부는 먼 옛날 같은 종족이었다

환발해 황해안에는 제수(濟水), 황하, 난하(灤河), 요하, 압록강[옛 명은 마자수(馬訾水)], 대동강[옛 명은 패수(浿水)]의 충적지가 있다. 이 지역은 한·당·명·청이 번성할 때 하나의 최고 정치조직에 속하였으며, 남북조 및 오대(五代) 말기의 쇠퇴 시에도 여전히 문화의 통일성을 상실하지는 않았다. 여기에서 북쪽으로 송화강(松花江), 우수리강(烏蘇里江), 눈강(嫩江), 흑룡강 유역은 비록 영락(永樂) 이전에는 중국의 번봉(藩封)에 불과하였으나(금, 원은 제외), 그곳의 민족은 본래 모두 '동이(東夷)'라고 하였다. 퉁구스족도 그중 하나인데, 성곽이나 예속이 중국에 가장 가까워서, 남쪽의 중화를 지향하여 책봉과 조공을 계속하였다. 또한 퉁구스족은 황하유역 내지 장강 하류 민족을 구성하는 기본 요소라고 할 수 있는데, 지금 살펴보고자 하는 만주인은 신체가 황하 내지는 장강 유역의 인민과 크게 다르지 않았다. 이곳 여러 지역의 인류학적 기록은 여전히 충분하지 않아 대대적인 비교를 통해 심도 있는 결론을 내리기는 어렵다. 그러나 표면적으로 한족이나 비한족을 불문하고 관외인(關外人)[1]이 유아시기 반듯하게 눕혀 뒷머리가 다소 평평한 것을 제외하면 관내인(關內人)과 별다른 차이가 없었다.

근래 극동지역의 고고학은 상당한 발전을 보이고 있다. 안데르손(Johan Gunnar Aadersson, 1874년~1960년, 중국명 安特生)[2]과 데이비드슨(Davidson Black, 1884년~1934년, 중국명 步達生)[3] 등 학자들의 공헌으로 우리들은 이미 신석기시대 동북지역의 인종 및 문화가 북중국과 일치하였음을 확실히 알게 되었다. 민국 10년(1921년) 안데르손은 봉천(지금 요녕성) 사과둔(沙鍋屯)에서 한 혈거거류지(穴居留地)를 발굴하였는데, 그 연구 성과가 지질조사소(地質調査所)에서 출판한 『고생물지』 정종(丁種) 제1호 제1책에 보고된 바 있다. 보고서에 의하면 이 유적지의 소장품에는 신석기시대의 문화적 유물이 혼용되어 있는데, 안데르손이 하남성(河南省) 민지현(澠池縣) 앙소촌(仰韶村)에서 발견한 것과 매우 흡사하다. [보고서의] 맺음말에서 그는 앙소촌에서 발견된 패환(貝環, 조개류로 만든 고리)은 봉천의 혈거에서 놀랄 만큼 자주 접하게 된다. 또한 봉천 혈거의 하층에서 채색도기 파편이 발견되었는데, 이 도기는 "바로 하남 유적지에서 발견된 도구류 중에서 가장 주목할 만한 것이다"(『고생물지』 42쪽)라고 한다. 이 두 가지 중요한 사실에 의거해서 안데르손은 "봉천의 혈거 유적지는 하남의 유적지와 더불어 시기적으로 동시기일 뿐만 아니라 동일한 민족과 문화 부류에 속한다. 즉 우리가 말하는 앙소문화(仰韶文化)이다"라고 결론을 내리고 있다.

이 두 지역에서 나온 인골 유품에 대해서는 일찍이 데이비드슨이 연구하였는데,

---

1) 고대 관(關)이란 산해관(山海關)을 가리킨다. 따라서 관외인이란 한족이나 비한족을 막론하고 산해관 밖에 거주하는 사람들을 의미한다.

2) 스웨덴의 지질학자, 고고학자로서, 주구점(周口店) 북경원인 유적지 발굴의 서막을 연 인물이다. 앙소문화 연구의 선구자이며 중국 근대 고고학의 면모를 일신한 인물로 일컬어진다.

3) 캐나다 출신의 해부학자, 고인류학자로서 1919년 중국에 와서 북경 협화의학원(協和醫學院) 교수를 역임하였다. 1927년 주구점 북경원인 유적지에서 어금니 하나를 발견하여 북경원인이라고 명명하였으며, 북경원인과 중국 신석기시대 인골에 관한 다수의 연구 성과를 발표하였다.

그의 결론 역시 이 두 지역에 혼용된 신석기시대 문화 거주자는 대체로 동일하다고 한다. 그는 "이 비교를 통해 사과둔(沙鍋屯)과 앙소(仰韶) 지역의 거주민은 오늘날 북부 중국인과 더불어 한 부류라는 것을 알게 되었다"(『고생물지』 정종 제1호 제3책)라고 한다.

생각하건대, 안데르손의 중국 채색 도기인에 대한 계통적 연구는 세계 고대문화사의 신세계를 여는 발견이며, 데이비드슨은 한 때 학계를 뒤흔든 "북경원인"을 심도있게 연구한 학자이다. 이 두 학자의 학술적 권위로 보건데 그러한 결론은 그 자체로 중요한 의미를 지닌다. 이 과학적 근거에 따라 선사시대 동북의 문화 및 민족은 중국의 일부라고 해도 오류는 없을 것이다[이 생각은 이제(李濟, 1896년~1979년)[4] 선생의 견해를 따른 것이다].

동북 고고학에서 이러한 결론을 내린 것은 단지 두 학자만이 아니다. 일본 학자역시 명확한 증거에 의해 이설을 제기하지는 않았다. 일본 도쿄제국대학의 하마다고사쿠(濱田耕作, 1881년~1938년)[5] 교수는 1928년 여순(旅順)의 비자와(貔子窩)[6]를 발굴하였는데, [발굴] 작업의 치밀함과 [보고서] 인쇄의 정밀함은 매우 탄복할 만하다. [보고서의] 부록으로 실린 인골(人骨)연구는 교토제국대학 의학부 키요노 켄지(淸野謙次, 1885년~1955년) 교수 등이 담당하였는데, 결론적으로 다음과 같이 언급하고 있다.

---

4) 근현대 중국의 고고학자로서 하버드 대학에서 고고인류학박사를 취득하였다. 하남성 안양현의 은 허발굴을 통해 전설로만 내려오던 은나라의 역사성을 확립하는데 크게 공헌하였다. 그는 『동북사 강』의 영문판이라고 할 수 있는 "Manchuria in History"를 제작하여 만주사변 이후 국제연맹에서 파견된 리튼 조사단(Lytton Commission)에게 중국 측의 입장을 호소하였다.

5) 1902년 도쿄제국대학에서 미술사를 전공한 후 유럽에 유학하여 고고학을 공부하였다. 귀국 후에 는 교토제국대학 고고학연구실 초대 교수로 취임하여 일본 고고학의 수준을 높이고 보급하는데 커다란 역할을 하여 일본 근대 고고학의 아버지로 불리고 있다. 부사년이 도쿄제국대학 교수라고 소개한 것은 오류이다.

6) 중국 요녕성에 있으며, 유구한 역사를 지닌 항구도시이다. 현재의 이름은 피구가도(皮口街道)이다.

종합적으로 비자와인은 많은 점에서 근대 지나인 및 조선인과는 비교적 거리가 멀며, 석기시대의 앙소촌인 및 사과둔인에 가깝다. [그럼에도] 만일 비자와인과 근대인종의 체구 관계를 생각한다면 우리는 골수의 형질상 비자와인은 근대인종 중에서는 지나인에 가장 가깝다고 할 수 있다. 그러므로 이 석기시대의 비자와인이 근대 지나인의 선조라고 하는 사실은 최고의 통설이라고 할 수 있다.

하마다 고사쿠는 비록 위와 같은 결론을 내리지는 않았지만, 역시 이에 동의하면서 다음과 같이 언급하고 있다.

근래 역사는 우리에게 이 중국지역에서 퉁구스민족의 이름인 숙신, 후에는 읍루 혹은 물길이라고 불리는 자들이 거주하였을 가능성을 제시해 주고 있다. 도리이(鳥居)[7] 박사는 수년 전 남만주의 신석기시대 유적지는 퉁구스인으로, 『진서』에서 말하는 숙신이 거주한 곳이라고 언급한 바 있다. 이 부족 사람들은 한나라 무제가 동쪽을 정벌하기 전에 이미 이 지역에 거주하였으며, 전묘(磚墓)[8]와 패묘(貝墓)[9]는 무제 후 한인(漢人)의 유적일 것이라고 한다. 비록 대단한 학설은 아니지만, 이를 통해 주(周)·한(漢) 시대 누가 남만주에 거주하였으며, 기원전 1세기 무제 이전에도 한족의 신장이 멈추지 않았다는 것을 부인할 수 없게 되었다.

우리가 진실로 믿지 않을 수 없는 것은 무제 시대 한인의 동점(東漸)은 단지 이전 지나인의 신장이 중시된 것에 불과하다는 것이다. 따라서 무제가 성공할

---

7) 도리이 류조(鳥居龍藏, 1870년~1953년), 일본의 인류학자, 고고학자, 민속학자이다. 1895년 요동반도 조사를 시작으로 타이완, 중국 서남부, 시베리아, 오키나와 등 동아시아 각지를 조사하였으며, 1931년 만주사변이 발발한 이후에는 만주에서 성곽과 분묘 등을 면밀하게 조사하였다.
8) 한대부터 시작되어 전 시대에 걸쳐 성행한 중국 묘제의 하나이다.
9) 중국 한대 묘제의 하나이다. 관과 묘광(墓壙, 무덤구덩이) 사이에 조개껍질을 채워 넣었다.

수 있었던 것은 바로 그 지역에 이미 상당한 민족적 근거가 있었기 때문이다. 이 지역에서 자주 발견되는 격식(鬲式)[10], 언식(甗式)[11] 도기는 당연히 한대(漢代)의 것으로, 이전 지나인(支那人)의 확장은 단지 문화의 표면적 이식은 아니다. 가령 비자와 부근 지역이 일찍이 퉁구스민족으로부터 커다란 영향을 받았다면 이 지역은 대체로 지나식이라고 할 수 있으며, 문화 및 인종 면에서 모두 그러하다. 이 설은 실제 신체 골격 및 문화적 자료를 통해 얻을 수 있는 가장 자연스러운 결론에 근거하고 있다. 즉 인종적 문제를 논하지 않더라도 이 지역에서 출토된 지나식의 도기와 석기 및 지나에서 출토된 천폐(泉幣)와 동기(銅器) 등은 단지 표면적 이식이 아니라 인민의 생활과 밀접한 관계를 가지고 있음을 나타낸다. 다만, 채색도기의 경우 해당 지역에서 발생하였는지 아니면 외부에서 유입되었는지에 대해서는 좀 더 연구를 해야 할 것이다.

퉁구스인은 중국 북부에서 동북쪽으로 이주한 민족으로 따라서 기본적으로 중국인과 공통적인 속성을 지니고 있다. 이 주장에 대해서는 사록국(史祿國)[12] 등 여러 학자가 언급하고 있듯이 일일이 다 거론할 수 없을 정도이다.

---

10) 주나라 시대의 도기 양식으로 입구가 둥글며, 목이 짧은 것을 특징으로 한다.
11) 윗부분은 시루와 같아서 밥을 할 수 있고 고, 아랫부분은 역(鬲, 솥)과 같아서 음식을 만들 수 있게 된 것으로 은대에서 서주에 이르는 동안 널리 유행하였으나 동주 이후부터는 차츰 줄어들었다.
12) 사록국(史祿國, 1887년~1939년)은 러시아 출신 인류학자로서 본명은 세르게이 미카일로비치 시로코고로브(Sergei Mikhailovich Shirokogorov)이다. 사록국은 그의 중국명이다. 프랑스 파리대학에서 인류학을 전공하고 러시아로 돌아와 여러 차례 만주 지역을 방문하여 퉁구스계 민족을 조사하였다. 1917년 러시아 혁명이 일어나자 중국에 남아서, 북경대학, 중산대학 등에서 많은 제자들을 길러내어 퉁구스 민속학 및 중국 인류학과 사회학의 기초를 다지는 데 큰 공헌을 하였다. 사회학자로 저명한 비효통(費孝通)은 그의 제자이다.

제2절 숙신–읍루–여진

전설에 의하면 중국사는 약 5천년 전부터이다. 그러나 신화 및 전설을 제외하고 논증을 통해 신뢰할 수 있는 역사는 실제로 상(商)나라 부터이며, 당우(唐虞)[13]·하후(夏后)[14]는 문헌상으로는 증명할 수 없다. 동북 지역에 해당하는 숙신(肅愼)과 조선(朝鮮)은 시기적으로 은(殷)·주(周) 시대와 동시기에 일어난다. 중국의 가장 오래된 기록 중에서 두 지역의 기록을 발췌해보면 다음과 같다.

『좌전(左傳)』

소공(昭公) 9년(기원전 533년), 예전 무왕(武王)이 은(殷)을 정벌하고……숙신(肅愼), 연(燕), 박(亳)은 우리(주 왕조)의 북쪽 땅이 되었다.

『국어(國語)』, 「노어(魯語)」 하

공자가 진(陳)나라에 머물고 있을 때, 진나라 제후의 정원에 매가 모였는데, [한 마리가] 떨어져 죽어 있었다. [매의 몸에는] 고시(楛矢; 싸리로 만든 화살)가 박혀 있었는데, 석노(石砮; 돌로 만든 화살촉)[를 포함해서] 그 길이가 1척 8촌이었다. 진나라 혜공(惠公)이 사람을 시켜 매를 가지고 공자의 관사에 가서 물어보도록 하였다. 공자가 말하기를 "이 매는 참으로 먼 곳에서 왔구나! 이 화살은 숙신씨의 화살입니다. 예전 무왕이 상(商)을 멸하고 구이(九夷), 백만(百蠻)에 이르는 길을 열었는데, 이들에게 각각의 지방에서 생산하는 특산물을 진상하게 하여 종사하는 일을 잊지 않게 하였습니다. 이에 숙신씨는 고시와 석노를 바쳤는데, 그 길이가 1척 8촌이었습니다. 선왕(무왕)은 그의 덕이 멀리까지 미친 것을 드러내어 후대 사람들에게 영원히 거울로 삼게 하였습니다. 이로 인해

---

13) 중국 전설상의 성군인 요(堯) 임금과 순(舜) 임금을 가리키며, 태평성세를 의미하기도 한다.
14) 아직은 역사이전의 시대인 하나라의 군주 우왕을 가리킨다.

화살의 끝에 '숙신씨가 바친 화살(肅愼氏之貢矢)'이라는 글귀를 새겨 대희(大姬)에게 주었습니다. [대희는] 우호공(虞胡公)과 혼인했는데, 진나라 제후에 봉해졌습니다. 예전에는 진귀한 보물[玉]은 동성 제후와 함께 나누어 친밀함을 표시하고, 먼 곳에서 온 진상품은 이성 제후와 나누어 복속을 잊지 않게 하였습니다. 따라서 진나라에는 숙신씨의 진상품을 나누어 준 것입니다. 군주께서 관리를 시켜 옛 창고를 찾으신다면 얻을 수 있을 것입니다"라고 하였다. [진나라 제후가] 찾아보니 금으로 된 궤짝이 나왔는데, 과연 공자가 말한 대로였다.

『주서』, 「왕회해(王會解)」

서쪽으로 면하고 있는 것은 바로 북방의 직신(稷愼)으로 대주(大塵)[15]를 바쳤다[공광삼(孔廣森)은 말하길 직신은 숙신이라고 한다].

『서서(書序)』

성왕이 동이를 정벌하니 식신(息愼)이 경하하러 왔다. 왕이 영백(榮伯)[16]에게 '식신이 바친 예물(賄息愼之命)'이라는 글을 짓게 하였다(이 글은 『史記』, 「周本記」에 의거함).

이상 숙신에 관한 글이다.

『상서(尙書)』, 「대전(大傳)」

무왕이 은나라를 정벌하고 공자 녹부(祿父)로 하여금 [은을] 계승하게 하고

---

15) 주(塵)는 사슴과의 동물로, 대주는 큰 사슴류를 의미한다.
16) 『史記』, 「周本記」에 의하면 영백은 주나라 초기 영나라 군주로 성은 희(姬)이다. 주나라 조정에서 관직을 맡고 있었는데, 성왕이 동이를 정벌하자 영백에게 '식신이 바친 예물(賄息愼之命)'이라는 글을 짓게 하였다고 한다.

죄수인 기자를 석방하였다. 기자가 차마 견디지 못하고 주에서 풀려나자 조선으로 갔다. 무왕이 이를 듣고 조선에 봉하였다. 기자는 이미 주의 책봉을 받아 신하로서의 예를 갖추지 않을 수 없었으므로 12년에 와서 조공하였다(『태평어람(太平御覽)』제780권에 의거함).

『사기』, 「송세가」
무왕이 기자를 조선에 봉하였으나 신하는 아니었다.

『한서』, 「지리지」
은나라의 도가 쇠퇴하여 기자가 조선으로 가서 그 백성에게 예의(禮義)와 농사[田], 양잠[蠶], 베짜기[織作]를 가르쳤다.

이상이 조선[또는 숙신조선은 『산해경(山海經)』 및 전한[西漢]의 각 서적에 보이는데, 일일이 다 언급할 수 없을 정도이다]에 대한 글이다.

무릇 조선은 은상(殷商)의 후예이고 숙신은 제하의 우호국이니, 동북의 역사와 황하 유역의 역사는 대체로 아울러 일어난 것으로 하나의 일이 된다. 중국은 주변 부락에 대해 융(戎)·적(狄)·시(豺)·랑(狼) 등 대개 비천하고 거친 말을 사용하면서도 단지 동이만은 어질다고 하였다고 하였다. 그 예를 들면 다음과 같다.

『논어』, 「자한(子罕)편」
공자가 구이(九夷)에 거하고자 하니 혹자가 말하기를 "비루한데, 어찌 그러하십니까?" 공자가 말하길 "군자가 거하는데 어찌 비루함이 있겠는가!" 하였다.

『설문』

인(儿)은 어진 사람[仁人]이다. 고문의 기자(奇字)[17]는 인(人)이다[생각하건대, 인(儿)은 마땅히 이(夷)의 기자(奇字)이다].

『후한서』, 「동이전」

왕제(王制)에 이르기를 "동방을 이(夷)라고 한다." 이(夷)란 근원(柢)이다. 어질고 낳는 것을 좋아하며, 만물을 낳은 대지의 근원이다. 그러므로 천성이 유순하고 순리를 따라서 도로 다스리기 쉬우니 군자가 죽지 않는 나라이다. 이(夷)에는 아홉 종족이 있으니 견이(畎夷), 우이(于夷), 방이(方夷), 황이(黃夷), 백이(白夷), 적이(赤夷), 현이(玄夷), 풍이(風夷), 양이(陽夷)라고 하는데, 따라서 공자가 구이(九夷)에 머무르고자 한 것이다.

옛날 요 임금이 희중(羲仲)[18]에게 우이(嵎夷)[19]에 거주하도록 하였는데, 양곡(暘谷)이라 한 것은 아마도 해가 뜨는 곳이리라. 하후(夏后)씨 태강(太康)[20]이 덕을 상실하자 비로소 이인(夷人)이 반기를 들었다. 소강(少康) 이후부터 대대로 왕의 교화[王化]에 감복되어 마침내 왕문(王門)에서 하례를 하고 음악과 춤을 바쳤다. 걸(桀)[21]이 포악하여 여러 이(夷)가 침략해 들어왔는데, 은나라 탕(湯)이 천명을 바꾸어(革命) 정벌하고 평정하였다. 중정(仲丁)[22]에 이르러 남이(藍夷)가 침략하였다. 이때부터 때로는 복종하고 때로는 배반한 지 3백여 년이

---

17) 허신의 『설문해자(說文解字)』는 당시 한자의 자형을 모두 수록하고 있는데, 그 종류로는 소전(小篆)을 비롯하여 주문(籒文), 고문(古文), 기자(奇字), 혹체자(或體字), 속자(俗字) 및 기타 이체자(異體字) 등이 있다. 기자는 당시 한자 자형의 하나이다.
18) 전설상의 인물로서 요임금을 모시며 천문역법을 관장하였다고 한다.
19) 우이는 현재 산동성 지역이다. 이 우이(嵎夷)는 구이 중의 우이(于夷)일 것이다.
20) 태강(太康)은 계(啓)의 아들인데 놀러 다니고 사냥하는 것만 즐거워하여 100일 동안 조정에 돌아오지 않고 백성들을 돌보지 않으니 예(羿)에게 쫓겨나게 되었다
21) 하나라의 마지막 왕이다.
22) 은나라의 11대 군주이다.

되었다. 무을(武乙)[23]이 쇠퇴하자 동이가 점차 강성해졌으며, 마침내 회(淮)와 대(垈)로 나누어 이주하여 점차 중원에 거주하였다.

[주나라] 무왕(武王, 재위 기원전 1046년~기원전 1043년)이 주(紂)[24]를 멸하자 숙신이 와서 석노(石砮)[25]와 고시(楛矢)[26]를 바쳤다. 관숙(管叔)과 채숙(蔡叔)이 주나라에 반기를 들고는 이적(夷狄)을 부추겨 선동하였는데, 주공(周公)이 이들을 정벌하고 마침내 동이(東夷)를 평정하였다.[27]

강왕(康王, 성왕의 아들, 재위 기원전 1020년~기원전 996년) 때에 숙신이 다시 왔다. 후에 서이(徐夷)가 참람되게 왕을 칭하고는 구이(九夷)를 거느리고 주나라를 침략해 서쪽 황하에 이르렀다. 목왕(穆王, 재위 기원전 977년~기원전 922년)은 그 세력이 강성함을 두려워해서 마침내 동방의 제후를 나누어서 서언왕(徐偃王)에게 명하여 이를 다스리게 하였다. 언왕(偃王)은 황지(潢池) 동쪽에 거하였으며 영토가 5백 리인데, 행실이 인자하고 의로워 육로로 와서 조회하는 나라가 36국이나 되었다.

목왕은 후에 적기(赤驥), 녹이(騄耳)가 끄는 수레를 얻었는데, 조보(造父)[28]에게 이를 몰고서 초나라로 하여금 서(徐)를 정벌하게 하니 [조보는] 하루 만에 [초나라에] 도착하였다. 이에 초 문왕(文王, 재위 기원전 690년~기원전 675년)이 대군을 동원해 서(徐)를 멸하였다.[29] '언왕'은 인자하지만 권세가 없어 차마

---

23) 은나라의 28대 군주이다. 경정제의 아들로 즉위 후 수도를 박(亳)에서 은(殷)으로 옮겼다.
24) 은나라의 마지막 왕으로 하나라의 걸왕과 함께 폭군의 대명사로 알려져 있다.
25) 돌로 만든 화살촉이다.
26) 싸리나무로 만든 화살이다.
27) 관숙(管叔)과 채숙(蔡叔)은 주 무왕의 사촌형이다. 무왕이 죽자 어린아들 성왕을 대신해서 주공이 섭정을 하자 이를 시기하여 은나라 마지막 왕인 주왕(紂王)의 아들 무경(武庚)과 손을 잡고 반란을 일으켜 왕위를 찬탈하려고 하였다. 이 반란은 주공에 의해 진압당해 관숙과 무경은 처형당하고 채숙은 멀리 유배를 갔다.
28) 『사기』에 의하면 조보는 주나라 목왕의 수레를 잘 몰아 총애를 받았다고 한다.
29) 주나라 목왕 시기와 초나라 문왕 시기는 약 300여 년의 차이가 난다. 따라서 주 목왕 때의 서언왕이 초 문왕에게 멸하였다는 것은 시기적으로 맞지 않다. 본래의 서언왕과 문왕 때의 언왕은 서로 다른 인물이던가 아니면 『후한서』 「동이열전」의 기록이 명확하지 않음을 알 수 있다.

그 백성들에게 싸우게 하지 못하였으므로 패하게 된 것이다. 이에 북쪽 팽성(彭城) 무원현(武原縣) 동쪽 산 아래로 달아나니 따르는 백성이 만을 헤아렸는데, 이로 인해 그 산의 이름을 서산(徐山)이라고 하였다.

여왕(厲王, 재위 기원전 878년~기원전 841년)이 무도하여 회이(淮夷)가 침범하였다. 왕이 괵중(虢仲)에게 명하여 정벌하게 하였으나 이기지 못하였는데, 선왕(宣王, 재위 기원전 827년~기원전 782년)이 다시 소공(召公)에게 명해 정벌하게 해서 회이를 평정하게 되었다.

유왕(幽王)에 이르러 기풍이 문란해지자 사방의 이족(夷族)들이 일제히 침범하였는데, 제나라 환공(桓公, 재위 기원전 685년~기원전 643년)이 패업을 완수하고 나서 이를 물리쳤다. 초나라 영왕(靈王)이 신(申)에서 회맹을 할 때에는 그들(이족)도 참여하였다. 후에 월나라가 낭야(琅邪)로 이주해서는 그들과 함께 전쟁을 일으켜, 마침내 중국의 여러 나라를 능멸하고 작은 나라들을 침략하여 멸망시켰다.

진(秦)나라는 6국을 병합한 후 회수(淮水)와 사수(泗水)의 이족(夷族)을 모두 분산시켜 백성으로 삼았다. 진섭(陳涉)[30]이 거병하여 천하의 질서가 무너지자 연나라 사람 위만(衛滿)이 조선으로 피난하여 그 나라의 왕이 되었다. 백여 년이 지나 무제(武帝)가 멸망시키자 동이(東夷)는 비로소 상경(上京)[31]에 통하게 되었다.

왕망(王莽, 기원전 45년~23년)[32]이 제위를 찬탈하자 맥인(貊人)들이 변경을

---

30) 본명은 진승(陳勝)이다. 기원전 209년 진(秦)나라 2세 황제 시기 농민 출신인 오광과 함께 반란을 일으켰다. 한 때 장초(張楚)를 세우고 왕에 즉위하였으나 장한이 거느린 진나라의 토벌군에 공격받아 패하였다. 반란을 일으킬 당시 "황후장상의 씨가 따로 있느냐"라는 말로 유명하다.

31) 상경이란 이민족에 대해 중국을 의미한다. 한 무제시기에 이르러 동이족이 중국의 세력권 하에 들어갔다는 것을 의미한다.

32) 한나라의 외척으로 왕조의 권력을 독단했을 뿐만 아니라 결국에는 왕조를 찬탈하여 새로운 왕조 '신(新)'나라를 건국한 중국 역사상 보기 드문 인물 중의 하나이다. 『한서』에서는 '왕권 찬탈자'라는 혹독한 비난을 받게 되지만, 유교적 이상을 실천하고자 한 그의 제 개혁은 이후 등장하는 왕

침략하였다. 건무(建武)[33] 초기에 다시 와서 조공하였다. 당시 요동(遼東) 태수 제동(祭肜)의 위세가 북방을 떨게 하고 명성이 바다 건너까지 진동하니, 예(濊)·맥(貊)·왜(倭)·한(韓)이 먼 곳에서도 조공하여 장제(章帝)·화제(和帝) 이후 사자를 보내 교류를 하였다. [안제(安帝)] 영초(永初) 연간(107년~113년)에 이르러 [정치가] 문란해지자 들어와 노략질을 하였는데, 환제(桓帝, 재위 146년 ~168년)·영제(靈帝, 재위 168년~189년)의 실정(失政)이 이어지면서 점차 빈번해졌다.

중흥[34]한 이후 사방의 이족들이 찾아 와서 비록 배반할 때도 있었지만, 사신을 보내는 일은 끊이지 않았다. 그러므로 [각] 나라의 풍속과 풍토를 대략이나마 기록할 수 있는 것이다. 동이는 대체로 토착민으로서 음주가무를 즐기고 고깔모자[冠弁]를 쓰며 비단옷을 입고 그릇은 조두(俎豆)[35]를 사용하였는데, 중국이 예를 잃고서 이를 사방의 이족(夷族)에게서 구한다고 한 것은 바로 이를 이르는 바이다(토착민이란 그 지역에서 태어나 거주하는 것을 말하며, 일정한 거처가 없이 이동하며 생활하는 유목민과는 다르다).

『삼국지·위지』, 「동이전」

읍루(挹婁)……옛 숙신씨의 나라이다.

생각하건대, 범엽(范曄, 398년~445년)[36]이 거론한 이족(夷族)은 실제 광범위한 지역을 포괄한다. 가령 황하·회하 하류는 대일통 이전 고대 동북 민족과 공통성을

조에 커다란 영향을 미쳤다.

33) 후한 광무제(재위 25년~57년)의 연호이다.

34) 중흥이란 후한 광무제에 의해 다시 한나라(후한)가 재건된 것을 의미하는 것으로 보인다.

35) 조두는 고대 제사나 향연 때 음식을 담던 그릇이다. 고기를 담는 것을 조(俎)라 하고, 야채를 담는 것을 두(豆)라 하였다. 조두는 예법을 의미하기도 한다.

36) 위진남북조시대 남조 송나라의 정치가이자 역사가로서 『후한서』 120권을 편찬하였다. 이 책은 현존하는 후한시대의 유일한 역사서로서 높은 평가를 받고 있다.

갖는다고 하는데, 이는 후론(後論)을 기대한다. 『좌전』, 『국어』에서 말하는 숙신은 그 지명이 실상을 가리키는 것은 아니다. 증거로 "숙신과 연, 박은 우리 동쪽의 땅이다"라고 한 말은 틀림없이 연(燕)에서 그다지 멀지 않은 현재의 요하(遼河) 유역으로, 안으로는 난하(灤河)에 이르고 밖으로는 압록강에 이르니 바로 전국시대 연나라의 동쪽 땅일 것이다. 『후한서』에서는 읍루가 숙신에 해당한다고 한다. 그러나 읍루가 "부여의 동북쪽으로 천여 리에 있다. 동쪽은 큰 바다에 닿아 있고 남쪽은 북옥저와 접해 있으며 북쪽은 그 끝을 알 수가 없다"라고 한 것은 지리적으로 전혀 맞지 않는다. 범엽이 "읍루는 옛 숙신의 나라이다"라고 한 것에는 스스로 근거하는 바가 있었을 것이다.

『산해경』 「대황북경(大荒北經)」³⁷) 곽박(郭璞)의 주석에 의하면 "숙신국은······ 『후한서』에서 말하는 읍루이다"라고 한다. 학의행(郝懿行)의 『산해경전소(山海經箋疏)』³⁸)에 의하면 "지금의 『후한서』는 곽박이 본 것과는 다르다. [곽박의] 주석에서 인용한 『후한서』는 『오지(吳志)』, 「비빈전(妃嬪傳)」에서 '사승(謝承)'³⁹)이 『후한서』 백여 권을 편찬하였다'라고 한 그것이다. 그러므로 읍루가 숙신이라는 설은 위나라 초기의 사적(史籍)에는 보이지 않으며, 진수(陳壽, 233년~297년)⁴⁰)의 설보다 훨씬

---

37) 『산해경』은 「산경」 5권, 「해경」 13권으로 해서 모두 18권으로 구성되어 있는데, 「대황북경」은 「해경」 12권에 수록되어 있다.

38) 학의행(1757년~1825)은 청대 학자로서 가경(嘉慶) 4년(1799년) 진사에 합격하였으나 입신출세보다는 학문과 저술활동에 전념하여 경학(經學), 사학(史學), 지리학(地理學) 등 제 방면에 걸쳐 많은 업적을 남기고 있다. 그가 저술한 『산해경전소』는 『산해경』에 대해 곽박의 주석보다도 상세하게 주석과 교정을 한 것이다.

39) 사승은 후한 말기에서 삼국시대 오나라 시기의 인물로서 저서로 『후한서』 130권을 저술하였다고 한다. 이 책은 범엽이 편찬한 『후한서』와는 다른 서적으로 현재는 전해지지 않지만, 기록으로 남겨진 후한서 중에서 가장 오래된 서적이다.

40) 진수는 촉한에서 서진에 걸쳐 출사한 인물로 삼국 시대의 저작들을 모아 『삼국지』를 편찬하였다. 『삼국지』는 삼국의 위나라를 정통으로 하고 있지만, 본문의 구성을 「위지(위서)」, 「오지(오서)」, 「촉지(촉서)」로 구분하여 표제상으로는 삼국의 역사를 대등하게 취급하고 있다. 그는 일찍이 촉한의 관리를 지낸 적이 있기 때문에 촉한에 대해서도 경어의 사용 등 비교적 우호적인 자세로 서술하고 있다는 평가를 받고 있다.

앞서는 것이다.

숙신은 고대 부족의 이름이고 동궁호시(彤弓弧矢)[41]는 성가(成嘉)[42]의 명에 의한 것으로 진한시기에는 아직 듣지 못했으나, 『후한서』 및 『진서』에서 이를 전하여 남긴 것이다. 그러나 위진 시기 본래 숙신이라는 이름의 나라가 있었다는 사실은 의심할 여지가 없다. 『삼국지·위지』 명제(明帝) 청룡(靑龍) 4년(236년)에 의하면 "5월 정사(丁巳)에 숙신이 고시(楛矢)를 바쳤다"고 한다. 『진서』에서는 더욱 천착해서 말하길 "읍루는 옛 숙신의 나라이다"라고 할 뿐만 아니라 "숙신씨는 일명 읍루이다"라고 한다. 또한 그 일을 기록한 것에 의하면 "문제(文帝)가 위나라의 승상이었을 때인 위나라 경원(景元, 원제) 말년 고시, 석노, 궁갑(弓甲), 초피(貂皮, 담비가죽) 등을 진상하였다.……무제(武帝, 서진 무제 사마염) 원강(元康) 연간(291년~299년) 초에 이르러, 다시 조공을 바쳤다. [동진의] 원제(元帝, 재위 317년~322년)가 중흥(中興)하자[43] 또 강좌(江左, 강소성)에 이르러 석노를 바쳤다. 성제(成帝, 재위 326년~342년) 시기에 이르러 석계룡[石季龍, 후조(後趙)의 왕, 재위 334년~349년]을 통해 조공하였는데, 4년 만이었다."라고 한다. 이와 같이 위진 시기의 숙신이라는 이름의 나라는 곧 읍루(挹婁)로서, 사승, 진수, 범엽이 옛 것을 자세히 살피지 않고 읍루에 숙신의 이름을 붙인 것으로 보인다.

오사감(吳士鑑)이 편찬한 『진서각주(晉書斠注)』에는,

고구려 광개토대왕비에 의하면 영락(永樂) 8년(398년) 무술(戊戌)년에 편사(偏師)[44]를 숙신에 출정시켜 그 성의 인민을 잡아왔다고 한다. 무술년은 동진 안제(安帝) 융안(隆安) 2년(398년)으로 이 진나라 말기 숙신국은 여전히 무사태

---

41) 동궁호시란 붉은 빛이 나는 나무로 만든 활과 화살을 말한다. 예전 천자가 공이 있는 제후 또는 대신에게 하사하였다.
42) 성가는 춘추시기 초나라의 영윤(令尹)이다.
43) 서진이 멸망하고 원제가 317년 건업(建業)에서 동진을 일으켜 세운 일을 말한다.
44) 예전 주력군 외의 군사를 가리킨다.

평하였는데, 고구려가 강성해 진 이후 숙신과 읍루는 비로소 모두 병합되었다. 수나라 양제의 고구려 원정을 보면 24군[45]으로 나누어 우군에 숙신도(肅愼道)를 두었는데, 이는 당시의 지명으로 고구려에 병합된 지 이미 오래되었음을 알 수 있다. 다만, 언제 멸망했는지에 대해서는 상세하지 않다.

라고 한다[광개토대왕비 원문에 의하면 영락 8년(398년) 무술년에 편사를 보내 백신(帛愼)과 토곡(土谷)을 관찰하라고 지시하고는 막신라성(莫新羅城)과 가태라곡(加太羅谷)의 남녀 삼백여 명을 잡아왔다고 한다].

또한 『만주원류고』에 의하면 "읍루의 강역은 숙신과 완전히 일치한다"고 하는데, 이 설은 타당하다고 생각한다. 그리고 숙신, 읍루, 주신(珠申), 여진(女眞)은 분명히 하나의 음이 전화되었을 것이다. 그러므로 숙신 부락은 비록 한자 이름이 여러 차례 바뀌었으나 동쪽 변경에 대한 관습적인 호칭은 변하지 않았던 것이다. 주나라 초기 숙신의 서쪽 경계는 분명히 요하와 산해관 사이에 달했거나 혹은 나아가 관내에 미쳤을 터인데, 동쪽을 향한 식민(植民)과 연(燕)·진(秦)의 영토개척으로 인해 숙신 부락이 서쪽 강역을 상실한 것이 아닌가 한다. 그러나 동북의 산림수택은 수천 리 광활하여 비록 역사적으로 부락의 기복은 있으나 민족의 호칭은 거의 변함이 없었던 것이다. 현재 우리는 여진의 언어를 알고 있기 때문에 이를 근거로 숙신의 족류(族類)를 미루어 짐작할 수 있다.

---

45) 24군은 좌우 각각 12군으로 편성되어 있었다. 좌군의 경우 제1군은 누방도(鏤方道), 제2군은 장잠도(長岑道), 제3군은 해명도(海溟道), 제4군은 개마도(蓋馬道), 제5군은 건안도(建安道), 제6군은 남소도(南蘇道), 제7군은 요동도(遼東道), 제8군은 현도도(玄菟道), 제9군은 부여도(扶餘道), 제10군은 조선도(朝鮮道), 제11군은 옥저도(沃沮道), 제12군은 낙랑도(樂浪道)로 편성되어 있고, 우군의 경우 제1군은 점선도(黏蟬道), 제2군은 함자도(含資道), 제3군은 혼미도(渾彌道), 제4군은 임둔도(臨屯道), 제5군은 후성도(候城道), 제6군은 제해도(提奚道), 제7군은 답돈도(踏頓道), 제8군은 숙신도(肅愼道), 제9군은 갈석도(碣石道), 제10군은 동이도(東晻道), 제11군은 대방도(帶方道), 제12군은 양평도(襄平道)로 편성되어 있다. 여기에 나오는 지명은 고구려의 수도인 평양을 가기 위한 경유지를 의미한다.

여진은 동북의 여러 민족 중 하나의 지류일 뿐이다. 이 종족은 말갈 시기에 비로소 성장하였으므로 이전 동북에서 중요한 민족은 바로 예맥(濊貊)[본서 제1권 제4장을 참조]이지 여진은 아니다. 예맥과 한족의 관계는 매우 밀접하다. 예맥은 비록 고구려가 멸망한 이후 정치적 독립을 상실하였지만(한반도를 제외), 그 유민은 바로 동북에서 새롭게 [등장한] 종족의 주요 구성분자가 되었다. 새로운 종족의 문화가 쉽게 전파되었던 것은 이 때문이다(이 또한 후에 상세히 논하겠다).

또한 여진의 언어에 대해서 논하면, 여진을 낳은 읍루인은 가장 근방의 중국 예맥족 부여인과 말과 글은 다르지만 동일한 형질로서(『후한서』에 보인다) 그 종족의 대동(大同) 혹은 혼합을 밝히는 것은 매우 중요하다. 여진어와 한어(漢語)는 본질적으로 서로 다르지만, 언어는 언어이고 종족은 종족인 것이다.

황하유역의 선사시대 사람과 동북의 선사시대 사람은 이미 같은 부류로서 현재 북부 중국인의 조상이라는 것은 이미 앞에서 언급한 바 있는데, 지금 더 나아가 풍속을 통해 역대 동이 부족과 중국이 근접해 있음을 증명할 수 있다.

여러 역사서의 「동이전」에 기록된 풍속을 보면, 성채에 거주하여 유목을 하지 않고 가축을 키우거나, 다리를 벌리고 앉으며 부녀의 정절을 중시하고 삼년상을 치르며[삼년상은 『당서(唐書)』, 실위전(室韋傳) 등에 보인다], 활과 화살을 전쟁의 가장 중요한 무기로 삼는 것과 무속 등은 모두 중국인의 풍속과 기본적으로 동일하다. 황하 유역에서 한어(漢語)가 언제 형성되었는지는 현재로서는 알 수 없다. 그러나 하상(夏商)시대 이 말이 형성되기 전에 하나의 공통된 민족 혹은 종족이 있어서, 황하 하류의 회수(淮水)·제수(濟水)·요수(遼水)·패수(浿水) 각 유역 혹은 송화강(松花江)·우수리강(烏蘇里江)·눈강(嫩江) 유역의 후대 거주민에게 하나의 기초적인 원소를 제공하였을 것이라고 생각한다. 고고인류학자가 동북과 관내(關內) 인종의 공통점을 발견하고, 비교민속학자가 그 하층 문화의 상관성을 발견할 수 있는 것은 바로 그 때문일 것이다. 다만, 후에 황하 유역의 문명이 크게 발전하면서 동북 지역이 일시적으로 따라가지 못함에 따라 문명과 질박의 길을 달리하게 되었지만, 그 역시 궁극적으로 상류층의 차이에 불과하였기 때문에 정치적 역량에 따라 서로 뒤섞여 하나가 되기 쉬웠던 것이다.

대체로 [서로 다른] 민족 혹은 부족이 상호 교류할 경우 분쟁은 가까이 할수록 커지지만, 동정심은 그렇지 않다. 민족은 서로 가까이 할수록 동정심이 많아지지만, 멀어질수록 반감이 커지는 법이다. 중국인은 사막 남부의 유목민족에 대해서는 처음부터 동정심이 적어서 융(戎)·적(狄)·호(胡)·로(虜) 등 모두 추한 글자로 표현하였으나, 유독 동이(東夷)만은 어진 사람이라 하고, 군자라 하였다. 반고(班固), 진수(陳壽), 사승(謝承), 범엽(范曄) [모두] 그러하였는데, 만일 동류(同類)가 아니라면 결코 이렇게 말하지는 않았을 것이다.

이는 곧 중국인 스스로 동이와 동류라고 여긴 것으로, 은(殷)·주(周)·진(秦)·한(漢)을 거쳐 그러하였는데, 오환(烏桓)·선비(鮮卑)가 흉노(匈奴)로 변하자 중국은 비로소 태도를 달리하게 되었던 것이다.

[주나라] 성왕(成王) 시기 연(燕)·박(亳)에 이웃한 숙신은 읍루의 강역과 비교해 보면 틀림없이 중국에 가까웠을 것이다. 당시 황하 유역의 문명이 발전하여 동쪽으로 전파된 이후 숙신의 서쪽 부락은 새로운 문화의 전래로 인해 언어도 변하였지만, 옛 습관에 의해 [여전히] 깊은 산속에 거주하였던 것이다.

제3절 주몽 천녀 현조(玄鳥) 제 신화

신화를 비교 연구하는 것은 근대 민족의 분열과 통합 문제를 연구하는데 매우 중요한 수단이 된다. 예를 들면 유대민족의 경우 방언의 차이에도 불구하고 일관된 창세신화를 가지고 있다. 또한 그리스·로마는 인도·유럽어민족의 서남 지파와 같은데, 그 관계의 밀접함은 전체 신의 계통으로 증명할 수 있다. 중국의 동북 역대 각 부족의 '인강론(人降論)'에는 '주몽, 천녀' 등의 전설이 등장하는데, 이는 비록 여러 종의 전설로 이루어져 있지만, 이를 비교 분석하면 하나의 신화로 귀결된다. 여기에 이 신화에 관한 중요한 사료를 소개하면 다음과 같다.

『논형(論衡)』, 「길험편(吉驗篇)」

북이(北夷) 탁리국(橐離國) 왕의 시녀[侍婢]가 임신을 하자 왕이 죽이려고 하니, 시녀가 말하길 "크기가 계란만한 어떤 기운이 하늘로부터 내려와 내가 임신을 하게 되었습니다"라고 하였다. 후에 아들을 낳자 돼지우리 속에 버렸는데 돼지가 숨을 불어넣으니 죽지 않았다. 다시 옮겨 마구간 속에 놓아 말에게 밟혀 죽게 하려고 하였지만, 말 또한 숨을 불어넣어 죽지 않았다. 왕은 아마도 하늘의 아들일 것이라고 여겨 그 어미에게 거두어서 노비로 기르게 하였다. 이름을 동명(東明)이라 하고 소와 말을 사육하게 하였다.

동명이 활을 잘 쏘자 왕이 그 나라를 빼앗길까 두려워하여 죽이고자 하였다. 동명이 달아나 남쪽의 엄호수(掩淲水)에 이르러 활로 물을 치니, 물고기와 자라가 떠올라 다리를 만들었다. 동명이 건너자 물고기와 자라가 흩어져 추격하는 병사가 건널 수 없었다. 이에 왕이 부여에 도읍하니 이로 인해 북이(北夷)에 부여국(夫餘國)이 있게 되었다.

(『삼국지ㆍ위지』 30, 「부여전」 주석은 『위략』에서 인용한 것과 같다.)

『위서(魏書)』,[46] 「고구려전」

고구려는 부여에서 나왔으며, 스스로 선조는 주몽(朱蒙)이라고 한다. 주몽의 어미는 하백(河伯)의 딸이다. 부여 왕에 의해 궁실 안에 갇히었는데, 햇빛이 비추므로 몸을 움직여 피해도 햇빛이 다시 따라와 비추었다. 얼마 후 잉태하여

---

46) 북제(北齊)의 위수(魏收)가 편찬한 북위의 정사이다. 『북위서』, 『후한서』라고도 한다. 24사의 하나이다. 구성은 본기 14권, 열전 96권, 지 29권으로 전부 130권으로 되어 있다. 이 중 고구려, 백제는 열전 제88권에 수록되어 있다.

알을 하나 낳았는데, 그 크기가 다섯 되만 하였다. 부여 왕이 그 알을 버려 개에게 주었으나 개가 먹지 않았다. 알을 버려 돼지에게 주었으나 돼지 또한 먹지 않았다. 알을 길거리에다 버렸으나 소와 말들이 피하였다. 나중에 들판에 알을 버리자 새들이 깃털로 감싸 주었다. 부여 왕이 그 알을 쪼개려 하였으나 깨뜨리지 못하고는 마침내 어미에게 돌려주었다. 어미가 물건으로 알을 싸서 따뜻한 곳에 두자 드디어 한 사내아이가 껍질을 깨고 태어났다. 장성하여 이름을 주몽이라고 하였는데, 그곳 속어로 주몽이란 활을 잘 쏜다는 뜻이다.

부여 사람들이 주몽은 사람에게서 태어난 아이가 아니므로 장차 딴 뜻을 품을 것이라며 그를 없앨 것을 요청하였으나, 왕은 듣지 않고 그에게 말을 기르게 하였다. 주몽은 몰래 말들을 시험하여 뛰어난 말과 둔한 말이 있음을 알고 뛰어난 말에게는 먹이를 줄여 여위게 하고, 둔한 말은 잘 먹여 살찌게 하니, 부여 왕이 살찐 말은 자기가 타고 여윈 말은 주몽에게 주었다.

훗날 들판에서 사냥을 하는데 주몽은 활을 잘 쏜다고 하여 화살을 하나로 제한하였다.[47] 주몽은 화살은 적었으나 사냥한 짐승이 아주 많았다. 부여의 신하들이 다시 그를 죽이려고 계략을 꾸미자 주몽의 어미가 몰래 알아차리고는 주몽에게 이르기를 "나라에서 장차 너를 해치려 한다. 너에게는 재주와 지략이 있으니 어디든 적당한 곳으로 멀리 떠나거라" 하였다.

주몽은 이에 오인(烏引)·오위(烏違) 두 사람을 데리고 부여를 떠나 동남쪽으로 달아났다. 도중에 큰 강을 만났는데, 건너려고 하여도 다리가 없는데다 부여 사람들의 추격이 매우 급박하였다. 주몽이 강을 향해 말하기를 "나는 태양의 아들이요, 하백의 외손이다. 지금 도망을 치고 있는데 추격하는 병사가 거의 닥쳐오니, 어찌 하면 건널 수 있겠느냐?" 하였다. 그러자 물고기와 자라가 함께 떠올라 다리를 만들어 주었다. 주몽이 건너고 나자 물고기와 자라가 곧 흩어져

---

47) 화살을 하나만 주었다고 해석할 수도 있으나, 그러면 뒤의 문장과 어울리지 않으므로 하나의 표적에 화살을 하나로 제한하였다고 해석하였다.

추격하던 병사들은 건널 수가 없었다.

주몽이 보술수(普述水)에 이르러 세 사람을 만나니, 한 사람은 베옷[麻衣]을 입고 다른 한 사람은 누더기옷[納衣][48]을 입고 마지막 한 사람은 마름옷[水藻衣]을 입고 있었다. 주몽은 그들과 더불어 흘승골성(紇升骨城)에 이르러서는 마침내 그곳에 거주하며 나라 이름을 고구려라 하니 이로 인하여 [고씨를] 성(姓)으로 삼았다.

고구려(高句麗) 호태왕비(好太王碑)[49]

옛날 시조인 추모왕(雛牟王)이 나라의 기틀을 세웠는데, [왕은] 북부여에서 나왔으며, 천제의 아들이고, 어미는 하백의 딸이다. 알을 깨고 나왔는데, 태어나면서 성스러움이 □□□□□있었다. 수레를 몰아 남쪽으로 내려가는 중에 부여의 엄리대수(奄利大水)를 지나게 되었다. 왕은 나루터에 이르러 말하기를 "나는 황천(皇天)의 아들이요 어미는 하백의 딸이며, 추모왕이다. 나를 위해 물풀을 잇고 거북을 떠오르게 하라" 하였다. 그 소리에 따라 물풀이 이어지고 거북이 떠오르자 강을 건너 비류곡(沸流谷) 홀본(忽本) 서쪽 산위에 성을 쌓고 도읍을 세웠다. 인간 세상의 지위(왕위)를 즐기지 아니하자[50] [하늘이] 황룡을 보내 내려가서 왕을 맞이하였다. 왕은 홀본의 동쪽 언덕 위에서 황룡을 타고 승천하였다.

---

48) 납의란 본래 누더기를 기워서 만든 옷인데, 불교가 전래된 이후에는 승복(僧服)을 가리킨다.

49) 호태왕비는 광개토대왕비의 다른 이름이다. 광개토대왕의 묘호는 국강상광개토경평안호태왕이므로 이를 줄여 호태왕이라고도 부르는데, 본래 호태왕이란 '좋으신 대왕님'이라는 보통명사로서 일반적으로 사용되었기 때문에 '광개토대왕'이라고 부르는 것이 타당할 것 같다.

50) 부사년의 원문에는 '영락□위(永樂□位)'로 되어있으나 광개토대왕비의 원문에는 '불락세위(不樂世位)'로 되어 있다. 여기에서는 광개토대왕비의 원문에 따라 해석하였다.

김부식 찬 『삼국사기』, 「고구려본기」

시조 동명성왕의 성은 고(高)씨이고 이름은 주몽이다[추모(雛牟) 또는 상해(象解)라고도 한다]. 이전 부여왕 해부루(解夫婁)는 늙도록 자식이 없자 산천에 제사를 드려 후사를 기원하였는데, 그가 탄 말이 곤연(鯤淵, 지명)에 이르자, 큰 돌을 보더니 마주하고는 눈물을 흘렸다. 왕이 괴이하게 여겨 사람들을 시켜 돌을 굴리자 어린 아이가 있었는데, 금색 개구리 모양을 하고 있었다[와(蛙, 개구리)는 와(蝸, 달팽이)라고도 한다]. 왕이 기뻐하며 말하길 "이는 하늘이 내게 후사를 내려주신 것이다" 하고는 아이를 거두어 기르며 이름을 금와(今蛙)라고 부르고 성장하자 태자로 삼았다.

훗날 재상 아란불(阿蘭弗)이 말하기를 "일전에 하늘이 내려와 나에게 말하기를 '장차 내 자손으로 하여금 이곳에 나라를 세우게 할 것이니 너희는 이곳을 피하라. 동쪽 바닷가에 가섭원(迦葉原)이라는 땅이 있는데, 토양이 비옥하여 오곡(五穀)이 잘 자라니 도읍할 만하다'고 하였습니다." 마침내 아란불은 왕을 설득하여 그곳으로 도읍을 옮기고 나라 이름을 동부여라고 하였다. 옛 도읍지에는 어디서 왔는지 모르는 사람이 나타나 스스로 천제의 아들 해모수(解慕漱)라 일컬으며 와서 도읍하였다.

해부루가 죽자 금와가 왕위를 계승하였다. 어느 날 태백산 남쪽 우발수(優渤水)에서 한 여인을 만나 물으니, "저는 하백의 딸로 유화(柳花)라고 합니다. 동생들과 함께 놀러 나왔는데, 때마침 한 남자가 스스로 천제의 아들 해모수라고 하며 나를 유혹하여 웅심산(熊心山) 아래 압록강 변에 있는 방안에서 정을 통하고는 바로 떠나더니 돌아오지 않았습니다. 부모님은 제가 중매도 없이 외간남자를 따라갔다고 꾸짖고는 마침내 우발수로 귀양을 보냈습니다" 하였다.

금와왕은 이를 기이하게 여겨 [유화를] 궁실에 유폐시켰다. 해가 비추므로 몸을 움직여 피하여도 햇빛이 다시 따라와 비쳤다. 이로 인하여 잉태하여 알 하나를 낳았는데, 크기가 다섯 되들이만 하였다. 왕이 알을 버려 개와 돼지에게 주었으나 모두 먹지 않았다. 다시 길거리에 버렸으나 소와 말이 피해갔다. 나중에는 들판에 버렸으나 새들이 날개로 덮어주었다. 왕이 알을 쪼개려하였으나 깨어지지 않자 마침내 어미에게 돌려주었다. 어미가 물건으로 감싸서 따뜻한 곳에 놓아두었더니 한 사내아이가 알을 깨고 나왔는데, 골격과 모습이 영민하고 기이하였다. 나이 겨우 일곱 살이 되어서는 기골이 범상치 않아 스스로 활과 화살을 만들어 쏘았다하면 백발백중이었다. 부여의 속어로 활을 잘 쏘는 사람을 주몽(朱蒙)이라고 하였기 때문에 이를 이름으로 하였다. 금와왕에게는 일곱 명의 아들이 있어 항상 주몽과 어울려 놀았는데, 그 재주가 모두 주몽에 미치지 못하였다. 장남 대소(帶素)가 왕에게 이르기를 "주몽은 사람의 소생이 아니어서 그 사람됨이 용맹하니 일찍 도모하지 않으면 후환이 있을까 두렵습니다. 청컨대 제거하십시오" 하였으나 왕이 듣지 않고 주몽에게 말을 기르게 하였다. 주몽은 준마를 알아보고 먹이를 줄여 야위게 하고 둔한 말은 잘 먹여 살찌웠다. 왕은 살찐 말은 자기가 타고 야윈 말은 주몽에게 주었다. 이후 왕이 들에서 사냥을 하는데 주몽이 활을 잘 쏘므로 그에게 화살을 적게 주었지만 주몽이 잡은 짐승이 매우 많았다. 왕자 및 여러 신하들이 다시 주몽을 죽이려고 모의하자, 주몽의 어미가 은밀히 이 사실을 알고 [주몽에게] 일러 말하길 "나라 사람들이 장차 너를 해치려고 하니 너의 재주와 지략이면 어디든 갈 수 있을 것이다. 지체하다 욕보는 것보다 멀리 가서 뜻을 이루는 것이 나을 것이다" 하였다.

이에 주몽은 오이(烏伊)·마리(摩離)·협보(陝父) 등 세 사람을 벗 삼아 길을 떠나 엄호수[淹淲水, 일명 개사수(盖斯水)로 현재의 압록 동북쪽에 있다]에 이르렀는데, 건너려고 하여도 다리는 없고 추격하는 병사가 닥칠까 염려해서 물에게 일러 말하였다. "나는 천제의 아들이요, 하백의 외손이다. 지금 도망치고 있는데 추격자가 다가오고 있으니 어찌하면 좋겠는가?" 이에 물고기와 자라가 떠올라 다리를 만들어 주어 주몽은 건널 수 있었다. 물고기와 자라가 곧 사라지니 추격하던 병사들은 건널 수 없었다.

주몽 일행은 모둔곡(毛屯谷)에 이르러『위서』에는 보술수(甫述水)에 이르렀다고 한다].[51] 세 사람을 만났는데, 한 사람은 베옷[麻衣]을 입고 한 사람은 누더기옷[衲衣]을 입고 한 사람은 마름옷[水藻衣]을 입고 있었다. 주몽이 물었다. "그대들은 어디에서 온 사람인가?", "성씨와 이름은 무엇인가?" 베옷을 입은 사람이 "재사(再思)라고 합니다", 누더기옷을 입은 사람이 "무골(無骨)이라 합니다", 마름옷을 입은 사람이 "묵거(默居)라고 합니다" 하되 성은 말하지 않았다. 주몽은 재사에게는 극(克)씨 성을, 무골에게는 중실(仲室)씨 성을, 묵거에게는 소실(小室)씨 성을 하사하고[52] 무리들에게 말하기를 "내가 바야흐로 천명을 받들어 원대한 기초를 열고자 하는데 마침 이 세 현자를 만났으니 어찌 하늘이 내려준 바가 아니겠는가!" 하고는 마침내 그들의 재능을 헤아려 각각 일을 맡기고 그들과 함께 졸본천(卒本川)에 이르렀다[『위서』에서는 흘승골성(紇升骨城)에 이르렀다고 한다].[53] 그곳의 토양이 비옥하고 산천이 험준한 모양을 보고 마침내 도읍을 삼고자 하였으나 아직 궁궐을 지을 겨를이 없었으므로 비류수(沸流水) 가에 오두막을 짓고 거처하였다. 국호를 고구려라 하였는데 이 때문에 고(高)를 성씨로 삼았다[일설에 의하면 주몽이 졸본에 이르렀을 때 부여왕은 자식이 없어 주몽을 보고 범상한 인물이 아님을 알고 자신의 딸을 출가시켰는데, 왕이 서거하자 주몽이 왕위를 이었다고도 한다]. 당시 주몽의 나이 22세로, 한나라 효원제(孝元帝) 건소(建昭) 2년(기원전 37년)의 일이다.

---

51) 보술수와 모둔곡(毛屯谷)은 동일한 지명을 다르게 표기한 것으로 보이는데, 아마도 보술수는 강 이름을, 모둔곡은 강을 끼고 있는 골짜기 지역의 이름을 가리키는 것이 아닌가 생각한다.

52) 주몽이 부여에서 나와 남하하는 가운데 우연히 만난 세 명의 현인은 실제로는 그곳의 토착세력인 세 부족을 규합한 것으로 이해되고 있다. 이는 고구려가 부여 출신의 세력과 토착 세력의 연합을 통해 건국되었음을 의미하는 것으로 짐작할 수 있다. 또한 주몽이 몇 명의 인물들과 함께 남하한 것에서 부여의 세력이 대규모로 이동한 것이 아니라 일부가 이동한 것이라 하겠다.

53) 졸본은 '광개토대왕비'에는 '비류곡(沸流谷) 홀본(忽本)'으로 되어 있다. 흘(紇)과 홀(忽), 졸(卒)은 발음이 통하고, 승(升)과 본(本)은 글자 모양이 유사함에 따라 동일한 지역으로 추정되고 있다. 이 흘승골성은 현재 중국 요녕성 환인시에 있는 오녀산성(五女山城)으로 추정되고 있다.

『조선왕조실록』 본기[이마니시 류(今西龍), 『주몽전설(朱蒙傳說)』, 나이토 (內藤) 박사 송수기념(頌壽紀念)에서 인용][54], 이 서적은 조선왕조의 귀한 서적 [秘籍]으로 근래 선경대학(鮮京大學)에서 몇 부를 영인하였다.

부여왕 해부루(解夫婁)는 늙도록 자식이 없자 산천에 제사를 지내며 후사를 기원하였는데, 그가 타고 가던 말이 곤연(鯤淵)에 이르자, 큰 돌을 보더니 눈물을 흘렸다. 왕이 기이하게 여겨 사람을 시켜 돌을 굴리게 하니 금색의 개구리 모양을 한 어린아이가 있었다. 왕이 말하기를 "이는 하늘이 내게 후사를 내려주신 것이다!" 하며 거두어 길러 이름을 금와(金蛙)라 하고 태자로 삼았다.

재상 아란불(阿蘭弗)이 말하길 "일전에 하늘이 내려와 나에게 말하기를 장차 내 자손으로 하여금 이곳에 나라를 세우게 할 것이니 너희는 이곳을 피하라. 동쪽 바닷가에 가섭원(迦葉原)이라는 땅이 있는데, 토양이 오곡(五穀)에 알맞으니 도읍할 만하다" 하였다. 아란불의 권유로 왕은 도읍을 옮기고 동부여라고 하였다. 옛 도읍지에는 해모수라고 하는 천제의 아들이 와서 도읍하였다. 한 (漢)나라 신작(神雀) 3년(기원전 59년) 임술(4월 갑인일)에 천제가 태자를 보내 부여왕의 옛 도읍지에 내려가 노닐게 하였는데, 해모수라고 하였다. [해모수 는] 하늘에서 내려올 때 다섯 마리의 용이 끄는 수레를 탔는데, 시종 백여 명은 모두 흰 고니를 타고 있었다. 천상에는 채색 구름이 떠 있고 음악소리는 구름 속에 울려 퍼졌는데, 웅심산(熊心山)에 머무르다 십여 일 만에 비로소 내려왔다. 머리에는 조우관(鳥羽冠, 새 깃털로 만든 관)을 쓰고 허리에는 칼날이 번쩍거리는 검을 차고서는 아침에 정사를 듣고 저녁에는 하늘로 올라가니 세상에서는 그를 천왕랑(天王郞)이라고 불렀다.

---

54) 今西龍, 1930, 「朱蒙伝說及老獺稚伝說」, 『史學論叢 藤博士頌壽記念』, 弘文堂書房에 수록. 이 논문에 대한 번역으로는 今西龍(이복규 역), 1998, 「〈朱蒙傳說〉과 〈老獺稚傳說〉」, 『국제어문』 19 참조.

성 북쪽 청하[靑河; 현재의 압록강(鴨綠江)]의 하백에게는 세 딸이 있었는데, 첫째는 유화(柳花)이고 둘째는 훤화(萱花), 막내는 위화(葦花)라고 하였다. 세 딸은 청하에서 나와 웅심연(熊心淵)에서 노닐었는데, 신비한 자태가 곱고 아름다우며 갖가지 패옥이 아름답게 울리니 한고(漢臯)[55]와 다를 바 없었다. 왕이 좌우에 일러 말하기를 "[그녀를] 얻어 왕비로 삼아 후사를 둘만 하구나" 하였으나, 여인들은 왕을 보자마자 물속으로 들어가 버렸다. 좌우에서 고하기를 "대왕은 어찌 궁전을 지어 여인들이 궁실에 들어가기를 기다렸다가 방문을 잠가두지 않으십니까?" 하였다. 왕은 그 말이 옳다고 여겨 말채찍으로 땅을 긋자 갑자기 공중에 구리 궁실이 생겨났는데, 웅장하고 아름다웠다. 왕이 세 자리에 술단지를 놓자 여인들은 저마다 자리에 앉아 서로 기뻐하며 흠뻑 취할 정도로 먹고 마셨다. 왕은 세 여인이 만취하기를 기다렸다가 갑자기 나가서 막았다. 여인들이 놀라서 달아났는데 장녀 유화가 왕에게 잡혔다.

하백이 진노하여 사자를 보내 말하기를 "그대는 누구인데 내 딸을 잡아두었는가?" 왕이 대답하기를 "저는 천제의 아들인데, 지금 하백과 혼인을 맺고자 합니다" 하자 하백이 다시 사자를 보내 일러 말하기를 "그대가 만일 천제의 아들로서 나에게 혼인을 구하고자 한다면 당연히 중매를 보내서 말해야지 어찌 예의도 없이 이렇게 갑자기 나의 딸을 잡아두는가?" 왕이 부끄러워 하백을 찾아 뵙고자 하였으나 궁실에 들어갈 수 없었다. 이에 여인을 놓아주려고 하자, 여인은 이미 왕과 애정을 약속한지라 떠나려고 하지 않고 왕에게 권하여 말하기를 "만일 용이 끄는 수레(龍車)가 있으면 하백의 나라에 들어갈 수가 있습니다" 하였다. 왕이 하늘을 향해 고하니 갑자기 다섯 용이 끄는 수레가 하늘에서 내려왔다. 왕이 여인과 함께 수레에 오르자 바람과 구름이 홀연히 일어나더니 궁궐에

---

55) 한고란 초(楚) 지방으로 현재의 호북성(湖北省) 양양현(襄陽縣) 서북쪽에 있다. 전하는 말에 의하면 주나라의 정교보(鄭交甫)가 한고에서 하늘에서 내려온 두 명의 여인을 만났는데, 두 여인이 패옥을 주었다고 한다.

이르렀다.

하백이 예를 갖추어 맞이하면서 좌정하며 말하기를 "혼인의 도리는 천하에 관통하는 규범인데 어찌 무례하게 우리 문중을 모욕하였는가?" 하였다. 하백이 말하기를 "왕은 천제의 아들이라고 하니 무언가 신기한 재주가 있는가?" 왕이 말하기를 "예 시험해 보시지요" 하니 하백이 정전수(庭前水)의 잉어로 변해서 물결을 따라 헤엄치자 왕이 수달이 되어 그를 잡았다. 하백이 다시 사슴으로 변해 달아나니 왕은 승냥이로 변해 그를 쫓았다. 하백이 꿩으로 변하자 왕은 매로 변해 그를 공격하였다. 하백은 참으로 천제의 아들이라고 여기고 예로써 혼사를 치렀다.

왕이 딸에게 마음이 없을까 두려워 풍악을 베풀고 술을 준비해서 왕에게 흠뻑 취하게 권하고(하백의 술은 7일이 지나야 깨어난다고 한다), 딸과 함께 작은 가죽 가마에 들여놓고 용이 끄는 수레에 태워 하늘로 올라가게 하였다. 수레가 아직 물을 벗어나지 않았는데 왕이 술에서 깨어나 여인의 황금비녀를 가지고 가죽 가마를 찢고는 그 틈으로 나와 혼자 하늘로 올라갔다. 하백이 딸에게 대노하며 말하길 "네가 내 가르침을 따르지 않아 결국 우리 문중을 욕되게 하였구나!" 하고 좌우에 명하여 딸의 입을 당겨 매달아 입술이 세자나 늘어지도록 한 다음 단지 노비 둘과 함께 우발수(優渤水)로 추방하였다. 우발이란 연못의 이름으로 지금은 태백산 남쪽에 있다.

어사(漁師)[56] 강력부추(强力扶鄒)가 금와에게 이르기를 "근래 어량(魚梁)[57] 속의 물고기를 도둑질해가는 놈이 있는데, 무슨 짐승인지 알지 못하겠습니다" 하였다. 이에 왕이 어사를 시켜 그물을 끌어올리게 하니 그물이 찢어졌다. 다시 쇠그물을 만들어 끌어올렸더니 비로소 한 여인을 얻었는데, 돌에 앉아 나왔다. 그 여인은 입술이 길어서 말을 하지 못하므로 입술을 세 번 잘라내자 겨우 말하

---

56) 고대의 관직명으로 어업을 관장하였다.
57) 한쪽으로만 물이 흐르도록 하여 물고기를 잡는 장치이다.

였다. 왕이 천제 아들의 왕비인줄 알고서는 별궁에 두었다.

　여인이 창문으로 비친 햇빛을 품더니 임신을 하여 신작(神雀) 4년(기원전 58년) 계해(癸亥) 여름 4월에 주몽을 낳았다. 울음소리가 매우 우렁차고 골격과 외모가 영특하며 기이하였다. 처음 태어날 때, 왼쪽 겨드랑이로 알을 하나 낳았는데 크기가 다섯 되 들이만 하였다. 왕이 괴이하게 여겨 말하기를 "사람이 새 알을 낳았으니 상서롭지 못하다"하여 사람을 시켜 마구간에 두었더니 말들이 밟지 않았다. 깊은 산중에 버렸더니 온갖 짐승이 다 지켜주었으며, 구름이 낀 흐린 날에도 알 위에는 항상 햇빛이 비추었다. 왕이 알을 가져다 어미에게 주어 기르게 하니 알이 마침내 열리면서 한 사내아이가 나왔는데, 태어난 지 한 달이 채 지나지 않아 말을 하였다. 어미에게 말하기를 "파리들이 눈을 물어 잠을 잘 수 없으니 어머니는 나를 위해 활과 화살을 만들어 주십시오" 하였다. 어미가 대나무로 활과 화살을 만들어 주니 스스로 물레 위의 파리를 쏘는데 화살을 쏘는 대로 적중하였다. 부여에서는 활을 잘 쏘는 것을 '주몽'이라 하였다.

　나이가 점차 많아짐에 재주와 능력을 모두 갖추었다. 금와에게는 자식이 7명 있는데 항상 주몽과 함께 노닐며 사냥을 하였다. 왕자 및 시종 40여 명이 겨우 한 마리의 사슴을 잡는 동안 주몽이 화살로 잡은 사슴은 매우 많았다. 이를 시기한 왕자가 주몽을 잡아 나무에 붙들어 매고는 사슴을 빼앗아 가버리자 주몽은 나무를 뽑고서 갔다. 태자 대소(帶素)가 왕에게 이르기를 "주몽은 신통하고 용맹한 인물로 눈매가 범상치 않으니 만일 일찍 제거하지 않으면 반드시 후환이 있을 것입니다" 하였다. 왕은 주몽에게 말을 기르게 하고 그의 뜻을 시험하고자 하였다. 주몽은 내심 원망을 품고서 어미에게 말하기를 "나는 천제의 손자인데 남을 위해 말이나 기르고 있으니 사는 것이 죽는 것만 못합니다. 남쪽 땅으로 가서 나라를 세우고자 하나 어머니가 계시니 감히 제 뜻을 펼치지 못하겠습니다" 하자 어미가 말하기를 "이는 내가 밤낮으로 절치부심(切齒腐心)하던 일이다." "내가 듣기로 인물이 먼 길을 떠나려면 반드시 준마가 필요한데 나는 말을 고를 수 있다" 하고 마침내 말 기르는 곳에 가서 긴 채찍으로 마구 내리치니 여러 말들이 모두 놀라 달아나는데 한 마리 붉은 빛이 나는 말이 두 길이나 되는 난간을 뛰어 넘었다. 주몽은 그 말이 뛰어난 것을 알고 은밀히 말의 혀에 바늘을 찔러놓자 아파서 물과 풀을 먹지 못해 야위어 갔다. 왕이 목마장을 순시하며 여러 말들이 다 살찐 모양을 보고 크게 기뻐하며 야윈 말은 주몽에게 주었다. 주몽은 이 말을 얻고서는 바늘을 뽑고서 주린 배를 채우게 했다고 한다.

은밀히 오이(烏伊)와 마리(摩離), 협보(陜父) 등 세 사람과 결탁하여 남쪽으로 가서 엄호수(淹㴼水)에 이르렀다. 일명 개사수(蓋斯水)로 지금의 압록강 동북쪽에 있는데, 건너려고 하였으나 배가 없었다. 추격하는 병사가 곧 닥칠까 두려워서 이에 채찍으로 하늘을 가리키며 슬피 탄식하며 말하기를 "나는 천제의 손자요 하백의 외손이다. 지금 곤경을 피해 이곳에 이르렀으니 황천(皇天)과 지신(地神)은 나 고자(孤子)를 불쌍히 여겨 속히 배와 다리를 보내주소서." 말을 마치고 활로 물을 치니 거북과 자라가 떠올라 다리를 만들어 이에 주몽이 건널 수 있었다. 한참이 지나 추격하는 병사들이 강에 이르렀는데, 물고기와 자라의 다리가 곧 사라지자 이미 다리에 올라섰던 병사들은 모두 빠져 죽었다.

주몽이 떠날 때가 되어 차마 헤어지지 못하자 그 어미가 말하길 "너는 어미를 염두에 두지 말라" 하고는 오곡의 씨앗을 싸서 주었으나, 주몽이 생이별의 마음이 애절하여 보리 씨앗을 잊어버렸다. 주몽이 큰 나무아래에서 쉬는데 한 쌍의 비둘기가 날아왔다. 주몽이 말하기를 "이는 틀림없이 신모(神母)가 보리를 보낸 것이리라" 하고는 활을 당겨 쏘아 화살 한 개로 모두 떨어뜨리고 목구멍을 벌려 보리를 꺼내고서는 비둘기에게 물을 뿌려주니 다시 살아 날아갔다고 한다.

왕의 일행이 졸본천(卒本川)에 이르러 비류수 가에 오두막을 짓고 국호를 고구려라고 하였다. 왕은 스스로 불절(茀絕) 위에 앉아 대강 임금과 신하 간의 위계를 정하였다. (중략) 재위 19년 가을 9월에 왕이 승천하고는 내려오지 않았다. 당시 나이 40세이다. 태자가 남겨진 왕의 채찍을 용산(龍山)에 장사지냈다고 한다(하략).

『청태조무황제실록(淸太祖武皇帝實錄)』[고궁박물원 소장본이다. 생각하건대, 『청태조실록』은 현재까지 발견된 것으로 세 개의 판본이 있다. 『태조무황제실록(太祖武皇帝實錄)』은 북평(北平) 고궁박물원에 소장된 것으로 가장 이른 판본이다. 『태조고황제실록(太祖高皇帝實錄)』은 일종의 원고본으로 여러 차례 지우고 고쳐진 채로 중앙연구원 역사어언연구소(歷史語言硏究所)에 소장되어 있다. 또한 북평 고궁박물원에 소장되어 있는 『태조고황제실록(太祖高皇帝實錄)』도 있다. 이미 이 박물원에서 영인, 출판되었으며 가장 늦은 판본이다. 그리고 심양 고궁박물원에 소장되어 있는 『만주실록(滿洲實錄)』이 있다. 이미 이 박물원에서 영인되었는데, 문장의 수식이 비교적 적어서 고궁의 제1판본과 중앙연구원의 원고본 사이에 위치할 것이다. 여기에서는 고궁의 제1판본을 사용하며 심양의 판본과 내용이 다른 것은 주석으로 밝힌다].

장백산(長白山, 백두산)은 높이가 대략 2백 리요 주위는 약 천 리이다. 이 산 정상에는 타문(他門, 심양본에는 달문[闥門]으로 되어 있다)이라고 불리는 연못이 하나 있는데, 주위는 약 80리이다. 압록강(鴨綠江), 혼동강(混同江), 애호강(愛滹江) 세 강이 모두 이 산에서 흘러나온다. 압록강은 산의 남쪽에서 쏟아져 나와 서쪽을 향해 흐르다 곧장 요동(遼東)의 남쪽 바다로 흘러들어간다. 혼동강은 산의 북쪽에서 쏟아져 나와 북쪽을 향해 흐르다 곧장 북쪽 바다로 흘러들어간다. 애호강은 동쪽을 향해 흐르다 곧장 동쪽 바다로 흘러들어간다. 이 세 강에서는 언제나 구술과 보석이 나온다. 장백산은 산이 높고 땅이 찬 데다 바람이 세고 그치지 않아 여름에는 산 주변의 짐승이 모두 이 산에 머물며 쉰다[심양본에는 이어서 다음과 같이 언급하고 있다. "이 산은 모두 부석(浮石)[58]으로 이루어져 있으며, 동북 지방 제일의 명산이다"].

『만주원류고』

만주는 장백산의 동북쪽 포고리산(布庫里山) 아래의 호수인 일명 포이호리
[布爾瑚里, 심양본에는 포늑호리(布勒瑚里)로 되어 있다]에서 기원한다. 태초
에 하늘에서 세 선녀가 내려와 호수에서 목욕을 하였는데, 첫째의 이름은 은고
륜(恩固倫)이고, 둘째는 정고륜(正固倫), 셋째는 불고륜[佛古倫, 심양본에는 불
고륜(佛庫倫)으로 되어 있다]이라고 하였다. 목욕을 마치고 언덕에 오르니 신
령한 까치가 붉은 과일 하나를 물고와 불고륜의 옷 위에 놓아두었는데, 빛깔이
매우 선명하고 고왔다. 불고륜은 [과일이] 예뻐서 차마 손을 놓지 못하다가 마
침내 입에 물고서 옷을 입는데 그 과일이 배속으로 들어가더니 곧 감응하여 잉
태하였다. 두 자매에게 말하기를 "내가 배가 무거워서 함께 날아오를 수가 없으
니 어떡하지?" 하자 두 자매가 말하길 "우리들은 일찍이 단약(丹藥)을 복용해서
죽을 리는 없을 터, 이는 필경 하늘의 뜻이니 그대는 몸이 가벼워지기를 기다렸
다가 올라와도 늦지 않을 것이다" 하고 마침내 헤어져 떠나갔다.

불고륜(佛庫倫)은 후에 한 명의 사내아이를 낳았는데 태어나면서부터 말을
하더니 순식간에 장성해 버렸다. 어미가 아들에게 말하기를 "하늘이 너를 낳은
것은 실로 너로 하여금 이국(夷國)의 주인이 되게 한 것이리라(심양본에는 어지
러운 나라를 안정시키게 한 것이라고 되어 있다). 그곳으로 가서 장차 태어나게
된 연유를 하나하나 상세히 말하면 될 것이다" 하고는 마침내 배를 한척 주고는
"강물을 따라 가면 곧 그곳에 이를 것이다"라고 하였다. 말을 마치자 홀연히 사
라졌다.

그 아들은 배를 타고 강을 따라 내려가 사람들이 사는 곳에 이르렀다. 강기

---

58) 화산의 용암이 갑자기 굳으면서 생긴 화성암이다. 부석이라는 이름에서 알 수 있듯이 스펀지 상
태의 구조로 인해 대체로 물에 뜨는 성질을 갖고 있다.

흙으로 올라가 버들가지를 꺾어 마치 의자 모양과 같이 앉을 것을 만들고는 홀로 그 위에 걸터앉았다. 그때 장백산 동남쪽 별막혜(鼈莫惠, 지명이다)와 오다리[鼇多理, 성(城) 이름이다. 두 명칭은 심양본에는 악모휘(鄂謨輝)와 악다리(鄂多理)로 되어 있다]에는 세 성의 이족(夷族) 추장이 우두머리를 다투었는데[심양본에는 '패권을 장악하려고 다투었는데'라고 되어 있다], 종일 서로를 죽이고 다치게 하였다.

마침 한 사람이 물을 길러 왔다가 그 아들의 행동거지가 기이하고 용모가 범상치 않은 것을 보고는 다투고 있는 곳으로 돌아가 무리들에게 일러 말하였다. "그대들은 다투지 말라. 내가 물을 긷는 곳에서 기이한 사내를 만났는데, 범상한 인물이 아니더라. 생각하건대, 하늘이 이 사람을 헛되이 낳은 것이 아닐 터이니 가서 보지 않겠는가!" 세 추장(심양본에는 세 성의 사람으로 되어 있다)은 이 말을 듣고 싸움을 멈추고는 무리들과 함께 보러 갔다. 만나보니 과연 비범한 인물이라 이상히 여겨 물어보니 대답하여 말하기를 "나는 천녀 불고륜의 소생으로 성은 애신[愛新(화어[華語, 심양본에는 한언(漢言)으로 되어 있다)로는 금(金)이란 뜻이다]각라(覺羅)(성씨이다)요, 이름은 포고리옹순(布庫理雍順)이다. 하늘이 너희들의 어지러움을 안정시키기 위해 나를 내려 보냈다"고 하였다. 이어서 어미와 관련된 일화를 상세하게 들려주자 무리들은 모두 놀라고 기이하게 여겨 말하기를 "이 사람을 걸어서 가게 할 수는 없다"고 하고 마침내 서로 손을 마주 잡고는 가마를 만들어 에워싸고 받들어(심양본에는 '보호 하고'로 되어 있다) 돌아갔다. 세 성의 사람들이 싸움을 중지하고 함께 포고리영웅[布庫里英雄, 심양본에는 '포고리옹순(布庫哩雍順)으로 되어 있다]을 받들어 주인으로 삼고, 백리(百里)의 여자를 아내로 삼게 하였다. 나라의 이름을 만주(滿洲)라고 정하니 마침내 시조인 것이다[남조(南朝)에서는 건주(建州)로 잘못 불렸다].

이상으로 인용한 바와 같이 동북인의 '인강신화(人降神話)' 전설은 동북지역의 각 부족에게는 보편적이고 유구하다는 것을 알 수 있다. 동북의 각 부족이 공통적으로 이러한 신화를 갖고 있다는 점에서 비록 흐름은 달리하지만, 근원은 같다고 볼 수 있다(적어도 일부분에서는).

그러나 이러한 신화는 단지 동북지역에만 한정된 것은 아니고 은상(殷商)에서도 또한 그러하다는 것은 매우 주의할 만하다. 이 사실을 증명하기 위해서는 먼저 은허 복사(卜辭) 중의 '비을(妣乙)'과 『시경(詩經)』 및 전기(傳記) 중의 '현조(玄鳥)'의 의미를 분석할 필요가 있다.

은허 복사 중에는 언제나 복제(卜祭)와 비을(妣乙)에 대한 기록이 있는데, 이를 소개하면 다음과 같다.

    尞于(妣乙)一牢狸二牢
    乙巳卜㱿貞尞于妣乙五牛沈十牛十月在斗
    丁巳卜其尞于妣乙牢沈㝵
    戊午卜亘貞尞于妣乙
    丁卯卜丙尞妣乙十牛俎十牛
    丙子卜骰貞乎㞢酒姚乙尞二豕三羊卯五牛

비을은 상왕(商王)의 선조(先祖)·선비(先妣)의 계통 중에서 다음과 같은 특징이 있다.

첫째, 기타 비모(妣某)는 모두 남편을 찾을 수 있기 때문에 합동제사의 예를 올릴 때에는 단지 제사 때만이지만 남편의 칭호를 위쪽에 쓴다는 것이다.

왕국유(王國維, 1877년~1927년)[59]는 말하기를 "무릇 복사는 위로는 왕빈(王賓)

---

59) 청말민초 시기의 학자로서 자는 정안(靜安)이다. 문학·미학·사학·철학·고고학 등 다양한 방면에서 연구를 진행하였다. 특히 갑골문자의 연구에서는 나진옥(羅振玉)·동작빈(董作賓)·곽말약(郭沫若)과 함께 「갑골4당(甲骨四堂)」이라고 불린다.

모모를 칭하며, 아래로는 석(奭) 모모를 칭한다. 복(卜)에서 말하기를 또한 석명(奭名)에 의한 것은 모두 오로지 비제(妣祭)를 위한 복이다. 그 비(妣) 위에 반드시 왕빈 모모[예를 들면 대갑(大甲) 대을(大乙)과 같은 것]를 씌운다. 석(奭)이란 같은 성이외의 비(妣)를 구별하기 위한 것으로 예를 들면 후세 후(后)의 시호 위에 제(帝)의 시호를 씌워 반드시 제(帝)와 후(后)를 함께 제사지내지 않는 것과 같은 것이다"(『增訂殷墟書契考釋』下, 58쪽)라고 한다. 다만, 비을은 영원히 합동으로 제사지내지 않아 마치 남편이 없는 것과 같다.

둘째, 기타 상갑(上甲)에서 다후(多后)의 비(妣)에 이르기까지 제례는 평상대로 하지만, 유독 비을(妣乙)은 묘(袞)를 사용한다. 묘란 준(夋), 토(土), 해(亥) 3대에만 사용한다. 준은 은나라의 고조(高祖)로 이른바 제곡(帝嚳)이다(왕국유 설). 토는 상토(相土)[60]이며(왕국유 설), 또는 방사(邦社)이다[필자의 견해는 『고대중국민족(古代中國民族)』에 보인다]. 해(亥)는 소를 길들여서 교역을 한 왕해(王亥)[61]에게 바치는 것으로 모두 상(商) 초기의 영명한 군주이다. "상갑(上甲)에서 다후(多后)에 이르는" 제사는 비록 '사계(帥契)'의 상갑, 성당(成唐)의 대을(大乙), 감복(戡服) 귀방(鬼方)의 무정(武丁)이라고 해도 모두 묘제(袞祭)와 더불어 하지 않는다. 묘제(袞祭)의 용도는 여기에 한정될 뿐만 아니라 아울러 시(兕)에 미치므로 비을(妣乙)은 특별히 존중하는 고비(古妣)가 된 후에 제곡(帝嚳), 상토(相土) 왕해(王亥)와 같은 류가 된 것이다.

비을(妣乙)은 이미 '상갑에서 다후에 이르는' 한 시대에 속하지 않고 그 제례는 또한 준(夋), 토(土), 해(亥)와 하나의 계통을 이루고 있음을 알 수 있다. 그러므로 우리는 자연히 비을이 어찌 유융씨(有娀氏)의 여자가 아니겠는가?라는 의구심을

---

60) 은나라의 아주 이른 시기의 선왕으로 설의 손자인데, 탕왕 이전이며, 왕항이나 왕해(王亥)보다도 앞선다.

61) 은나라의 선왕으로 소를 길들여 소가 끄는 우마차를 만들었다고 한다. 왕해는 우마차를 이용해서 물건을 싣고 먼 곳까지 가서 교역을 하여 중국 상업무역의 선구로 일컬어진다.

피할 수 없다.

이 하나의 가설은 『여씨춘추』 및 『설문』의 도움으로 명확히 증명할 수 있다. 『여씨춘추』 음초편(音初篇)에 의하면 다음과 같다.

> 유융씨(有娀氏)에게는 두 명의 미녀가 있었는데, 아홉 층의 누대를 만들고 음식을 먹을 때는 반드시 악기를 연주하게 하였다. 천제가 제비를 시켜 가서 살펴보게 하니 울음소리가 지지배배하였다. 두 미녀가 이를 예뻐하여 다투어 잡아다가 옥 광주리로 덮어두었다. 잠시 후에 열어 보니 제비가 두 개의 알을 남겨두고 북쪽으로 날아가 버리고는 끝내 돌아오지 않았다. 두 여인은 노래를 지었는데, 한결같이 "제비야 제비야 날아가 버렸구나!"라고 하였다. 실로 처음으로 북방의 음악을 지은 것이다.[62]

이 일화는 유융씨의 여인이 제비를 매개로 한 것을 말한다. 이 일화는 또한 『월령(月令)·중춘기(仲春紀)』에도 나오는데, 그중 일부는 다음과 같다.

> 이 달에는 현조(玄鳥)가 도착한다. 도착하는 날 태뢰(太牢)[63]로 고매(高禖)[64]에게 제사를 지낸다. 천자가 몸소 행차하여 후(后)와 비(妃)는 구빈(九嬪)을 거느리고 모시는데, 마침내 천자가 어대(御帶)의 예로써 활과 활집을 차고 고매

---

62) 이 내용은 은의 시조 설화에 해당한다. 본문에는 언급이 없지만, 유융씨의 두 미녀 가운데 첫째를 간적(簡狄)이라고 하는데, 시조 설화에 의하면 제비가 남긴 알을 먹고 잉태하여 은 일족의 시조인 설을 낳았다고 한다. 간적을 제곡의 부인으로 전하는 전승도 있는데, 그렇다면 천제는 제곡이 된다. 은에서는 제곡을 주요 신으로 섬겼고 토템으로 제비를 숭상하는 전통이 있었던 것에서 이러한 설화가 전해진 것으로 보인다.

63) 태뢰는 소·양·돼지를 제물로 사용하는 제례로 최상의 예의를 갖추는 것이다. 이보다 격식이 낮은 제사에서는 양과 돼지만을 사용하는데 이를 소뢰라고 하며, 특(特)은 수컷돼지만을 사용하는 제사로 격식이 더 떨어진다.

64) 고대 혼인과 생육을 관장하는 신으로, 교매(郊媒)라고도 한다.

앞에서 활과 화살을 하사한다.

그런데, 『설문』에서는 명백하게 을(乙)을 현조(玄鳥)라고 한다. 『대서본십이상(大徐本十二上)』에 "을(乚), 현조이다. 제나라와 노나라에서는 이를 일러 을(乙)이라고 하는데, 그 울음소리를 취해서 저절로 부르게 된 것이다. ……을(𠃉), 을(乙) 혹은 종조(從鳥)이다." 『계전(系傳)』 및 『운회(韻會)』에서는 모두 "제비(燕燕)는 현조이다"라고 한다. 각 가주(家注)의 설문(說文)은 모두 이를 따르고 있다. 그러므로 제비는 곧 새이고 새는 곧 검은 새라는 것이 설문에도 명확히 나타나 있다. 소서(小徐)는 말하기를 "『이아(爾雅)』에 '연연(燕燕), 을(乙)'이다, 이는 갑을의 을과 같은 종류이다"라고 한다. 혜동(惠棟)은 "을(乙)과 을(乙)은 같은 부류가 아니다. 하나는 을(乙)이 되고, 하나는 을(乙)이 된다"고 한다. 혜동의 설은 『설문』에서 두 글자로 구분한 것에 미혹된 것이다. 『설문』에서 이를 분류한 것만 못한 것은 단지 을(𠃉)자를 빌려서 공(孔), 유(乳) 두 글자를 풀이하는데 편하고자 해서 무리하게 이 부수를 세웠기 때문이다. 공(孔)의 좌변은 『금문(金文)』에서는 결코 을(乙)을 따르지 않으며, 유(乳)는 금문에서는 검증할 수 없다.

또한 『시경(詩經)』 상송(商頌)에 의하면 "하늘이 현조에게 명하여 내려가서 상을 낳게 하였다(天命玄鳥, 降而生商)"라고 한다. 모씨(毛氏)[65]는 말하길 "현조는 을(𠃉)이다. 춘분에 현조가 내려왔다. 탕(湯)[66]의 선조 유융씨(有娀氏)의 딸 간적(簡狄)은 고신씨(高辛氏) 제곡[67]의 배우자로 제곡을 따라 교매(郊禖)에 기도하러 갔다가 설(契)을 낳았다. 그러므로 본래 하늘이 명한 바가 현조가 도착함으로써 태어난 것이다"고 한다. 정씨(鄭氏)[68]는 말하길 "하늘이 을(𠃉)을 내려 보내 상(商)을 낳았는데,

---

65) 『시경』의 해설서로 가장 오래된 것은 전한(前漢) 초기 모향(毛享)과 모장(毛萇) 두 모씨(毛氏)가 지은 『모시(毛詩)』이다. 『모시』는 『시경』을 이해하고 연구하는데 커다란 영향을 미쳐 때로는 『시경』을 『모시』라고도 한다.

66) 은나라 25대 왕으로 경정의 아들이다. 즉위 2년에 박에서 하북으로 천도하였다.

67) 상고시대 5제의 하나이다. 고신은 그가 봉해진 지명에서 유래한 것이다.

을(鳦)이 알을 남기자 유융씨의 딸 간적이 이를 삼키고 설을 낳았다"고 한다.

이러한 기록에 의하면 현조가 상을 낳았다는 고사는 오늘날에도 대체로 볼 수 있다. 이른바 "하늘이 현조에게 명하여 내려가서 상을 낳게 하였다(天命玄鳥, 降而生商)", "유융이 바야흐로 일어나자 천제가 아들[69]을 세워 상을 낳았다(有娀方將, 帝立子生商)"[70]라는 것은 전설에 의하면 현조의 알이 유융씨 딸의 배로 들어간 것이므로 실제로는 '둘이 하나'가 된 것이다. 각국의 신화 중에 '둘이 하나'인 예는 매우 많다. 신학에서의 '삼위일체'는 신화를 철학화한 것이다. 그러므로 비을(妣乙)은 전설 속의 연연(燕燕)으로 상나라의 시조인 비(妣), 즉 유융씨의 딸이라는 것은 의심할 여지가 없다.

"하늘이 현조에게 명하여 내려가서 상을 낳게 하였다(天命玄鳥, 降而生商)", "유융이 바야흐로 일어나자 천제가 아들을 세워 상을 낳았다(有娀方將, 帝立子生商)"는 고사는 이미 명확해졌으니 이 고사를 가지고 본 절에서 인용한 주몽 천년 등의 전설과 비교해 보면 그것이 하나의 신화라는 것은 의심할 여지가 없을 것이다. 이 일련의 실마리는 우리들에게 상나라의 시조와 진한 이래 동북 부족이 하나의 근원에서 나왔으며, 적어도 문화적으로 깊은 접촉과 혼합이 있었다는 사실을 분명히 가르쳐 주고 있다. 동북 부족과 중국의 역사는 하나가 되니, 이 증거를 가지고 하나의 대로(大路)를 얻을 수 있을 것이다.

---

68) 후한 시기의 저명한 학자 정현(鄭玄, 127년~200년)이다. 그는 역경·서경·모시·주례·예기·논어·효경 등에 관한 금고문을 절충하여 주석을 달았으며, 한나라 시기 한학의 대성자로 일컬어진다.

69) 은나라의 시조인 설(契)이다.

70) 『시경(詩經)』, 「상송(商頌)」편에 수록되어 있는 '현조(玄鳥)'의 일부이다.

제4절 은상(殷商)과 동북

은상과 동북의 관계는 단지 '현조(玄鳥)' 고사뿐만 아니라 다른 사실로도 증명할 수 있는데, 첫째는 박(毫)의 지리적 위치[地望]이고, 둘째는 조선과 기자의 고사이다. 박(毫)이 있던 곳은 왕국유(王國維)에 의하면 한대(漢代) 산양군(山陽郡) 박현(薄縣)[현재의 산동성 조현(曹縣)]이라고 하는데, 그의 설은 매우 정확하다. 따라서 경조(京兆)와 두릉(杜陵)[71]의 서쪽이 박(毫)이라는 설은 자연히 성립할 수 없다[『관당집림(觀堂集林)』에 보인다. 왕국유의 설은 호천유(胡天游, 1696년~1758년)[72]의 설에 근거하고 있다].

그런데, 제하(濟河)[73] 하류를 따라 박(薄)의 음이 전화되어 지명으로 된 곳 또한 여럿이 있는데, 박고(薄古)는 그중의 하나이다. 또한 '숙(肅)·신(愼)·연(燕)·박(毫)'의 박은 현재의 하북성 동북 지경에 해당하는데, 상(商)과 관계없다는 설 역시 증거는 없다. 분석을 거친 후에 그 외의 증거를 참조하면 상(商)의 기원이 되는 곳은 오늘날 하북(河北)의 동북으로 제수(濟水)가 바다로 들어가는 곳에 해당할 것이다.

탕(湯)의 선조는 제수를 거슬러 올라가 상구(商丘)에 이르렀다. 시경에서 말하길 "상토(相土)[74]는 위세가 대단해서 바다 너머까지 다스렸다"고 한다. 여기에서 바다 너머는 곧 발해의 동쪽이니, 이는 탕왕의 선조가 이미 동북에 걸쳐 대국을 형성하였다는 것이다. 이 설은 나의 저작『민족과 고대 중국사(民族與古代中國史)』[75]에서

---

71) 경조와 함께 현재의 산서성(陝西省) 서안(西安) 부근이다.

72) 청대의 문인이자 시인이다. 특히 글자의 대구를 기본으로 하는 46병려문(四六騈儷文)에 탁월하였다고 한다.

73) 제수(濟水)라고도 한다. 현재의 하남성(河南省) 제원시(濟源市)에서 발원하여 하남, 산동을 거쳐 발해로 흘러간다. 오늘날 하남성의 제원시는 이 제수의 발원지에서 지명을 딴 것이며, 산동성의 제남(濟南), 제녕(濟寧), 제양(濟陽)은 모두 제하에서 이름을 딴 것이다.

74) 상(商)나라의 3대 군주이다. 조부는 상나라의 시조인 설(契)이며, 아버지는 제2대 군주인 소명(昭明)이다.

75) 이 책은 부사년이 1929년부터 집필에 착수하였지만, 여러 사정으로 결국 완성하지는 못하였다. 다만, 1934년에 발표한 「이하동서설(夷夏東西說)」의 저자 일러두기에 의하면 "이 논문은 '9.18사

피력하였는데, 2월 이후에 출판된다. 문장이 번잡하여 본문 중에 옮겨 적을 방법이 없으니 독자들은 이 책을 참조하길 바란다.

조선과 기자의 고사(故事)는 실로 우리들에게 상(商)과 동북은 본래 매우 밀접한 관계를 지니고 있었다는 사실을 말해주고 있다. 그 때문에 상이 몰락한 이후에도 여전히 물러나 요동을 지킬 수 있었으며, 주공(周公)과 성왕의 동이를 정벌하는 병력(兵力)이 결국 미치지 못했던 것이다. 그렇지 않다면 몰락한 유민이 어찌 요해(遼海)를 건너 조선의 왕이 될 수 있었겠는가?[76] 반드시 그 근원에는 토대가 있었기 때문이며, 그런 후에 지리적으로 요원한 형세에 의지해서 스스로를 지킬 수 있었던 것이다. 이 두 가지 사실로 상은 동북 지역에서 일어났으며, 패망한 후에는 다시 동북으로 돌아갔다는 것을 알 수 있다. 상이 중국 역사시대의 첫 페이지를 열었다는 것은 또한 동북사의 첫 페이지이기도 한 것이다. 역사의 계통론에서 동북과 중국이 일체라고 하는 것은 번거롭게 말을 하지 않아도 알 수 있을 것이다.

종합적으로 이 4절에서 언급한 내용을 간략히 정리하면 다음과 같다.

첫째, 근래 고고학자와 인류학자는 중국 북부 및 동북지역의 연구에서 이미 선사시대 중국 북부와 동북지역은 인종 및 문화적인 면에서 하나라는 것을 증명하였다.

둘째, 신화의 비교를 통해서 이미 역대 동북 부족은 중국 역사를 개창한 왕조와 밀접한 관계가 있음을 충분히 설명하였다.

셋째, 은상·조선·숙신 등 지명의 비교를 통해 중국사 초기에 발해 양안은 일체라는 사실을 알게 되었다.

변' 이전에 쓴 『민족과 고대사』 중의 3개의 장(章)이다. 이 책은 '9.18사변' 이전에 이미 완성하였으나 시국의 영향으로 정리를 하지 못하여 그중 3개의 장을 한 편의 글로 편집 정리하였다"고 한다. 부사년 지음(정재서 역주), 2011, 『이하동서설』, 우리역사연구재단, p.48 참조.

76) 조선이 기자 이전에 이미 은나라에 복속되어 있었다는 것을 의미한다. 부사년은 『이하동서설』에서 "주왕(紂王, 은나라 마지막 왕)이 죽은 다음 은나라 사람들은 망국의 여파에도 오히려 기자에 의지하여 조선을 지킬 수는 있었으니, 조선이 만약 일찍이 그 통치 범위 안에 있지 않았더라면 망국 끝의 꺼져가는 불씨로 멀리 해외에서 국가를 일으키기는 어려웠을 것이다"라고 언급하고 있다. 부사년 지음(정재서 역주), 2011, 『이하동서설』, 우리역사연구재단, p.89.

넷째, 여러 사서(史書)의 기록에서 동북 부족의 풍속·생활 등은 이른바 '한인'과 기본적으로 공통적인 성분이 있으며, 사막 북쪽의 유목민족과 서역의 유목민족과는 확연히 다르다는 것을 확인할 수 있다.

　인종적, 역사적, 지리적으로 모든 면에서 동북 지역은 먼 옛날부터 중국과 일체였다. 이는 근대의 과학적 탐구를 통해 우리들에게 부여된 지식에 기반하는 것으로 단지 억측으로 논단하는 것이 아닌 물적 증거를 가지고 있다.

제 2 장

연(燕) · 진(秦) · 한(漢)과 동북(東北)

연 · 진 · 한과 동북 지역의 관계에 대한 중요 사료는 다음과 같다.

『사기』, 「진시황본기」

21년 …… 연(燕)나라를 격파하자 …… 연왕(燕王)이 동쪽의 요동을 수습하고서 그곳의 왕이 되었다. …… 25년 왕분(王賁)을 장수로 삼아 연나라의 요동을 공격하게 하여 연왕 희(喜, 재위 기원전 254년~기원전 222년)[1]를 사로잡았다(이 또한 연이 요동에 있었다는 증거이다).

---

1) 전국시대 연나라의 마지막 군주이다. 연왕 희는 진(秦)나라와 우호관계를 맺고 그 증표로 태자 단을 인질로 보냈다. 그런데 진나라에서 냉대를 받던 태자 단은 연나라로 도망해서는 진시황제(당시는 진왕 정)를 암살하기 위해 형가를 자객으로 보내지만 실패하고 요동으로 도망하였다. 이에 진나라는 군사를 보내 연나라를 공격하였다. 연왕 희는 분전하였으나 결국 밀려서 요동으로 도망하였다. 태자 단의 수급을 바쳐서 일시 연명하였으나 결국 기원전 222년 요동이 함락되고 연왕 희는 사로잡혔다.

『사기』, 「자서」

연나라 [태자] 단(丹)이 요(遼)지역에서 난을 일으키자 위만이 그 유민들을 거두어 해동(海東)에 살면서 진번(眞藩)을 복속시키고는 장성 부근에 성채를 쌓고 외신(外臣)이 되었다(이는 [조선]왕 위만이 중국의 신하였다는 증거이다. 『태사공자서』, 「조선열전」에서는 모두 이 기사를 말할 뿐, 한 무제의 공적을 기록하지 않은 것은 한 무제의 업적을 드러낼 뜻이 없었던 것이다).

『위략(魏略)』[2] (『삼국지주』에서 인용)

옛날 기자(箕子)의 후예인 조선후(朝鮮侯)[3]는 주나라의 쇠퇴함을 보고 연나라가 스스로를 높여 왕을 참칭하고 동쪽의 땅을 침략하려고 하였다. 조선후 또한 스스로 왕을 칭하고 군사를 일으켜 연나라를 공격하여 주 왕실을 받들고자 하였으나 대부 예(禮)가 간하여 그만 두었다. 예를 보내 서쪽의 연나라를 설득하니 연나라도 멈추고 공격하지 않았다. 후에 자손이 점차 교만하고 포악해지자 연나라는 장수 진개(秦開)를 파견해 서쪽을 공략하여 땅 2천여 리를 빼앗고 만번한(滿潘汗)에 이르러 경계를 삼으니 마침내 조선은 쇠약해졌다.[4]

진(秦)나라가 천하를 통일하고 몽염(蒙恬)을 시켜 장성을 쌓게 하여 요동에 이르렀다. 조선왕 부(否)가 즉위하였는데, 진나라의 공격을 두려워하여 정략상 진나라에 복속하였으나 조회에는 나가지 않았다. 부왕이 죽자 그의 아들 준(准)

---

2) 『위략』은 어환(魚豢, 생몰연대 미상)이 삼국시대 위나라를 중심으로 해서 저술한 역사서인데, 현재는 전해지지 않는다. 남조 송나라의 배송지(裵松之, 372~451)는 진수가 편찬한 『삼국지』의 주석을 다는데 『위략』의 내용을 인용하고 있는데, 특히 『사기』와 『한서』 다음으로 고조선에 대해 체계적이며 다량으로 서술되어 있다는 평가를 받고 있다. 오강원, 2012, 「『삼국지』 배송지주와 『위략』 고조선 관련 기사」, 『정신문화연구』 35, 한국학중앙연구원 참조.
3) 조선후와 기자의 관계에 대해서는 기자조선을 인정하는 중국 측과 이를 부정하는 한국 측의 견해가 대립하고 있으며, 조선후가 통치하던 지역의 대해서도 요동이라는 측과 요서라는 측의 견해가 대립하고 있는 실정이다.
4) 진개가 공략하여 탈취한 2,000여 리의 위치가 어디인지에 대해서는 오현수, 2015, 「『魏略』 기재 朝鮮侯와 '取地二千餘里'의 검토」, 『韓國史學報』 제61호(2015.11) 참조.

이 즉위한지 20여 년이 지나 진승(陳勝)과 항우(項羽)가 [군사를] 일으켜 천하가 혼란하였다. 연, 제, 조나라의 백성들이 고통을 견디다 못해 점차 준(准)으로 망명해 가니, 준은 그들을 서쪽 지역에 거주하게 하였다. 한나라 때 노관(盧綰)을 연왕으로 삼았는데, 조선과 연나라는 추수(溴水)를 경계로 삼았다. 노관이 배반하고 흉노로 들어가자[5] 연나라 사람 위만(衛滿)이 망명하여 호복(胡服) 차림으로 동쪽의 추수를 건너서 준왕을 알현하고 투항하였다. 준왕에게 서쪽 경계에서 살게 해줄 것을 요구하였기 때문에 중국의 망명자들을 조선의 번병(藩屛)으로 삼았다. 준왕은 위만을 믿고 총애하여 박사로 삼았으며, 규(圭)[6]를 하사하고 백리[의 땅]을 봉하여 서쪽 변경을 지키게 하였다. 위만이 망명한 무리들을 유혹하여 무리가 점점 많이 불어나자 사람을 보내 준왕에게 고하길 "한나라 병사가 열 개의 길로 쳐들어오고 있으니 사람을 모집해야 한다"고 하고는 마침내 돌아와서 준왕을 공격하였다. 준왕은 위만과 전쟁을 하였으나 대적하지 못하였다[생각하건대, 추수의 추(溴)는 패(浿)의 오류이다].

『사기』, 「조선열전」(『한서』와 문장이 다른 것은 뒤에 주석을 달았다)

조선왕 위만은 본래 연나라 사람이다[朝鮮王滿者, 故燕人也. 『한서』에는 '자(者)', '고(故)', '야(也)' 세 자가 없다]. 연나라는 전성기 때(自始全燕時)[『한서』에는 '전(全)'자가 없다] 일찍이 진번(眞番)과 조선을 공략하여 귀속시키고 관리를 두고 성채를 구축하였다[築鄣塞, 『한서』에는 '새(塞)'자가 없다]. 진나라는 연나라를 멸망시키고 나서 요동[군]의 외요(外徼)[7]에 귀속시켰다. 한나라가 흥하여

---

5) 노관은 한나라 고조 유방(劉邦)과 동향 출신으로 한나라 건국에 큰 공을 세워 이성제후(異姓諸侯) 7명 중 1명으로 연왕(燕王)에 봉해졌다. 그러나 한 고조의 이성제후 제거 정책이 진행되자 흉노로 망명하였는데, 흉노는 그를 동호노왕(東胡盧王)으로 봉하였다.

6) 위 끝은 뾰족하고 아래는 네모난 옥으로 천자가 제후를 봉하거나 신을 모실 때 사용하였다.

7) 요(徼)란 정(亭), 장(鄣)과 같은 거점을 중심으로 일정한 관할 범위를 순시·순찰하여 사람과 물자의 이동을 통제하거나 치안을 관리하는 변경시설이라고 한다. 고조선이 요동군의 외요에 속하였다는 것에서 고조선이 변경 치안 관리 범위에 속하였다는 것으로 이해되고 있다. 宋進, 2014, 「戰

멀리까지 지키는 것이 어려워[漢興爲其遠亂守, 『한서』에는 '기(其)'자가 없다] 요동의 옛 요새를 복구하여 패수(浿水)로 경계를 삼고 연나라를 귀속시켰다.

연왕 노관(盧綰)이 [한나라를] 배반하고 흉노로 들어가자 위만이 망명하여 무리 천여 명을 모아 상투를 틀고 오랑캐 복장을 하고는 동쪽으로 달아나 장성을 벗어났다[『한서』에 각주 있음]. 패수를 건너 진나라의 옛 빈 땅인 상하장(上下鄣)에 거주하였는데, 점차 진번과 조선의 오랑캐 및 예전 연나라와 제나라에서 망명한 사람들을 복속시켜 왕이 되었으며[『한서』에는 '명(命)'은 '재(在)'로 되어 있다], 왕험(王險)에 도읍하였다.

효혜(孝惠) · 고후(高后)[8]의 시대(기원전 195년~180년)에 이르러 천하가 비로소 안정되자[會孝惠高后時天下初定, 『한서』에는 '시(時)'자가 없다], 요동태수는 위만을 외신(外臣)으로 삼을 것을 약속하고 장성 밖의 만이(蠻夷, 오랑캐)가 변경을 노략질하지 못하도록 지키게 하고[無使盜邊, 『한서』에는 '무(無)'자가 '무(毋)'로 되어 있다], 여러 만이의 군장[諸蠻夷君長, 『한서』에는 '제(諸)'자가 없다] 이 들어와서 천자를 알현하고자 하면 금지하지 못하도록 황제에게 아뢰니 황제가 허락하였다.

이로써 위만은 군사의 위세와 재물을 얻게 되어[以故滿得兵威財物, 『한서』에는 '득(得)'자 다음에 '이(以)'자가 있다] 주변의 작은 고을(小邑)을 침략하여 항복시키니, 진번(眞番) · 임둔(臨屯)이 모두 와서 복속하여 사방 수천 리에 이르렀다. 아들을 거쳐 손자 우거(右渠)에 이르러 한나라에서 망명한 사람들이 매우 많았다. [우거는] 일찍이 [한나라에] 들어가 [황제를] 알현하지 않았으며, 진번 등 주변 여러 나라가[眞番旁衆國, 『한서』에는 '방중국(旁衆國)'이 '진국(辰國)'으로 되어 있다] 상서를 올리고 천자를 알현하고자 해도 가로막고는 소통하지 못

國 · 秦 · 漢시기 遼東郡과 그 경계」, 『한국고대사연구』 76, 한국고대사학회 참조.

8) 한나라 고조 유방의 사후 즉위한 효혜제(孝惠帝)와 섭정을 한 고조의 부인 여태후(呂太后)를 가리킨다.

하게 하였다[又擁閼不通, 『한서』에는 '옹(擁)'이 '옹(雍)'으로 되어 있고, '불(不)'은 '불(弗)'로 되어 있다].

원봉(元封) 2년(기원전 109년) 한나라는 섭하(涉河)[9]를 파견해서 우거를 질책하고 회유하였으나[涉河譙諭右渠, 『한서』에는 '초(譙)'가 '유(誘)'로 되어 있다], 끝내 천자의 명을 받들고자 하지 않았다. 섭하가 돌아가는 길에 경계에 이르러[何去至界上, 『한서』에는 '상(上)'자가 없다], 패수에 임해서는 부리는 자를 시켜 자신을 전송 나온[使御刺殺送何者, 『한서』에는 '어(御)'가 '어(馭)'로 되어 있다] 조선의 비왕(裨王)[10] 장(長)을 찔러 살해하고는 즉시 [강을] 건너서 말을 달려 장성으로 들어갔다[渡馳入塞, 『한서』에는 '도(渡)' 다음에 '수(水)'자가 있다].

마침내 돌아가서 천자에게 보고하여 말하길 "조선의 장수를 죽였습니다" 하니, 황상이 그 명예를 가상히 여겨 질책하지 아니하고[上爲其名美卽不詰, 『한서』에는 '즉불힐(卽不詰)'이 '불힐(弗詰)'로 되어 있다], 섭하를 요동동부도위(遼東東部都尉)에 임명하였다. 조선에서는 섭하를 원망하여 군사를 보내 섭하를 습격해서 살해하였다. 천자가 죄인을 모집해 조선을 공격하였다. 그해 가을 누선장군(樓船將軍) 양복(楊僕)을 파견해 제(齊)에서 발해(渤海)로 배를 띄우게 하였는데[楊僕從齊浮渤海, 『한서』에는 '발(渤)'은 '발(勃)'로 되어 있다], 군사는 5만 명[『한서』에는 '인(人)'자가 없다]이었다. 좌장군 순체(荀彘)는 요동을 벗어나 우거를 토벌하였다[討右渠, 『한서』에 '토(討)'는 '주(誅)'로 되어 있다]. 우거는 군사를 징발해서 험준한 곳에서 대항하였는데, 좌장군의 부장 정다(正多)가 요동의 군사를 거느리고[正多率遼東兵, 『한서』에 '정다솔요동병(正多率遼東兵)'은 '다솔요동사(多率遼東士)'로 되어 있다] 선두에서 공격하였으나, 패하여 흩어졌는데, 다(多)가 되돌아서 도망쳐 오자 죄를 물어 참수하였다. 누선장군이 제(齊)의

---

9) 부사년의 원문에는 섭하(涉河)로 되어 있는데, 이는 섭하(涉何)의 오류이다.
10) 비왕은 조선의 장수로 왕을 보좌하면서 사신을 맞이하거나 배웅하는 업무를 담당한 것으로 추정한다.

군사 7천 명을 거느리고[樓船將軍將齊兵七千人, 『한서』에는 '장군(將軍)' 두 자가 없다]. 먼저 왕험(王險)에 이르렀다. 우거는 성(城)을 방어하였는데, 누선의 군사가 적음을 알아차리고 즉시 성(城)을 나와 누선을 공격하였다[卽出城擊樓船, 『한서』에는 '성(城)' 자가 없다]. 누선의 군사가 패배하여 흩어졌다. 장군 양복(楊僕)은 무리를 잃고[楊僕失其衆, 『한서』에는 '양(楊)'자가 없다], 산 속에서 십여 일을 숨어 지내다 흩어진 군사를 다소 수습해서 다시 모았다. 좌장군은 조선의 패수 서군을 공격하였으나 격파하지 못하였다.

이전부터 천자는 두 장군이 유리하지 않다고 여겨[自前天子爲兩將未有利, 『한서』에는 '자전(自前)' 두 자가 없다], 마침내 위산(衛山)을 파견해 군사적 위엄을 갖추고 가서 우거를 회유하도록 하였다. 우거는 사신을 보고는 머리를 숙여 사죄하면서 "항복하고자 하였습니다만, 두 장군이 신을 속여서 죽이지 않을까 두려웠습니다[兩將詐殺臣, 『한서』에는 '양(兩)' 자가 없다]. 지금 신절(信節)[11]을 알현하였으니 항복을 청하옵니다"라고 하였다. 태자를 보내 들어가서 사죄하고 말 오천 필과 함께 군량미를 바치게 하였다. 무리 만여 명이 무기를 휴대하고 패수를 건너려고 할 때 사신(위산) 및 좌장군은 변란을 의심해서 태자에게 일러 말하기를 이미 항복하였으니 사람들에게 무기를 휴대하지 말 것을 명하라고 하였다. 태자는 사신과 좌장군에게 속아서 살해당하지 않을까 의심해서[詐殺之, 『한서』에는 '살(殺)' 자가 없다], 마침내 패수를 건너지 않고 다시 [무리들을] 거느리고 돌아가 버렸다. 위산이 돌아가 천자에게 보고하니 천자는 위산을 주살하였다[山還報天子, 天子誅山, 『한서』에는 '산보천자주산(山報天子誅山)'으로 되어 있다].

좌장군은 패수상군(浿水上軍)[12]을 격파하고 전진하여 성(城) 밑까지 이르러

---

11) 천자의 사신이 지니고 있는 징표를 말한다.

12) 패수상군은 후에 나오는 패수서군(浿水西軍)과 함께 군사편제로 인식되어 위만조선에 고도로 편제된 군사조직 체계가 있었다는 견해도 있으나, 단지 패수의 위쪽 군사 혹은 패수가의 군사로 보

서북쪽을 포위하고, 누선 역시 합세하여 성 남쪽에 포진하였다. 그러나 우거가 성을 견고하게 지키니 수개월이 지나도 함락시키지 못하였다. 좌장군은 본래 시중(侍中)으로 총애를 받았는데, 연(燕)과 대(代)의 용맹한 군사를 거느린 데다 승전의 기세를 타고 대부분의 군사가 교만하였다. 누선은 제(齊)의 군사를 거느리고 바다로 나아갔으나, 이미 여러 차례 패배하였으며[固已多敗亡, 『한서』에는 '고(固)'자가 없다], 이전 우거와 전쟁을 하면서 곤욕을 치른 패잔병들이라 군사들이 모두 두려워하여 장군은 마음으로 부끄러웠지만, 우거를 포위하고서도 계속 공격을 하지 않았다.

좌장군이 맹렬히 공격하자 조선의 대신들은 은밀히 사람을 보내 누선장군에게 항복을 약속하였으나 말만 오고 갈 뿐 확실한 결정을 내리지 않았다. 좌장군은 여러 차례 누선장군과 함께 싸울 것을 정하였으나, 누선장군은 약속을 이루는데 급급해서[樓船欲急就其約, 『한서』에는 '급(急)'자가 없다], 협력하지 않았다. 좌장군은 또한 사람을 보내 틈새를 보아[使人求間郤, 『한서』에 '각(郤)'은 '극(隙)'으로 되어 있다] 조선에 투항할 것을 요구하였으나, 조선에서는 이를 받아들이지 않고 심적으로 누선에 기대고 있었다[朝鮮不肯, 心附樓船, 『한서』에는 '불(不)' 위의 '조선(朝鮮)'이란 두 글자가 없다]. 이로 인해 두 장군은 반목하게 되었다[不相能, 『한서』에 '능(能)'은 '득(得)'으로 되어 있다].

좌장군은 내심 누선장군이 이전에 군사를 상실한 죄가 있으며, 지금은 조선과 사사로이 잘 통해서[今與朝鮮私善, 『한서』에 '사(私)'는 '화(和)'로 되어 있다], 항복하게 하지 않으니 반역의 의도가 있는 것은 아닌지 의심하였지만, 감히 발설하지는 않았다.

천자가 말하기를 "장병이 전진하지 못하여[將率不能前, 『한서』에 '솔(率)'은 '졸(卒)', '전(前)'은 '제(制)'로 되어 있다], 이에 위산을 파견해 우거를 회유하여

아 방향을 가리키는 것으로 보는 견해도 있다.

항복하게 하니[及使衛山, 『한서』에 '급(及)'은 '내(乃)'로 되어 있다], 우거가 태자를 파견하였는데, 위산이 혼자서 처리하지 못하고[右渠遣太子, 山使不能剸決, 『한서』에는 '우거견태자산사(右渠遣太子山使)' 일곱 자가 없으며, '전(剸)'은 '전(顓)'으로 되어 있다] 좌장군과 계략이 서로 어그러져[與左將軍計相誤, 『한서』에는 '계(計)'자가 없다], 마침내 약속이 틀어지고 말았다. 지금 두 장군이 성을 포위하고서도 또한 반목하기 때문에 오래도록 결판을 내지 못하고 있다. 따라서 제남태수(濟南太守)[使故濟南太守, 『한서』에는 '고(故)'자가 없다] 공손수(孔孫遂)를 보내니 이를 바로잡고[孔孫遂往征之, 『한서』에 '정(征)'은 '정(正)'으로 되어 있다], 상황에 따라서 마땅하게 처리하라"고 하였다.

마침내 [공손수가] 도착하니 좌장군은 "조선은 마땅히 오래 전에 항복했어야 하는데, 항복하지 않는 데에는 이유가 있습니다" 하고 누선장군이 여러 차례 약속을 지키지 않았다는 것과["朝鮮當下久矣, 不下者有狀." 言樓船數期不會, 『한서』에는 '유상언(有狀言)' 3자가 없다], 평소 생각하던 바를 낱낱이 공손수에게 일러 말하기를 "지금 이와 같으니 [조치를] 취하지 않는다면 아마 커다란 해가 될 것이며, 누선이 조선과 함께 우리 군사를 멸하지 않을까 두렵습니다"라고 하였다. 공손수도 또한 그렇다고 여겨 절(節)로써 누선장군에게 좌장군 진영으로 와서 일을 도모하자고 불러들여서는[左將軍營計事, 『한서』에는 '영(營)'자는 없다], 좌장군의 부하에게 명령하여[命左將軍麾下, 『한서』에 휘(麾)는 희(戲)로 되어 있다] 누선장군을 체포하게 하고[執捕樓船將軍, 『한서』에 '포(捕)'는 '박(縛)'으로 되어 있다], 그 군사를 병합한 후 천자에게 보고하였으나[以報天子, 『한서』에는 '천자(天子)' 2자가 없다], 천자는 공손수를 주살해버렸다[天子誅遂, 『한서』에는 '주(誅)'는 '허(許)'로 되어 있다].[13]

---

13) 공손수에게 두 장군의 문제를 바로잡으라고 하였는데, 단지 좌장군의 말만 듣고 누선장군을 체포하고 그의 군사를 합친 것에 대해 죄를 물어 주살한 것으로 생각한다. 이전 조선과의 협상에 거의 성공하였다가 실패한 위산을 주살한 것에서도 알 수 있듯이 한 무제는 조선과의 협상을 도

좌장군은 양군을 병합하고서는 서둘러 조선을 공격하였다. 조선의 상(相)[14] 로인(路人)과 상 한음(韓陰)[朝鮮相路人相韓陰, 『한서』에 '음(陰)'은 '도(陶)'로 되어 있다. 이하 동일], 니계(尼谿) 상(相) 참(參)과 장군 왕겹(王唊)은 서로 모의하여 말하길 "처음에 누선에게 투항하고자 했으나 누선은 지금 붙잡혀 있고 좌장군이 군사를 병합하여 전투가 점점 더 급박해져 아마 대적할 수 없음에도 왕은 여전히 항복하려 하지 않습니다" 하였다. 한음과 왕겹, 로인은 모두 도망하여 한나라에 투항하였는데, 로인은 도중에 죽었다.

원봉(元封) 3년(기원전 108년) 여름, 니계 상 참은 마침내 사람을 시켜 조선왕 우거를 살해하고 항복하였다. 왕험성은 여전히 항복하지 않았다. 우거의 대신 성이(成已)가 또 다시 관리를 공격하였기 때문이다[成已又反復攻吏, 『한서』에는 '공(攻)'은 '정(政)'으로 되어 있다].

좌장군은 우거의 아들 장항(長降)과 상 로인의 아들 최(最)[相路人之子最, 『한서』에는 '지(之)'자가 없다]에게 고하여 그 백성을 회유해서 성이를 주살하게 하였다. 이로써 마침내 조선을 평정하고 사군(四郡)을 설치하였다[『한서』에서 '마침내 조선에 진번·임둔·낙랑·현도 사군을 설치하였다[故遂朝鮮爲眞番臨屯樂浪玄菟四郡]'고 되어 있다]. 참(參)은 홰청후(澅淸侯)에 봉해지고, 한음은 추저후(萩苴侯)에 봉해졌다[『한서』에는 '추(萩)'는 추(秋)로 되어 있다]. 왕겹은 평주후(平州侯)에, 장항은 기후(幾侯)에, 최는 아버지가 죽은 데다 자못 공이 있으므로 온양후(溫陽侯)[『한서』에 '온(溫)'은 저(涅)로 되어 있다]에 봉해졌다.

좌장군은 원정에서 공을 다투어 서로 질시하여 계략을 그르친 죄로 기시(棄市)[15]에 처해졌다. 누선장군 또한 군사를 이끌고 열구(列口)에 이르러 마땅히

모하던 누선장군의 의도를 높게 사고 있었던 것은 아닐까 생각한다.

14) 이병도에 의하면 상은 중국의 제도를 모방해서 만든 조선의 관직이라고 한다(李丙燾, 1956, 「衛氏朝鮮興亡考」, 『서울대학교논문집』 4, p.16).

15) 기시란 사형의 일종으로 저자 거리에서 참수한 후 시체를 그대로 내버려두는 형벌을 말한다.

좌장군을 기다려야 함에도 제멋대로 먼저 움직여 많은 군사를 죽게 하였으므로 주살되어야 마땅하나 속량금을 내고 서인이 되었다(생각하건대, 이 기록 중에서 『한서』와 다른 『사기』 부분은 매우 중요한 부분이다).

『한서』, 「지리지」

상곡(上谷)에서 요동(遼東)에 이르는 지역은 광활하지만, 백성이 적어서 자주 오랑캐의 침입을 받았다. 풍속은 조(趙)·대(代)와 서로 비슷하며 생선과 소금·대추·밤 같은 것이 풍족하였다. 북쪽으로는 오환(烏丸), 부여(夫餘)와 인접해 있고, 동쪽으로는 진번과 교역하는 이점이 있었다. 현도(玄菟)와 낙랑(樂浪)은 [한나라] 무제 때 설치되었는데, 모두 조선·예맥(濊貊)·구려(句驪)·만이(蠻夷)이다.

은(殷)나라의 도(道)가 쇠퇴해지자 기자가 조선으로 가서 그 백성들에게 예의와 범절, 농사와 양잠 및 길쌈 하는 법을 가르쳤다. 낙랑의 조선 백성들에게 범금팔조(犯禁八條), 즉 [사람을] 죽인 자는 즉시 죽이고, [사람에게] 상처를 입힌 자는 곡식으로 배상한다. 도둑질한 경우 남자는 가노(家奴)로 삼고, 여자는 비(婢)로 삼는다. 속죄하려는 자는 사람 당 50만 전인데, 비록 면죄를 받아 평민이 되어도 세속에서는 여전히 이를 부끄럽게 여겨 혼인하는데 배필로 삼지 않았다. 이리하여 그 백성들은 마침내 도둑질을 하지 않아 대문을 닫는 일이 없고, 여자들은 정조와 신용으로 음란하고 편벽되지 않았다. 농민들은 먹고 마심에 변두(籩豆)[16]를 사용하였는데, 도읍(都邑)에서는 자못 모방하여 관리나 내군(內郡)의 상인들은 종종 배기(杯器, 술잔 같은 그릇)로 음식을 먹었다.

군(郡)에서는 처음에 요동(遼東)에 가서 관리를 데려왔다. 관리들은 백성들이 문단속을 하지 않아 장사하러 온 사람들이 밤마다 도둑질 하는 것을 알게 되

---

16) 변두란 과실을 담는 제기(祭器)인 변(籩)과 국 따위를 담는 두(豆)를 아울러 이르는 말이다.

었다. [이리하여] 풍속이 점차 각박해지자, 지금은 금지하는 것이 많아져 60여 조목에 이르렀다. 어질고 현명하게 감화시키는 것이야말로 귀하다고 할 수 있다. 그러나 동이(東夷)는 천성이 유순해서 세 지역 밖의 사람들과는 다르다. 그러므로 공자가 올바른 도가 행해지지 않음을 슬퍼하여 바다에 배를 띄워 구이(九夷)에 살고자 한 것에는 까닭이 있다.

『진서(晉書)』, 「지리지」, 낙랑군(樂浪郡)

수성(遂城)[17]은 진나라가 쌓은 장성이 시작되는 곳이다.

이상의 사료를 종합해 보면 연(燕)·진(秦)·한(漢)과 동북 지역의 관계는 다음과 같다.

첫째, 주(周), 한(漢) 시기의 조선(당시 조선의 경계는 현재와 다르다. 당시 조선의 북쪽은 요녕성의 일부이며, 남쪽은 지금 조선 경계의 대부분인데, 이른바 삼한과는 관계가 없다)은 본래 기자 후손의 나라인데 뒤이어 위만이 왕을 자처한 곳으로 남만과 비교해서 중국과의 관계는 훨씬 가까웠다.

둘째, 연나라 시기 요동 및 조선의 일부는 모두 연에 속해 있었는데, 이는 요동군이 설치된 것으로 알 수 있다(『사기』, 「흉노전」에 보인다).

셋째, 진나라 시기 동북의 경계인 요동군, 요서군, 어양군, 우북평군은 모두 연나라 때 설치되었다(『사기』, 「흉노전」에 보인다). 게다가 조선은 요동의 외요(外徼)에 속해 있었다. 연·진 시기 지금의 서쪽 경계는 모두 중국에 신하로 복속하고 있었는데, 가장 남쪽으로는 지금 조선 경성(서울)의 남쪽에 까지 이르렀다. 상세한 내용은 다음 장 진번 절에서 설명한다.

넷째, 한(漢)이 흥기하여 점차 내부로 방어선이 후퇴하면서 "요동의 옛 요새[故

---

17) 『진서』, 「지리지」에 의하면 낙랑군에는 조선(朝鮮), 둔유(屯有), 혼미(渾彌), 수성(遂城), 누방(鏤方), 사망(駟望) 등 6개의 현이 설치되었으며, 총 인구는 3,700호라고 기록하고 있다.

塞]를 다시 일으켜, 패수(浿水, 현재 조선 평양성의 대동강)까지 경계를 삼고 연의 소속으로 하였다. 그러나 요동은 여전히 군사상 중요한 지역[鎭]으로 고묘(高廟, 한나라 고조의 사당)가 있다.

다섯째, 한 무제시기 조선왕 우거(右渠)가 공순하지 않은 것을 구실로 삼아 정벌에 나서 그 전부를 평정하고 진번, 임둔, 낙랑, 현도 4군을 설치하였다. 북쪽 지역의 부족은 모두 복속하였고, 남쪽 부근의 삼한(진한, 마한, 변한)도 모두 조공을 바쳤다. 이에 한반도와 오늘날 이른바 남만 및 동해(東海)의 빈주(濱州)는 모두 중국의 다스림으로 통일되었다.

한 무제가 조선을 평정한 목적은 유흠(劉歆, ?~23년)[18]이 "동으로 조선을 정벌해서 현도, 낙랑을 세운 것은 흉노의 오른팔을 제거하기 위한 것이다"[『한서(漢書)』, 「위현성전(韋玄成傳)」에 보이며, 『흠효무묘불훼의(歆孝武廟不毁議)』에서 인용]라고 한 것에서 알 수 있듯이 본래 흉노를 대비하기 위한 것이었다. 그런데, 한 무제가 정벌한 나라로 본래 제하(諸夏)의 유산이었던 남월(南粵, 광동성)과 구민(甌閩, 복건성) 등은 이후에도 안정을 유지할 수 있었으나, 본래 중국이 아닌 대완(大宛)[19] 등은 그 성(城)을 공략하는데 결국 성공하지 못하였다.

조선은 일단 평정된 후에는 전한, 위, 진(晉)이 끝날 때까지 중국의 군현에 속하였는데, 진나라에 이르러 통치가 문란해진 이후 모용씨가 유주(幽州)와 영주(營州)로 병합하였다. 조선은 본래 한인(漢人)이 거주하지는 않았으나, 이와 같이 무제의 업적으로 단기간에 그리고 오랫동안 지속되어 변하지 않게 된 것이다. 『사기』, 『한서』에 기록된 요수(遼水)의 외원(外遠) 및 열수(洌水)는 연나라 이래 동요(東徼)와 만나는 지점으로 그 통치자는 중국인인 것이 분명하다. 인민 역시 이미 언급하였듯

---

18) 전한 말기의 학자이다. 자는 자순(子駿)이며, 후에 영숙(潁叔)으로 변경하였다. 부친인 유향(劉向)의 업을 계승해서 서적 목록인 『칠략(七略)』을 완성하였다. 『춘추좌씨전』, 『주례』 등을 연구하여 고문경학파의 시조로 일컬어지고 있다.

19) 한나라 시기 서역 36국의 하나로서 한혈마(汗血馬)로 유명하다. 무제는 준마를 손에 넣기 위해 여러 차례 군사를 일으켰으나 정복하는 데는 실패하였다.

이 대부분 중국의 유민이다. 그렇다면 그 거주민의 실체는 어떠한가? 이 문제에 대한 해답을 구하기 위해서는 다음 두 가지 사료를 볼 필요가 있다.

우선, 『한서』, 「지리지」이다. 여기에서 현도와 낙랑은 연나라의 일부라고 분명히 밝히고 있다[반고(班固)는 "모두 연나라의 일부이다. 현도와 낙랑 역시 당연히 속한다"라고 한다]. 그러나 이는 그다지 중요하지 않다. 보다 중요한 사료로는 『방언(方言)』이 있다. 『방언』을 누가 저술했는지에 대해서는 비록 이견은 있으나, 전한시기에 완성되었다는 것은 분명하다. 사용되는 지역의 명칭이 모두 예전 전국시대의 것으로 한나라 군(郡)의 명칭이 전혀 등장하지 않는 것에서 이를 증명할 수 있다. 가령 한나라의 군국(郡國)이 매우 작아서 방언 구역을 일컫는데 적당하지 않았기 때문에 그랬다면, 예전 주나라 식으로 즉, 『방언』에서 말하는 "주(周)·정(鄭)의 사이", "오(吳)·양(揚)·강(江)·회(淮) 사이", "연(燕)·조(趙)의 교외" 등으로 표현하는 것이 직접 한나라의 군국을 지칭하는 것보다 편리하다고 볼 수는 없다.

대체로 정치 영역과 풍속 영역은 항상 일치하지는 않는다. 풍속은 전 시대의 옛 것을 계승하고, 정치는 현 왕조의 법도를 따르기 때문이다. 따라서 『한서』, 「지리지」에서 비롯된 군국의 통계는 그 당시를 따른 것이며, 열국의 영역을 결정한 것은 풍속을 따른 것이다. 전한 사람의 저서는 반드시 주대(周代)의 풍속을 따르며, 후한 사람의 저서는 전한의 풍속을 따르는 법이다. 그러므로 『방언』이 양웅(楊雄, 기원전 53년~기원전 18년)[20]의 저작인지 아닌지는 비록 단정할 수 없고 유흠(劉歆)과 주고 받았다고 하는 서신 역시 의심스러우나, 다만 전한의 사료(혹은 더 이전)라는 것은 그 구역의 명칭으로 보아 의심의 여지가 없다. 만약 동한 사람의 서적이라면 당연히 사례주(司隸州) 등의 호칭 대신에 전한 시기 군국의 호칭을 사용하였을 것이다. 또한 이 서적은 춘추전국시대의 지명을 구역으로 삼고 예전부터의 연원을 밝히고

---

20) 전한 말기의 문인, 학자로 촉군(蜀郡) 성도 사람이며, 자는 자운(子雲)이다. 『역경』을 모방한 『태현경(太玄經)』과 『논어』를 모방한 『법언(法言)』 등의 저서가 있으며, 당시 각지의 방언을 집대성한 『방언』을 저술하였다.

있다. 한대의 방언이지만, 방언 구역이 이와 같은 것은 바로 앞의 주대를 기본으로 삼고 있기 때문이다. 『방언』 구역을 엮어 만드는 것은 한 세대의 힘만으로 성취할 수 없다. 게다가 이 책의 표제는 본래 『유헌사자절대어석별국방언(輶軒使者絕代語釋別國方言)』으로 되어 있다. 한나라 말기 응소(應劭, 140년~206년)[21]는 다음과 같이 말한다.

주(周)·진(秦)에서는 항상 매년 8월 유헌사자(輶軒使者)[22]를 파견해 이전 시대의 방언을 구해 돌아와서는 상주해서 기록한 다음 비실(秘室)[23]에 보관하게 하였다. 진나라가 망하면서 유실되어 남아있는 것은 거의 없었다. 촉군(蜀郡) 사람 엄군평(嚴君平)이 천여 자를 가지고 있고, 임려옹유(林閭翁孺)[24]는 겨우 대강의 내용을 알고 있었으며, 양웅(楊雄)은 방언을 좋아하였다.

이 책에서 의거하는 사료의 연원이 예전인 것은 분명하지만, 양웅의 시기인지는 단정할 수 없다. 『방언』에서는 북연과 조선을 특별히 하나의 방언 구역으로 삼아, 서쪽의 연과는 약간 다르며, 남쪽의 제(齊)·위(魏)와도 각각 다르다고 한다[『방언』에 기록된 차이를 가지고 약간의 방언 구역을 획정할 수 있다. 임어당(林語堂) 선생의 견해를 참조[『공헌(貢獻)』 제2기)].

그런데 한 구역의 방언을 다른 구역과 비교해 보면 모두 한어의 음이 변한 것이지 다른 민족의 언어를 차용한 것이 아니라는 사실을 알 수 있다. 중국의 성질에 가

---

21) 동한 말기의 정치가이다. 예주(豫州, 현 하남성) 출신으로 자는 중원(仲瑗)이다. 『풍속통(風俗通)』, 『한관의(漢官儀)』 등의 저술이 있으며, 『한서』의 주석을 단 것으로 유명하다.

22) 유헌(輶軒)이란 고대 제왕의 사자(使者)가 타고 다니는 가벼운 수레를 말한다. 매년 추수 이후 농한기에는 유헌을 탄 사자가 각지를 돌아다니며 민요, 방언 등을 수집해서 돌아와 『방언』의 원제 목에도 유헌사자가 들어가 있다.

23) 한나라에서는 광내원(廣內院)이라는 기관 외에 연각(延閣)과 비실이라는 서고를 설치해서 모든 서적과 문서, 기록물 등을 보관하였다.

24) 양웅(楊雄)의 스승으로 박학다식하며 문장에 능했다고 한다.

까운 것으로 멀리는 본서(『방언』)에서 말하는 '남초(南楚)'의 위쪽에 있다. 이를 가지고 요동, 요서 및 조선 제군에는 오랫동안 연(燕)·진(秦)·한(漢)대의 중국인이 거주하였다고 할 수 있다. 따라서 모두 중국어의 방언 구역을 형성한 것이다. 가령 한 무제가 조선을 평정한 후에야 비로소 한인들이 조선·열수[열수(洌水)는 조선의 도성인 한성(일본 명 경성)이 마주한 강의 북쪽 지류로 조선 중부의 남쪽에 있다. 한나라 때 대방현이 있어 낙랑군에 속하였으며, 위진 시대에는 대방군에 속하였다]로 이주했다면, 한말에 이르러 요동, 요서와 함께 하나의 방언 구역을 형성하지는 못하였을 것이다. 또한 『방언』에서 한 무제가 새롭게 개척한 장액삼군(張液三郡), 남월(南粤)제군, 서남이(西南夷)제군, 동구민월(東甌閩粤)제군은 모두 기록하지 않고 '조선·열수 부근'과 제하(諸夏)만 기록하고 있는 것은 다른 새로운 군(郡)의 인민과는 다르다는 것을 의미하는 것이다. 그러므로 조선·열수 사이의 인민은 제하가 된 지 이미 오래이기 때문에 주(周), 한(漢)은 유헌사자(輶軒使者)를 보내 중원의 옛 나라와 더불어 논하게 된 것이다. 그러므로 단지 무제(武帝, 재위 기원전 141년~기원전 87년), 소제(昭帝, 재위 기원전 87년~기원전 74년) 이후에 비로소 이민을 갔더라면, 이 일련의 특수한 방언 구역은 성립할 수 없었을 것이다.

무릇 기자왕 조선은 전하는 바에 의하면 기준(箕準)에 이르러 위만 왕에게 축출되었다고 하는데, 위만 또한 연나라 사람이다. 전하는 바에 의하면 우거(右渠)에 이르러 무제에게 병합되었다고 하니 역대로 주(周), 한(漢) 천년 동안 군장(君長)은 모두 중국인인 셈이다. 이러한 사정에서 조선과 중국의 관계는 비록 연나라시대 이후부터라고 하더라도 역시 월구(粤甌)[를 개척하기] 이전에 해당하니, 어찌 『방언』을 증거로 삼아 그 거주민이 본래 중국어를 알았다고 할 수 있겠는가? 무릇 조선 경내와 그 동쪽 변경에는 중국어를 하지 못하는 다른 종족이 있었을 것이니 그 본체가 말하는 중국어는 무제 이전으로 거슬러 올라갈 것이다.

여기에 『방언』에 기록된 '북연(北燕)과 조선열수 사이'의 말을 발췌하면 다음과 같다. 아울러 매 조에 기재되어 있는 항목 중 용어의 차이는 단지 음의 변화에 의한 것으로 이민족[外夷]의 말은 아니다.

　　훤(咺)·희(晞)·조(忉), 통(痛; 아프다, 슬프다)이다. …… 연나라의 외곽과 조선열수의 사이에서는 어린아이가 울음을 그치지 않는 것을 훤(咺)이라고 한다. 1·3[앞 숫자는 권수를, 뒤 숫자는 페이지수를 가리키며, 장사(長沙)의 곽씨 본을 사용하였다. 이하 동일]

　　면(顟)·삭(鑠)·우(盱)·양(揚)·등(滕), 쌍(雙; 둘, 쌍)이다. …… 연(淵)과 대(代), 조선열수의 사이에서는 우(盱)라 하고 혹은 양(揚)이라고도 한다. 2·2

　　사(私)·책(策)·섬(纖)·예(筊)·치(稚)·초(杪), 소(小; 작다, 어리다)이다. …… 연나라의 북쪽 변방과 조선열수의 사이에서는 이를 책(策)이라고 한다. 2·3

　　유포(揄鋪)·람무(䉛㒩)·불루(帗縷)·엽수(葉輸), 취(毳; 솜털, 모직물)이다. …… 연나라의 북쪽 교외와 조선열수 사이에서는 엽수라고 한다. 2·6

　　속(速), 영(逞), 요선(搖扇), 질(疾, 신속하다, 빠르다)이다. …… 연나라의 외곽과 조선열수 사이에서는 요선(搖扇)이라고 한다. 2·7

　　위(蔿)·와(譌)·화(譁)·열(涅), 화(化, 바뀌다, 변화하다)이다. …… 연나라와 조선열수 사이에서는 열(涅) 또는 화(譁)라고 한다. 3·1

　　짐(斟)·협(協), 즙(汁, 즙, 국물)이다. …… 북연과 조선열수 사이에서는 짐(斟)이라고 한다. 3·3

　　무릇 초목이 사람을 찌르는 것은 북연과 조선에서는 책(茦) 혹은 장(壯)이라고 한다. 3·2

　　무릇 약을 마시고(飲藥), 약을 붙여서(傅藥) 중독되다. …… 북연과 조선에서는 로(瘌)라고 한다. 3·3

　　비(屝)·구(屨) 추(麤), 리(履, 신목이 짧은 신)이다. …… 동북 지역과 조선열수 사이에서는 앙각(軺角)이라고 한다. 4·5

　　복(鍑, 입구가 작은 솥), 북연과 조선열수 사이에서는 전(鉼) 혹은 병(餠)이

라고 한다. 5·1

앵(罃, 목이 긴 병) ······ 연나라의 동북 지역과 조선열수 사이에서는 장(瓺)이라고 한다. 5·3

초(鍫, 삽, 가래) ······ 연나라의 동북 지역과 조선열수 사이에서는 두(㯳)라고 한다. 5·4

궐(橛, 말뚝) ······ 연나라의 동북 지역과 조선열수 사이에서는 단(椴)이라고 한다. 5·5

상(床) ······ 기강(其杠, 침상 앞의 가로대), 북연과 조선 사이에서는 수(樹)라고 한다. 5·6

시(偍), 용행(用行; 다니다, 걸어다니다)이다. 조선열수 사이에서는 시(偍)라고 한다. 6·5

사(斯)·국(㪉), 리(離; 갈라 나누다, 서로 떨어트리다)이다. ······ 연나라의 외곽과 조선열수 사이에서는 국(㪉)이라고 한다. 7·2

박(膞)·쇄(曬)·희(晞), 포(暴; 햇볕에 말리다)이다. ······ 연나라의 외곽과 조선열수 사이에서는 무릇 고기를 말리거나(暴肉), 다른 사람의 사사로운 일을 들춰내거나(發人之私), 소와 양의 오장을 긁어내는 것을 박(膞)이라고 한다. 오곡류를 말리는 것을 진(秦)과 진(晋) 사이에서는 쇄(曬)라고 하고, 동제(東齊)와 북연 해대(海岱)의 교외에서는 희(晞)라고 한다. 7·2

규영(夔盈), 노(怒; 성내다, 꾸짖다)이다. 연나라의 외곽과 조선열수 사이에서는 무릇 가질(呵叱, 꾸짖다)을 규영(夔盈)이라고 한다. 7·3

한만(漢漫)·진현(眅眩), 만(懣; 번민하다)이다. 조선열수 사이에서는 번만(煩懣, 괴로워하다, 번민하다)을 한만(漢漫)이라고 하고, 전현(顚眴, 아찔하다)을 진현(眅眩)이라고 한다. 7·4

수식(樹植), 입(立; 세워두다)이다. 연나라의 외곽과 조선열수 사이에서는 대체로 세워두는 것(置立)을 수식(樹植)이라고 한다. 7·5

비(貔, 비휴, 고대 맹수의 일종으로 범과 비슷하다) …… 북연과 조선 사이에서는 비(狉)라고 한다. 8·1

계(鷄, 닭) …… 북연과 조선열수 사이에서는 닭이 알을 품는 것(伏鷄)을 포(抱)라고 한다. 8·1

저(豬, 돼지), 북연과 조선 사이에서는 가(豭)라고 한다. 8·1

시구(鳲鳩, 뻐꾸기), 연나라의 동북과 조선열수 사이에서는 복비(鵩鶝)라고 한다. …… 연의 동북 지역과 조선열수 사이에서는 곡(鵴)이라고 한다. 8·2

주주(蠾蝓), 주모(蠾蝥, 거미)이다. …… 북연과 조선열수 사이에서는 독여(碡蜍)라고 한다. 11·3

하마다 고사쿠(濱田耕作)에 의하면 "무제(武帝) 시기 한나라인의 동점은 이전부터 있던 지나인의 확장이 거듭 출현한 것에 불과하며, 무제가 성공할 수 있었던 것은 바로 본 지역에 원래부터 상당한 민족적 근거를 가지고 있었기 때문이다"(출처는 이전 참조)라고 하는데, 매우 타당한 견해이다.

제3장

양한 위진 시기의 동북 군현

    한나라 무제는 조선에 4군을 설치하기 이전에 이미 창해군(蒼海郡)을 설치하였다. 『한서』 「무제본기」 원삭(元朔) 원년(元年, 기원전 128년)에 "동이(東夷)의 예군(薉君), 남려(南閭) 등 인구 28만 명이 투항하자 창해군(蒼海郡)을 설치하였다"고 한다. 또한 「식화지」에 "팽오(彭吳)가 예맥·조선을 뚫고 창해군을 설치하니, 연과 제 사이에 복종하는 기운이 일어났다"고 한다. 그리고 『후한서』 「동이전」 예조(濊條)하에 "원삭 원년 예군, 남려 등이 우거(右渠)를 배반하고 28만 명을 거느리고 알현해 요동 내에 복속하자, 무제가 그 땅에 창해군을 설치하였다"고 한다.

    위의 세 기록은 후대 서적에서도 매우 명백한데, 그 지리적 위치는 예맥에서 구할 수 있다. 맥(貊)은 구려(句麗)의 일부로서 그 명칭은 『후한서』에 보이는데, 예(濊)는 "북으로는 고구려와 옥저, 남으로는 진한과 접해 있으며, 동쪽으로는 큰 바다에 닿아 있고 서쪽으로는 낙랑에 이르렀다"(『후한서』)고 한다. 그러므로 창해군은 지금 조선의 동북과 경계하고, 길림성의 동남과 경계하니, 창해는 곧 동조선해이지 발해는 아닐 것이다(『책부원귀(册府元龜)』[1])에서 부여를 창해군이라고 한 것은 완전한 오류이다).

　조선을 멸망시킨 후 이 지역을 나누어 현도, 임둔에 속하게 하였다. 만약 조선을 멸하기 이전에 군을 설치한 것이 이처럼 요원한 것이 아니라면, 이 28만 명이 복속해 온 연유가 정벌에 의한 것이 아님을 알 수 있다. 따라서 첫째로, 아직 조선을 평정하지 않았을 때, 군사를 사용하지 않았음에도 스스로 와서 복종을 하였다는 것이다. 둘째로 한나라와 조선의 전쟁이 여러 차례 있었던 패수(현재의 대동강)는 지금 조선의 서북 경계로, 그 동북 경계의 부족은 북쪽 변경을 따라서 요동의 장성을 두드린 것이다. 셋째로 『식화지』에서 "팽오가 예맥조선을 뚫고 창해군을 설치하였다"라고 한 것에서 '뚫고'라고 한 것은 그 땅이 분명히 예맥과 조선의 외부에 있었다는 것을 의미한다. 그러므로 창해군을 조선의 후방에 설치하였다는 것은 논란의 여지가 없다. 창해군을 원삭 3년(기원전 126년)에 폐지한 것은 조선이 아직 평정되지 않았을 때는 국경을 넘어 다스리기가 쉽지 않았지만, 조선을 평정한 후에는 일정한 계획에 의해 모두 4군으로 나누어 더 이상 이 군을 둘 필요가 없어졌기 때문이다.

　진번, 임둔 두 군은 소제(昭帝) 시원(始元) 5년(기원전 82년)에 혁파하고 낙랑, 현도에 병합시켰다(『후한서』, 「동이전」). 그러므로 그 현의 이름은 『한서』, 「지리지」에는 보이지 않는다. 생각하건대, 진번과 임둔의 예전 통치에 대해서는 『한서』, 「무제본기」 주석에서 신찬(臣瓚)이 『무릉서(茂陵書)』를 인용하여 "임둔군의 군치(郡治)[2]는 동이현(東暆縣)이며, 장안(長安)에서 6,183리 떨어져 있고 15개의 현이 있다. 진번군의 군치는 삽현(霅縣)이며 장안에서 7,640리 떨어져 있고 15개의 현이 있다"라고 한다.

　『한서』, 「지리지」에 의하면 동이현(東暆縣, 현 강릉 부근)은 낙랑에 속해 있었다.

---

1) 북송(北宋) 시기 왕흠약(王欽若)·양억(楊億) 등이 칙명을 받아 편찬한 서적으로 『태평광기(太平廣記)』, 『태평어람(太平御覽)』, 『문원영화(文苑英華)』와 함께 사대서(四大書)로 꼽힌다. 역대의 제도 연혁을 총괄 기록한 것으로 당·오대사 연구의 중요한 사료이다.
2) '치(治)'는 고대사회에서 도성을 가리키는 용어로 군치(郡治)는 지방장관이 거주하는 군청 소재지를 의미한다.

또한 후에 설치된 낙랑동부도위(樂浪東部都尉)[3]에는 7개 현이 속해 있었는데, 동이가 으뜸이었다. 그중 화려(華麗), 옥저(沃沮)는 예전 현도에 속해 있었지만, 낙랑동부도위의 관할 경계를 이로부터 추측하면 예전 임둔 지역이라는 것을 알 수 있다[양수경(楊守敬, 1839~1915)[4]은 『회명헌고(晦明軒稿)』에 수록되어 있는 「왕사탁(汪士鐸), 『한지석지박의(漢志釋之駁議)』에서 이 군(郡)의 위치를 밝히고 있는데 명백하고 믿을 만하다. 한 무제의 4군 설치에 관한 편(篇)은 분명히 증명할 수 있다고 언급하고 있으니 독자는 반드시 이를 참조하길 바란다].

진번군은 가장 고찰하기 어려운데, 앞에서 열거한 진번에 대한 자료를 소개하면 다음과 같다.

1. 『사기』, 「태사공자서」

연나라 [태자] 단(丹)이 요(遼)에서 난을 일으키자 위만이 그 유민들을 거두어 해동(海東)에 거주하면서 진번(眞藩)을 복속시키고 성채를 쌓고 외신(外臣)이 되었다.

2. 『사기』(『한서』 동), 「조선전」

연나라는 전성기 때에 진번(眞番)과 조선을 공략하여 귀속시키고 관리를 두고 성채를 구축하였다. 진나라는 연나라를 멸망시키고 나서 요동 외요(外徼)에 귀속시켰다.

---

3) 한나라는 요동지역의 이민족을 다스리기 위해 요동군 안에 부도위라는 특별한 관청을 설치하였다. 한서 지리지에 의하면 요동군에는 동부·중부·서부 세 부도위가 설치되어 있었다. 권오중, 2000, 「滄海郡과 遼東東部都尉」, 『역사학보』 168 참조.
4) 청 말 민국초기의 역사 지리학자이다. 저서로는 『역대여지도(歷代輿地圖)』, 『수경주도(水經注圖)』, 『수경주소(水經注疏)』, 『수서지리지고증(隋書地理志考證)』, 『회명헌고(晦明軒稿)』 등 역사지리 방면에 방대한 저술을 남기고 있다.

3. 『사기(『한서』동)』, 「조선전」

위만이 망명하여 ……패수를 건너 진나라의 옛 빈 땅인 상하장(上下鄣)에 거주하였는데, 점차 진번과 조선, 만이(蠻夷)를 복속시키고 마침내 연나라와 제나라의 망명자가 왕이 되어[燕齊亡命者王之, 『한서』에 '명(命)'은 '재(在)'로 되어 있다] 왕험(王險)에 도읍하였다.

4. 『사기』, 「조선전」

위만은 군사의 위세와 재물을 얻게 되어 주변의 작은 고을[小邑]을 침략하여 항복시키니, 진번(眞番)·임둔(臨屯)이 모두 복속하여 왔다.

5. 『사기』, 「조선전」

[연나라는] 북으로는 오환(烏桓)·부여(夫餘)와 이웃하고, 동으로는 예맥, 조선, 진번과 교역을 하였다"라고 기록하고 있다(『한서』, 「지리지」에는 "북쪽으로는 오환·부여와 경계하고 있고, 동쪽으로는 진번과 교역을 하였다"고 되어 있다).

6. 『한서』, 「조선전」

진번(眞番)의 진국(辰國, 『사기』에는 "진번 부근의 여러 나라[旁衆國]"로 되어 있다. 『자치통감』은 『후한서』를 따랐다)은 상서를 올리고 천자를 알현하고자 했으나 [우거왕이] 또한 가로 막고는 지나가지 못하게 하였다.

7. 『한서』

주석에 신찬(臣瓚)이 인용한 『무릉서(茂陵書)』를 인용하고 있다(본 장의 상단에 보인다).

8. 『사기』, 「조선전」

색은(索隱)에서 응소(應劭)의 말을 인용하여 "현도는 본래 진번국이다"라고
한다.

9. 『(사기) 집해(集解)』

서광(徐廣)의 "진번을 공략하여 복속시켰다(略屬眞番)"라는 말을 인용하고
있다. 요동에는 번한현(番汗縣)이 있다.

제6항에 의하면 조선은 응당 한나라 영토와 진번 사이에 끼여 있으며, 제7항에
의하면 진번군의 군치는 임둔군의 군치에 비해 천여 리나 더 멀다. 또한 제6항에서
『사기』와 『한서』의 문장이 서로 다른데, 『사기』에서 "진번 부근의 여러 나라"라고 한
것은 한나라(漢國)의 진국(辰國)이므로 진국(辰國)의 위치는 이미 문제가 되지 않는
다는 사실을 우리에게 시사해 주고 있다. 그러므로 진번(眞番)은 그 남쪽, 즉 오늘
날 조선의 남쪽 경계에 있었을 것이다.

이 학설을 유력하게 지지하는 양수경은 『역대여지도(歷代輿地圖)』, 「전한지리지
도」(24쪽 낙랑군 하)에서 다음과 같이 언급하고 있다.

『한서』, 「조선전」에 의하면 진번(眞番)은 조선의 남쪽에 있었다. 위나라는 둔
유(屯有) 이남에 대방군(帶方郡)을 설치하였는데, 『진서(晉書)』, 「지리지」를 대
조하면 대방(帶方), 열구(列口), 탄렬(呑列), 장잠(長岑), 제해(提奚), 함자(含
資), 해명(海冥), 7개 현은 모두 낙랑의 남쪽에 있었다고 한다. 또한 소명현(昭
明縣)은 남부도위(南部都尉)의 치소(治所)로 낙랑의 남쪽에 있었다는 것은 의심
할 여지가 없으며 아울러 무제시기 진번의 옛 현이다.

양수경의 「왕사탁(汪士鐸), 『한지석지박의(漢志釋之駁議)』」에는 이를 상세하게

논하고 있는데, 그 요지를 정리하면 다음과 같다.

『한서』,「조선전」에 의하면, 진번국이 상서를 올리고 천자를 알현하고자 했
으나 조선이 가로 막고는 지나가지 못하게 하였다. 이는 진번이 조선의 남쪽에
있었기 때문에 조선이 가로 막을 수 있었던 것이다. 또한 임둔에서 천여 리 떨
어져 있으며, 직접 삼한과 접하고 있었다.

양수경의 설에 따라 4군의 지리적 위치를 종합해 보면 서로 완전히 대응하는 것
에서 이 설은 매우 타당하다고 하겠다. 그러나 나는 한 가지 의문을 제기하지 않을
수 없다. 위에서 열거한 제1, 제2, 두 항목에 의하면 연나라가 전성기 때에 이미 진
번을 공략해 복속시켰다고 하는데, 그렇다면 당시 연나라의 국력이 조선의 중남부
지역까지 미쳤다는 것인가? 조선이 아직 멸망하지 않았음에도 연나라가 조선의 남
부 지역에 관리를 두고 성곽을 쌓았다는 것인가? 진(秦)나라 요동 외요의 남쪽은
과연 어디까지 이르렀는가? 이러한 문제는 여기에서 충분히 답변할 수 없지만, 진
(秦)나라의 동쪽이 실제로는 훨씬 요원했다는 것은 『진서』,「지리지」로도 증명할 수
있다.

『진서』,「지리지」낙랑군 수성현(遂城縣)에 의하면 "진(秦)나라가 쌓은 장성이 시
작되는 곳이다"라고 한다. 이 수성현(遂城縣)은『한서』,「지리지」에는 遂成縣으로 되
어 있고,『속한지(續漢志)』[5]에는 遂城縣(아울러 낙랑에 소속)으로 되어 있다.『사기』,

<hr/>

5) 『속한서(續漢書)』는 서진시기 사마표(司馬彪)가 편찬한 서적으로 후한 광무제에서 헌제에 이르는
약 200여 년의 역사를 기전체로 기술한 것이다. 다만, 현재는 산일되어 율력(律曆)·예의(礼儀)·
제사(祭祀)·천문(天文)·오행(五行)·군국(郡國)·백관(百官)·여복(輿服) 등 8개의 지(志)만 전해지
고 있다. 그런데, 남조 송나라의 범엽(398년~445년)이『후한서』를 편찬하는 과정에서 대역죄에
연구되어 죽는 바람에『후한서』는 본기와 열전만 있고 지와 표는 없었는데, 후에 남조 양나라의
유소(劉昭)가『후한서』의 주석을 달면서『속한서』의 지 부분을 합쳐서 아울러 주석을 달았다(『집
주후한(集注後漢)』. 이 주석본은 현재 본기와 열전 부분은 산일되고 지에 대한 주석만 전해지고
있다). 따라서 이 부분은『속한지』라고 별도로 부르기도 한다. 현재 전해지는『후한서』는 당대 장

「연세가(燕世家)」색은(索隱)에는 『진태강지기(晉太康地記)』[6]를 인용하여 "수성현은 갈석산에 있으며, 장성이 시작되는 곳이다 『독사방여기요(讀史方輿記要)』[7] 38에는 수성현은 조선 평양의 남쪽 경계에 있다고 한다』라고 한다. 이 설은 반드시 검토할 필요가 있다. 진나라가 구축한 장성이 이른바 동쪽의 요동에서 시작되었다는 것은 이미 멀리는 패수(浿水, 지금의 대동강) 혹은 마자수(馬訾水, 지금의 압록)의 남쪽에 있다는 것이므로 요동 외요는 분명히 더욱 광활하였을 것이다. 진(秦)나라의 동쪽 끝단은 단지 연나라의 옛 영토를 계승한 것으로 공을 들여 개척한 곳이 아니다. 이는 단지 장성의 기점에 의거해서 논한 것으로 연나라 때의 세력은 적어도 이미 동남, 즉 지금 조선의 중부에 이르렀으니 이른바 진번과 조선을 공략하여 귀속시킨 것이다. 그 땅을 공략해서 귀속시켰다는 것은 기미(羈縻)[8]와는 의미가 다르다.

이와 같이 연나라와 진나라의 위력은 얼핏 보면 멀리 미치는 형세가 다르다는 것을 알 수 있다. 그러나 그 차이를 비교하면 후에 일남(日南)[9]에 군을 설치하고 대완(大宛)[10]을 정벌한 것과 그다지 다르지 않다. 또한 연나라와 진나라는 모두 발해(渤海)와 황해(黃海) 사방에 걸쳐 영토를 개척하였다. 발해는 바로 연나라와 진나라 땅의 바다로 해상과 육상 교통이 모두 편리하였지만, 산택(山澤)의 지경은 같지 않았다. 연나라와 진나라의 위력이 마자수(馬訾水)의 남쪽에 미쳤다는 것은 앞서 본 바와 같다. 그러므로 위 글에서 인용한 제1, 2, 3, 4, 네 항목에서 연나라와 진나라

회태자(章懷太子) 이현(李賢)의 주석과 유소의 『속한서』 지(志)를 합각한 북송시대의 판본이다.

6) 태강은 진나라 무제 사마염의 연호로 『진태강지기』는 이 시기 편찬된 지리서로, 현재는 산일되었다. 당나라 때 사마정(司馬貞)이 『사기』 색은이라는 주석집을 달 때 이 서적을 인용하여 그 일부가 전해지고 있다.

7) 중국 명말청초 시기 고조우(顧祖禹)가 편찬한 중국의 역사 지리서이다. 고대부터 명나라에 이르는 지리적 연혁 등을 기재하였다. 모두 130권으로 구성되어 있다.

8) 기(羈)는 말의 굴레, 미(縻)는 소의 고삐를 말하는데, 메어둔다는 의미이다. 기미는 중국 역대 왕조가 주변민족을 통치하기 위해 취했던 회유정책이다.

9) 한나라 무제 때 설치한 군으로 현재 베트남 중부에 해당한다.

10) 한나라 시기 중앙아시아의 페르가나 지역에 있었던 오아시스 국가이다. 한혈마(汗血馬)의 산지로 유명하여 한나라 무제는 이를 얻기 위해 원정을 단행한 바 있다.

가 공략한 땅과 위만이 창업해서 대대로 [세력이] 미친 진번이 조선 중부의 남쪽에 위치하였다고 한다면 마한의 북쪽은 실제로 통하지 않을 수 없는 곳이다.

『사기』, 「화식열전」에 "북으로는 오환(烏桓)·부여(夫餘)와 이웃하고, 동으로는 예맥, 조선, 진번과 교역을 하였다"라고 하는데, 열거한 부족의 순서는 모두 [거리가] 멀고 가까운 것에 의한 것 같다. 이 서술의 순서에 예외가 없다면 진번은 마한에 있었을 것이다. 양수경의 설은 매우 설득력이 있는 해석이라고 하겠다.

그러나 이 설과 상반되는 기록으로 또한 소홀히 할 수 없는 것은 위 문장에서 열거한 제8, 9 두 항목으로, 모두 진번이 현도의 북쪽에 있었다고 한다. 제9항은 서광(徐廣, 352년~425년)의 설인데, 그는 그다지 권위가 없고 시대 또한 후대이기 때문에 논할 필요는 없을 것이다. 제8항은 응소(應劭)의 설인데, 그는 한나라 말기의 역사가이자 민속연구자로 명망 있는 학자이므로 그의 설을 근거 없이 무시할 수는 없다. 또한 가령 응소의 주장대로라면 제1, 2, 3, 4항은 설명하지 않아도 이해할 수 있을 것이다. 다만 제5, 6 두 항목이 엇갈릴 뿐이다. 제7항은 응소의 주장대로라면 잡현(雪縣)[11]이 현재의 길림성 동쪽 경계에 설치된 후에야 가능한데, 부여를 한나라의 부속(部屬)으로 여기는 사례에 준하는 것이므로 이 또한 불가능하지 않다.

이러한 상황 하에서 우리가 얻은 하나의 단서는 즉, 『한서』와 응소[의 설]이 서로 어긋나 아울러 따를 수 없다는 것이다. 응소는 사학, 지리학에 권위가 있지만, 다만 반씨(班氏, 반고, 『한서』의 편찬자)에 필적하지는 못하며, 또한 우리가 보는 『한서』는 온전한 서적으로 응소의 설도 결국 이 서적에서 인용한 것이다. 지금 시험 삼아 모든 흩어진 작업의 결과를 하나하나 모아서 보면, 한 서적이 상존하는데 일문(佚文)[12]있다는 것은 그 일문마다 존재하는 서적과 [내용이] 다른 부분이 있는 것임으로 일문을 근거로 삼을 수는 없는 것이다[죽간으로 서적을 삼고, 비단으로 둘둘 말

---

11) 잡현은 진번군의 치소가 있던 곳으로 대체로 15개의 현을 관할하였다고 한다.
12) 고전 중에 전해지지 않거나 흩어져 존재하는 문장을 가리킨다.

던 시대[13]에 문적(文籍)은 본래 정본이 없었다. 따라서 후대인의 검증을 거쳐 일문이 된 것은 본서에서 나왔거나 혹은 추가로 나온 것이기 때문에 매번 논의해서 정하기는 어렵다]. 지금 양측을 평가하는데 자연히 『한서』를 정본으로 삼는다면, 양수경의 해석을 믿을 수 있겠는가?

이제 진번의 소재를 고찰한 결과를 가지고 아울러 증명해야 할 사항은 연나라와 진나라는 동쪽으로 이미 조선반도에 연해 있는 황해 일대에 거주하고 있었는가이다. 당시, 기자 조선은 이(夷)로서 복속해 왔지만, 한나라 초기 [중국의] 위세가 멀리까지 미치지 못하자 기씨는 세세대대로 이어갔다. 그러나 중국인 위만이 등장하여 한과 화합하는 정책을 통해 주변 사방을 겸병함에 따라 기씨가 이루지 못한 판도를 구축하였다. 한 무제가 설치한 4군은 결코 새로운 업적이 아니다. 즉, 끊이지 않고 지속되어 온 결과로서 중국인 최후의 성공일 뿐이다.

현도, 낙랑 두 군에 대해서는 『한서』, 「지리지」에 모두 있지만, 무제가 처음 건설할 때 진번, 임둔은 모두 낙랑과 현도 밖에 있었다. 진번은 자체로 15개 현을 거느렸고 임둔도 또한 15개 현을 거느렸는데, 후에 낙랑은 25개 현을 거느리고 현도는 3개의 현을 거느렸으니 소제(昭帝) 이래 강역이 산실된 것은 아니다. 대개 처음에는 통치하는 관할 경내의 사람들을 위해 많은 군현을 설치하는데, 유지하는 비용이 헤아릴 수 없으므로 소제가 점차로 합병한 것이다. 통치하기에 적당하지 않은 곳은 또한 토착 제후를 임명하였기 때문에 군국의 장부에는 게재되지 않았다. 게다가 후한 광무제 시기에는 종종 한나라 관료를 대신해서 토착 제후를 매년 조정에 하례하게 하여 변경에서의 전쟁을 줄였으니, 이는 경제적인 정책이었다.

한나라 시대 제군 중에 동북의 일각에 있었던 것은 4개로, 요동, 요서, 낙랑, 현도이다. 위진 남북조를 거치면서 대대로 변동이 있었는데, 지금 작성한 표는 그 연

---

13) 종이가 발명되기 이전에는 대나무가 나무로 만든 죽간이나 목간으로 서적을 만들었으며, 비단에 글을 써서 둘둘 말았다. 책(册)의 글자나 책을 세는 단위로 권(卷)을 사용하는 것은 여기에서 유래하였다.

혁을 밝혀준다. 이 표는 요손(餘遜, 1905년~1974년)[14]이 작성한 것임을 분명히 밝힌다[표 중에 진(秦)에 이르는 각 기사는 홍량길(洪亮吉, 1746년~1809년)[15], 『십육국강역지(十六國疆域志)』를 인용한다. 홍량길의 의도는 언제나 주관적이어서 실제로 취할 만한 것이 적으며, 양수경의 『사연강역도(四燕疆域圖)』 또한 의거하기 어렵다. 여기에서는 어쩔 수 없이 이를 사용하기는 하지만, 홍량길의 말을 다 신뢰할 수는 없다].

한(漢)에서부터 수(隋)에 이르는 동북 제군의 연혁표

요동군(遼東郡)

진나라 때 설치하였으며, 한나라 때에는 18개 현을 거느렸다. 군치(郡治)[16]는 양평[襄平, 현재의 요녕성 요양(遼陽)]이며, 유주(幽州)에 속하였다. 후한 시기 현 3개를 폐지하고, 2개의 현을 나누어 요동속국에 속하게 하고[『속한지(續漢志)』에는 요동 및 요동속국에 모두 무려현(無慮縣)이 있다고 한다. 혜동(惠棟, 1697년~1758년)[17], 전대소(錢大昭, 1744년~1813년)[18], 양수경(楊守敬) 등 제 학자는 요동속국의 무려현은 부려현(夫黎縣)의 오류로서 무려현은 요동에 속한다고 주장하고 있다. 『요동속국부려하고석(遼東屬國夫黎下考釋)』에 상세하다]. 나머지 2개 현은 현도에

---

14) 북경대학 역사학과 교수로서 진한사를 전공하였다.

15) 청대의 관리이자 학자이다. 그는 『치평론(治平篇)』이라는 저작을 통해 중국의 인구증가 문제를 중요성에 대하여 서술하였으며, 사학·지리학·훈고학 등 다방면에 걸쳐 많은 저술을 남기고 있다.

16) '치(治)'는 고대사회에서 도성을 가리키는 용어로 군치(郡治)는 지방장관이 거주하는 군청 소재지를 의미한다.

17) 청대 중기의 유학자로서 청대 고증학의 양대 산맥인 대진(戴震)으로 시작하는 환파(皖派)에 대해 오파(吳派)의 창시자로서 청조 한학의 대성자로 평가되고 있다.

18) 청대의 유학자로 경(經), 사(史) 방면에 조예가 깊었다. 『양한서변의(兩漢書辨疑)』, 『삼국지변의(三國志辨疑)』, 『후한서보표(后漢書補表)』 등 많은 저술을 남기고 있다.

귀속하여『속한지』에 후성(候城)은 두 군에 거듭 나오는데, 전대소에 의하면 후성은 현도군에 속한다고 한다], 10개의 현을 거느렸다(『속한지』에는 후성이 있으므로 11개라고 한다).

한나라 말기 공손탁(公孫度, ?~204년)이 자립해서 평주목(平州牧)이 되었는데, 공손강(公孫康, ?~221년), 공손공(公孫恭, 공손강의 동생), 공손연(公孫淵, 공손강의 차남)으로 이어졌으며 모두 양평(襄平)에 주둔하였다. 초평(初平) 원년(190년) 다시 요동군을 나누어 요서군(遼西郡)과 중료군(中遼郡)을 설치하였다[『위지본전』[19]에 보이는데, 다스리는 현은 상세하지 않다]. 경초(景初) 2년(239년) 연나라가 멸망하자 군을 다시 요동에 합하였고, 또한 1개 현을 나누어 현도성 2현에 속하게 하였는데, 한나라의 옛 현 7개를 거느렸으며, 한나라 말기 새롭게 현 1개를 설치하였다[오증근(吳增僅)설에 의한다. 『북풍현하고석(北豊縣下考釋)』에 보인다].

이 해 평주(平州)를 설치하고 [요동]군을 소속시켰다. 후에 다시 유주(幽州)로 통합하였다(『진서』참조). 진(晉)에서는 옛 현 6개를 거느렸으나 새롭게 현 2개를 설치하였다. [진나라 무제]함녕(咸寧) 2년(276년)에 평주(平州)를 설치하고 [요동]군을 다시 소속시켰다. 처음 주를 설치할 때 모용외(慕容廆, 269년~333년)를 자사(刺史)로 삼았는데, 전연(前燕)[20]을 세운 곳이 곧 그 땅이다. 옛 현 8개를 다스리고 다시 한나라 때 폐지한 현 3개와 새롭게 현 2개를 설치하여 모두 13개를 거느렸다. 전진(前秦, 351년~394년), 후연(後燕, 384년~407년), 북연(北燕, 407년~436년)은 여기에서 나온 것이다[홍량길(洪亮吉), 『십육국강역지(十六國疆域志)』에 의한다].

북위 시기 요동군은 2개 현을 거느리고, 군치(郡治)를 고도성(固都城)으로 이전하였다[『지형지(地形志)』[21]]. 북제(北齊, 550년~577년) 이후 [요동]군은 대부분 고구려에 통합되었다[『북사(北史)』[22] 고구려전(高句麗傳)에 의하면, 모용보(慕容寶, 355

---

19) 정확한 출전은 『삼국지·위지』, 「이공손도사장전(二公孫陶四張傳)」이다.
20) 모용외의 아들인 모용황에 의해 337년에 건국되어 370년에 멸망하였다.
21) 『위서』에 수록되어 있다.

년~398년)는 구려왕(句麗王) 안(安)[23]을 평주목으로 삼고, 요동과 대방 두 나라의 왕으로 책봉하였는데, [안이] 공략하여 요동군을 차지하였다고 한다. 위나라 태무제(太武帝, 재위 423년~452년)는 련(璉)[24]에게 벼슬을 내려 요동군공(遼東郡公), 고구려왕으로 삼았다. 련의 자손들은 대대로 위나라의 책봉을 받아 요동군공이 되었는데, 북제(北齊)·북주(北周)에 이르기까지 또한 그러하였다. 수나라 문제 개황(開皇) 18년(598년), 고구려가 말갈족 만여 기를 이끌고 요서를 침략하자,[25] 수 문제는 한왕(漢王) 양량(楊諒, 575년~605년)[26]에게 토벌할 것을 명하여 군사가 요수(遼水)에 이르렀다. 양제(煬帝) 대업(大業) 7년(611년), 황제는 몸소 고구려를 정벌하여 요수 서쪽 적(賊, 고구려)의 무력라(武歷邏)를 뺏고는 요동군 및 통정진(通定鎭)을 설치하고 귀환하였다. 후연(後燕) 이후 고구려는 강성하여 점차 요동군의 대부분을 차지하였다. 따라서 위나라 때 설치한 요동은 단지 양평(襄平)과 신창(新昌) 부근 요수의 2개 현을 거느릴 뿐이었다. 수나라 때 고구려가 요서를 침략하여 양제가 정벌하였으나 단지 요수 서쪽의 땅을 뺏었을 뿐, 북제 이래 요수의 동쪽은 대체로 모두 고구려에 통합되어 그 세력은 요수의 서쪽에 달하였다. 요동군은 동쪽으로 낙랑, 현도 대방에 이르렀기에 상실한 것은 요동의 앞에 해당하였다. 북위는 요동에 오히려 2개 현을 거느리게 하고, 낙랑군과 대방현을 요서에 교치(僑置)[27]하였으니 현도군이 지형지에 이름이 드러나지 않는 연유를 알 수 있다].

---

22) 위진남북조시대 북조의 역사를 서술한 역사서로 24사 중의 하나이다. 이대사(李大師)에 의해 편찬이 시작되어 그의 아들 이연수(李延壽)에 의해 완성되었다.

23) 고구려 제19대 군주 광개토대왕(재위 391년~412년)을 가리킨다. 시호는 국강상광개토경평안호태왕(國岡上廣開土境平安好太王)이다.

24) 고구려 20대 장수왕(재위 413년~491년)을 가리킨다. 련(璉)은 장수왕의 본명이다.

25) 598년에 일어난 일이다. 이때는 영양왕(嬰陽王) 9년이자 개황(開皇) 18년이었다. 수(隋)나라는 이 사건을 빌미로 삼아 삼십만 대군을 거느리고 고구려를 쳤다.

26) 수문제 양견(楊堅)의 다섯째 아들로 수문제의 총애를 받았다.

27) 교치란 영토를 상실하고서 그 유이민을 내지에 안치한 후 원 지명을 거듭 설치하는 행정관리제도를 말한다.

전한	양평(襄平), 군치(郡治)
후한	양평, 위와 같음.
위	양평, 위와 같음.
진(晋)	양평, 위와 같음.
전연	양평, 위와 같음. 『진서(晋書)』에 모용황(慕容皝)이 요동을 정벌하고서 양평을 함락시켰다고 한다.
전진	양평, 위와 같음.
후연	양평, 위와 같음. 『진서(晋書)』에 양평령(襄平令, 양평현의 현령)인 단등(段登)이 모반을 일으켜 처형되었다고 한다.
북연	양평, 위와 같음.
북위	양평, 『지형지(地形志)』에는 "정광(正光) 연간에 회복"되었다고 한다.
제	폐지
수	
비고	『수경(水經)』 대요수주(大遼水註)에 "대요수는 망평(望平)에서 나와 서남쪽으로 흘러 양평현 고성을 지나 요대(遼隊)로 들어간다"고 한다. 또한 소요수주(小遼水註)에 "소요수는 요양(遼陽)에서 나와 서남쪽으로 양평현을 지나 담연(淡淵)을 이루고 요대(遼隊)로 들어간다"고 한다. 『한서』, 「지리지」 현도군 고구려현에 "요수는 요대에 이르러 대요수로 들어간다"고 한다. 『대청일통지(大淸一統志)』에 의하면, 대요수는 지금의 요하(遼河)이고 소요수는 지금의 혼하(渾河)라고 한다. 두 강이 만나는 곳인 요대는 양평에 있으므로 양평의 고성은 마땅히 지금 요하의 동쪽, 혼하의 북쪽이며 요녕(遼寧) 요양(遼陽)의 서북 지역이다.

전한	신창(新昌)	무려(無慮), 서부도위치(西部都尉治)
후한	신창	무려, 위와 같음.
위	신창	무려, 위와 같음.
진	신창	폐지
전연	신창(新昌). 『진서』에 의하면 현 사람 장형(張衡)이 현령을 붙잡고 모용황에게 투항하였다고 한다. 모용인(慕容仁)은 군사를 보내 신창을 공격하였으나 독호(督護)인 왕우(王寓)가 격퇴하고, 마침내 신창을 옮겨 양평으로 이속하였다.	
전진	신창	
후연	신창	
북연	신창. 『북사』 고도열전(高道悅傳)에 증조부 고책(高策)은 풍발(馮跋) 때 신창후에 책봉되었다고 한다.	
북위	신창. 「지형지」에는 "정광(正光) 연간에 회복"되었다고 한다.	
제	폐지	
수		
비고	『대청일통지』에 의하면 고성은 지금 해성현(海城縣) 동쪽에 있다고 한다.	『속서군국지(續書郡國志)』 요동속국하에는 거듭 무려(無慮)가 나온다. 주석에 의하면 "의무려산(醫無慮山)에 있다"고 한다. 지금 혜동(惠棟), 전대흔(錢大昕), 양수경(楊守敬)의 설에 의하면 부려(夫黎)의 오류라는 것이 분명하다. '유의무려산'이란 다섯 글자는 당연히 요동 무려현하에 보인다(『요동속국표』 부록 주 참조). 『대청일통지』에 의하면 "무려의 고성은 지금 광녕현치(廣寧縣治)이고 의무려산(醫無閭山)은 현 서쪽 십리에 있다"고 한다. 생각하건대, 광녕현은 지금의 요녕성 북진현(北鎭縣)이다.

전한	망평(望平), 왕망(王莽)은 장설(長說)로 변경	요동속국으로 이전
후한	망평	
위	망평, 오증근(吳增僅), 『삼국군현표주』에 의하면 『진서』에는 현도에 속하였는데, 명제(明帝)가 공손연을 격파한 후에 옮긴 것으로 의심된다고 한다.	
진	현도로 이속	
전연		
전진		
후연		
북연		
북위		
제		
수		
비고	『수경(水經)』 대요수주(大遼水註)에 "대요수는 장성 밖에서 나와 동쪽으로 흘러 망평현에 이르고, 서쪽으로 흘러 양평으로 들어간다"고 한다. 『한서』, 「지리지」, 망평하주에 "대요수는 장성 밖에서 나와 남쪽으로 안시(安市)에 이르러 바다로 들어간다"고 한다. 이는 망평이 평양의 북쪽에 있고, 대요수의 동쪽에 있다는 것이다. 『대청일통지』에 의하면 고성은 지금의 광녕현(廣寧縣, 지금 북진현) 동북에 있다. 양수경은 『전한지리지도』에서 망평은 거류하(巨流河, 요하)의 동쪽에 위치하며, 현치는 철령현(鐵嶺縣)이라고 하는데, 타당하다.	『수경(水經)』 대요수주(大遼水註)에 "대요수는 요대에서 나와 동남쪽으로 방현 서쪽을 지나 오른편에서 백랑수(白狼水)를 만나 흘러 안시로 들어간다"고 한다. 『대청일통지』에 고성은 지금의 광녕현(廣寧縣) 동북에 있다"고 한다. 생각하건대, 역도원(酈道元)의 『수경주(水經注)』에 의하면 요대의 남쪽, 안시의 북쪽, 대요수의 동쪽 기슭에 있으며, 대략 지금의 요녕성 우장영(牛庄)과 영구(營口) 사이이다.

전한	후성(候城), 중부도위치(中部都尉治)
후한	현도로 이속 (註)
위	
진	
전연	
전진	
후연	
북연	
북위	
제	
수	
비고	(註)『속한지』요동군에 의하면, 현도군은 후성(候城)을 병합하고 있다. 고염무(顧炎武)는 『구문격론(救文格論)』에서 "후성이 현도에 이속되었는데 요동에서 다시 하나의 현도를 낳았다고 하니, '하나의'는 당연히 삭제되어야 한다"고 말한다. 전대흔(錢大昕)은 "현도군에 있는 후성이 '본래 요동에 속하였다'고 한다면, 이 성은 불필요한 문구이다"(『이십이사고이(卄二史考異)』)라고 한다. 마여용(馬與龍)은 "『후한서』「진선(陳善)전」에서 진선이 현도 후성의 교위(校尉)가 되었다고 하니 이는 현도에 후성현이 있었다는 것이다"라고 한다(『후한서집해』에서 인용). 이에 의거하면 후성이 현도에 속해있었다는 것은 주의 깊게 살핀 것이다. 지금 고염무와 전대흔의 설에 따라 후한 때 후성은 현도에 이속되었으니 요동군의 후성은 삭제되어야 한다. 후성의 현재 위치에 대해 양수경은 이전 『역대여지도』「한서지리지도」및 「후한지리지도」에서 지금의 해성현치(海城縣治) 남쪽이라고 한다. 생각하건대, 요동군의 속현으로 후한 때 현도로 이속된 것은 고현(高顯), 후성, 요양 3개 현이니, 이들 지역은 마땅히 서로 인접해 있었을 것이다. 만약 후성의 옛 현치가 지금의 해성현 남쪽이라면 그 동쪽은 신창이 되고 서남쪽은 안시가 되니, 후한 때에는 모두 요동에 속하였다. 그 서쪽의 방현은 또한 요동속국으로 변경되었으므로 후성과 요양의 중간은 거취(居就)와 요대(遼隧)로 폐지된 2개 현의 영지이다. 예를 들어, 거취가 폐지되어 신창현으로 들어가고, 요대가 폐지되어 방현으로 들어갔다면, 요양과 후성은 서로 연속하지 않는다. 만약 거취, 월실(越室), 위수(僞水)가 모두 요양에 들어가고, 요대성이 후성을 병합하거나 서남쪽의 방현을 병합하였다면 요양과 후성은 비록 서로 떨어지는 것은 면할 수 있다. 그러나 요동군치인 양평은 그 속현인 안시, 평곽(平郭), 서안평(西安平)과 연결할 수 없고 오히려 현도군 혹은 요동속국의 땅을 뛰어넘어야 비로소 통할 수 있는 것이다. 생각하건대, 후성은 고현(高顯)과 요양 사이에 있어야 하며, 따라서 '중부도위치(中部都尉治)'라는 명칭에서 그 지역은 마땅히 동쪽에 치우치지는 않았을 것이다. 이조락(李兆洛)은 말하길 고성은 지금의 봉천부 승덕현(현 심양현) 북쪽[역대지리지운편금석(歷代地理志韻編金石)])이라고 하니 대체로 들어맞는다.

전한	요대(遼隊), 왕망은 순목(順睦)으로 변경	요양(遼陽), 왕망은 요음(遼陰)으로 변경
후한	폐지 (註)	현도에 귀속
위	요대, 다시 설치	
진	폐지	
전연		
전진		
후연		
북연		
북위		
제		
수		
비고	『수경주』에 의하면 대요수(大遼水)는 요대현(遼隊縣)에 이르러 소요수와 만나 서쪽으로 흘러 방현으로 들어가므로(『양평현하(襄平縣下)』 참조) 고성은 부근의 혼하(渾河)와 요하(遼河)가 만나는 곳으로 요하의 서쪽에 자리하였을 것이다. 『대청일통지』에는 지금 해성현(海成縣)의 서쪽에 있었다고 하며, 전점(錢站)은 "즉 지금의 우장(牛庄, 요녕성 안산시, 해성시 남부)"이라고 한다[『신각주지리지(新刻註地理志)』]. 이로써 위치를 고려해 보면, 대체로 벗어나지는 않는다. (註) 사종영(謝鍾英)[28]은 "『삼국지·위지』, 「관구검전」에 '관구검이 제군을 이끌고 요대에 주둔하였다'고 하고, 「공손탁전」에 '공손연이 장군 비연(卑衍)과 양조(楊祚) 등을 보내 요대에 주둔하게 하였다'고 하니, 대체로 한나라 말기에 다시 설치된 것이다"라고 한다.	『한서』, 「지리지」에 "대량수(大梁水)는 서남쪽으로 요양현(遼陽縣)에 이르러 요수(遼水)로 들어간다"고 한다. 『수경』 소요수주에 "대량수는 북쪽 장성 밖에서 나와 서남으로 흘러 요양에 이르러 소요수로 들어간다", "소요수는 현도 고구려에서 나와 요양현을 거쳐 대량수와 만나 양평으로 들어간다"고 한다. 『대청일통지』에 의하면 대량수는 지금의 태자하(太子河)이며 또한 동량하(東梁河)라고도 한다. 소요수는 지금의 혼하(渾河)이다. 왕선겸(王先謙)은 "『한서』, 「지리지」 및 『수경주』에 의거하면 고성은 지금의 요양주(현 요양현) 서북 경계인 승덕(承德, 현 요녕성 심양) 사이에 해당할 것이다. 양수(梁水)와 혼하가 서로 만나는 지점이다"라고 한다[『전한서보주(前漢書補註)』 및 『후한서집해』].

---

28) 사종영(1855년~1901년), 청말 상주(常州) 출신으로 호광총독 장지동의 막료였다. 무술변법운동 이후 지리학에 깊은 관심을 가지고 홍량길의 『삼국강역지(三國疆域志)』를 연구하여 『삼국강역지 보주(三國疆域志補注)』를 편찬하였다.

전한	험독(險瀆)	거취(居就)
후한	요동속국으로 귀속	폐지
위		
진		거취
전연	험독, 홍량길(洪亮吉)은 "언제 다시 설치되었는지 알 수 없지만, 『진서』에 모용황이 동생 모용인에게 보낸 사자 안추(安騅)가 험독(險瀆)에서 모용인을 만났다"고 한다.	거취, 『진서』에 모용인이 임명한 [거취현]령 유정(劉程)이 [거취]성(城)을 들어 모용황에게 항복하였다고 한다.
전진	험독	거취
후연	험독	거취
북연	험독	거취
북위		
제		
수		
비고	『한서』, 「지리지」 안주(顏註)에는 "서광(徐光)은 '조선왕 위만의 수도이다'라고 하고, 신찬(臣瓚)은 '왕험성은 낙랑군 패수의 동쪽이다'라고 하는데, 이는 본래 험독이다"라고 인용하고 있다. 수고(帥古)는 말하길 "(신)찬의 설이 옳다"고 한다. 『대청일통지』에 의하면 이는 요동의 서쪽 경계로, 『후한서』에 의거해서 생각하면 지금의 금주부(錦州府) 광녕현(廣寧縣, 현 요녕성 북진현)의 동남 연해 지역이다.	『한서』, 「지리지」 거취현반자주(居就縣班自註)에 "실위산(室僞山)에서 실위수가 나와 북쪽으로 양평에 이르러 양수(梁水)로 들어간다"고 한다. 『대청일통지』에 의하면 "탕하(湯河)는 요양주 동남쪽 52리에 있는데, 원류는 분수령(分水嶺)에서 나와서 태자하(太子河)로 흘러 들어간다. [즉, 대량수의] 분수령은 실위산으로 의심되며, 탕하는 실위수로 의심된다"고 한다. 진풍(陳豊)은 "지금 요양주 사하(沙河)의 천산(千山)에서 나와 북쪽으로 흘러 [요양]주의 서북 경계에 이르러 태자하로 들어간다"고 한다[『한서』, 「지리지」 수도도설(水道圖說)]. 양수경은 『전한지리지도』에서 진풍의 설에 따라 사하를 실위수로 보고 있다. 생각하건대, 탕하는 사하의 동쪽에 있고, 태자하로 들어가는 곳은 양평과 너무 멀기 때문에 진풍의 설이 옳은 것 같다. 거취현의 고성은 『대청일통지』에 의하면 지금의 요양주 서남에 있고, 『독사방여기요(讀史方輿紀要)』에는 지금*의 해주위[海州衛, 즉 요녕성 해성현(海城縣)] 동북에 있다고 하는데 모두 틀리지 않다. 다만, 사하 남쪽에 자리하여 탕하와의 거리는 비교적 멀다.

전한	고현(高顯)	안시(安市)
후한	현도에 귀속	안시
위		안시
진		안시 (註)
전연		안시
전진		안시
후연		안시
북연		안시
북위		태평진군(太平眞君) 9년(448년) 한나라의 어양군(漁陽郡) 지역에 별도로 설치하였으며, 지금 하북성 밀운현(密雲縣) 서북의 안락군(安樂郡)에 속한다.
제		
수		
비고	서양원(徐養原)은 "지금의 개원현 부근으로 의심된다"고 한다. 양수경의 『삼국강역도』와 『서진지리도』에도 동일하다.	『수경(水經)』 대요수편(大遼水編)에 "대요수는 방현을 지나 동쪽으로 안시현을 거쳐 서남쪽의 바다로 들어간다"고 5한다. 『주인십삼주지(註引十三州志)』에 의하면 "대요수는 장성 밖에서 나와 서남쪽으로 안시에 이르러 바다로 들어간다"고 한다. 이에 의거하면 안시의 고성은 마땅히 방현의 동남쪽, 요수의 동쪽 기슭에 있어야 한다. 『대청일통지』에 (안시의) 고성은 지금의 개평현(蓋平縣) 동북쪽에 있다고 하니 타당하다. (註): 『진서』 「지리지」에는 '안평(安平)'으로 되어 있다. 홍량길도 "지금은 본래 '안평'으로 해야 한다"고 하는데, 이는 오류이다(『전연강역지』). 왕선겸은 "『대청일통지』의 안평현은 진(晉) 초에 기인하는데, 『진서』「지리지」의 안평은 안시를 잘못 이해한 것이다"라고 한다(『후한서집해』).

전한	무차(無次), 왕망은 환차(桓次)로 변경, 동부도위의 치소	평곽(平郭)
후한	폐지	평곽
위	폐지	평곽
진	폐지	폐지, 『독사방여기요』에는 진(晉)대 현을 폐지하였으나 성(城)은 있었다고 한다.
전연	무차, 홍량길은 "『진서』에 의하면 함화(咸和) 9년 모용황이 요동을 정벌하고 큰 성(姓)을 자성(棘城)으로 옮기고 다시 무차현을 세웠다"고 한다.	평곽, 홍량길은 "언제 다시 회복하였는지 알 수 없다. 『진서』에 모용외가 어린 아들 모용인을 보내 평곽현에서 백림(伯林)으로 들어가 왼쪽 날개로 삼고 우문걸(宇文乞)을 공격해 구(龜)를 획득하고 승리하였다. 또한 모용인이 모용황의 사자를 죽이고 동쪽 평곽으로 돌아갔다. 모용황이 모용인을 정벌해 참수하였다. 모용황은 모용각(慕容恪)을 탁료장군으로 삼고 평곽을 지키게 하였다"고 한다.
전진	무차	평곽
후연	무차	평곽
북연	무차	평곽
북위		
제		
수		
비고	『독사방여기요(讀史方輿紀要)』에 [무차현의] 고성은 요동도사(遼東都司, 현 요녕성 요양현) 북쪽에 있다고 한다. 양수경은 『전한지리지도』에서 요양의 동북쪽인 승덕(承德, 현 심양)의 동남쪽에 위치한다고 한다. 생각하건대, 무차현은 전한 시기 동부도위의 치소가 있었으므로 요동의 동쪽 경계에 있었을 것이다. 양수경의 『전한지리지도』에서 정한 위치는 대체로 타당하다.	『대청일통지』에 [평곽현의] 고성은 지금의 개평현(蓋平縣, 현 요녕성 개평현) 남쪽이라고 한다.

전한	서안평(西安平), 왕망은 북안평으로 변경	문(文), 왕망은 문정(文亭)으로 변경
후한	서안평	문(汶)
위	서안평	문(汶), 『삼국지·위지』, 「제왕방기(齊王芳紀)」에 정시(正始) 원년(240년), 요동의 문현과 북평현의 백성을 바다 건너 이주시켰다고 한다.
진	서안평	문(汶)
전연	서안평, 십육국 시기 후조(后趙)의 석호(石虎)가 왕화(王華)를 보내 연나라 안평을 습격하였으나 패하였다.	문(汶)
전진	서안평	문(汶)
후연	서안평	문(汶)
북연	서안평	문(汶)
북위		
제		
수		
비고	『한서』, 「지리지」 현도군서개마하주(玄菟郡西蓋馬下註)에 "마자수(馬訾水)는 서북으로 염난수(鹽難水)로 들어가고, 서남으로 서안평에 이르러 바다로 들어간다"고 한다. 『대청일통지』에 의하면 마자수는 압록강이다. 『신당지(新唐志)』에 "안동부 남쪽에서 압록강 북쪽 박작성(泊汋城)은 7백 리에 이르는데, 옛 안평현이다"라고 한다. 『대청일통지』에 의하면 고성은 지금 요양주성의 동쪽에 있다고 한다. 마여용(馬如龍)은 『당서』, 「지리지」에 의거해 [서안평은] 압록강 북쪽 근해에 있었다"고 한다(『후한서집해』 인용). 양수경의 『전한지리지도』에서 언급하는 서안평의 위치와 마여용의 설은 일치한다.	『자치통감』 호삼성(胡三省) 주에 문현(汶縣)은 평곽현 서쪽에 있다고 한다. 『독사방여기요』에 "고성은 지금의 개주위(蓋州衛, 현 요녕성 개평현)의 서쪽"이라고 한다(사종영, 『삼국강역지보주』의 설과 동일). 생각하건대, 문현의 백성을 바다 건너 이주시켰다는 사실에서 문현은 분명히 해변에 있었을 것이니, 호삼성과 고염무, 사종영의 설은 타당하다. 양수경, 『삼국지도』, 『진지리도(晋地理圖)』, 『연진도(燕秦圖)』도 동일하다.

전한	번한(番汗)	답씨(沓氏)
후한	번한	답씨
위	폐지	답동답 (註)
진		폐지
전연		
전진		
후연		
북연		
북위		
제		
수		
비고	『한서』, 「지리지」 번한하주(番汗下註)에 "패수(沛水)는 장성 밖에서 나와 서남쪽으로 흘러 바다로 들어간다"고 한다. 진풍(陳豊)은 "지금의 조선국 박천성(博川城) 대정강(大定江) 서남쪽으로 흘러 바다로 들어가니, 아마도 패수일 것이다"라고 한다(『한서』, 「지리지」, 수도도설[水道圖說]). 양수경의 『전한지리지도』에서는 번한을 지금의 요녕성 창도(昌圖)현치라고 하며, 동요하를 패수로 여기고 있다. 생각하건대, 동요하 상류는 혁이소하(赫爾蘇河)인데, 한대에는 바로 요동의 장성 밖에 있었다. 그러나 동요하는 서남쪽으로 흘러 요원현(遼源縣) 동쪽에 이르러서 요하로 들어가는데, 패수의 서남쪽에서 바다로 들어가는 것과 만나지 않으니 진풍의 설이 옳은 것 같다. 고성은 당연히 지금의 박천성 부근으로 대정강 주변일 것이다. 비록 군치와의 거리는 다소 멀지만, 한나라 초기에 요동의 옛 요새를 수리해서 패수로 경계를 삼았다. 위만이 흥기하여 패수의 북쪽 기슭에 조선을 세웠는데, 그러나 대정강 하류에서 왕험성까지의 거리는 여전히 멀기 때문에 위만의 군사가 미치지 못하였으므로 여전히 한나라 요동군에 속하였을 것이다.	『대청일통지』에 "고성은 지금 요양주 경계이다"라고 한다. 『독사방여기요』에는 "금주위(金州衛, 현 요녕성 금현) 동남에 있으며, [답씨]현의 서남쪽으로 바다에 닿아 있어 답저(沓渚)라고도 한다. 『삼국지·오지(吳志)』에 손권이 공손연(公孫淵)을 정벌하려고 하자 육모(陸瑁)가 간하길 '답저(沓渚)는 공손연으로부터 떨어져 있어 길이 매우 멀다'고 하였는데, 아마도 바다를 헤치고 요동에 이르는데, 답저(沓渚)는 [산을] 오르고 [바다를] 건너는 곳일 것이다"라고 한다. 양도(楊圖)는 금주(金州)의 동남쪽에 위치하고 있다고 하는데, 『독사방여기요』의 주장과 동일하다. (註): 오증근(吳增僅)의 『삼국군현표동답고증(三國郡縣表東沓考證)』에서는 "『삼국지·위지』, 「제왕방기」에 경초(景初) 3년, 요동 동답현의 관원과 백성을 바다 건너 제군(齊郡)의 경계에 살게 하였다. 「군국지」에는 답씨현이 있다. 『삼국지·위지』, 「공손탁전」 주에는 『위략(魏略)』의 「재연표(載淵表)」[29]를 인용하여 '적군 7, 8천명이 답진(沓津) 아래에 이르렀다'고 하고 또한 '별도로 장군 한기(韓起) 등을 보내 신속하게 달려 답(沓)에 이르렀다'고 한다. 『자치통감』 청룡(靑龍) 원년조에 실린 육모의 상소문에 의하면 '답저(沓渚)는 공손연으로부터 떨어져 있어 길이 매우 멀다'고 하며, 호삼성의 주에 '요동군에는 답씨현이 있는데, 서남으로 바닷가에 닿아 있다'고 한다. 또한 말하길 '경초(景初) 3년(239년) 동답현의 백성이 바다를 건너 답저의 백성이 되었다'고 한다. 동답과 답씨는 아마 동일한 지역일 것이다. 그러나 『위략』에는 답이라고 하고 동답이라고 하지 않으며, 또한 답씨라고도 하지 않는다. 아마도 한나라 말기에 씨가 나와서 답이 되고, 위나라 시기 제군(齊郡)에 답을 세우고 요동의 답이라고 하였기 때문에 동을 추가하여 구별하였을 것이라고 생각한다(왕선겸의 주장도 대략 동일하므로 재차 인용하지 않는다).

시대					
전한					
후한					
위	북풍(北豊) (註)				
진	폐지	역성(力城)	낙취(樂就)		
전연		역성	낙취	화양(和陽)(註)	서락(西樂) (註)
전진		역성	낙취	화양	서락
후연		역성	낙취	화양	서락
북연		역성	낙취	화양	서락
북위					
제					
수					
비고	양수경 『삼국강역도』에 [북풍현은] 봉천 승덕(현 요녕성 심양) 서북, 한나라 양평현의 동북에 위치한다고 한다. (註): 오증근 『삼국지·군현표』 권5에 "『북풍고증(北豊考證)』에 의하면 『삼국지·위지』 「제왕방기」에 요동의 문현, 북풍현 2개 현의 백성을 바다를 건너 이주시켰다'고 한다. 이에 의거하면 요동에는 확실히 북풍현이 있었다"라고 한다. 또한 말하길 "한나라 말기에 세워진 것이 아닌가 생각한다"고 한다.	현재의 위치는 알 수 없다.	현재의 위치는 알 수 없다.	현재의 위치는 알 수 없다.	현재의 위치는 알 수 없다. (註): 『진서』에 "모용황이 요동을 정벌하고 새롭게 화양(和陽), 무차(武次), 서락(西樂) 3개 현을 세웠다"고 기록하고 있다. 생각하건대, 무차는 한나라 옛 현으로 모용황이 다시 설치한 것이다. 화양과 서락현은 새로 설치한 것이다.

---

29) 공손연이 위나라에 올린 표이다.

요서군(遼西郡)

진군[秦郡, 옛 연군(燕郡)]은 전한 시기 14개 현을 다스렸고 유주(幽州)에 속하였으며 군의 치소는 차려(且慮)였다. 후한 시기 치소를 양락(陽樂)으로 옮기고 6개 현을 폐지하였다. 또한 3개 현을 분리해서 요동속국으로 삼았기 때문에 5개 현만 거느리게 되었다. 삼국시대 위나라 때도 마찬가지였다. 진(晉)나라 시기 다시 2개 현을 폐지하였다. 혜제(惠帝, 사마충, 재위 290년~306년) 이후 유주를 석륵(石勒)에게 빼앗기자[『진서』], 요서군은 마침내 후조(後趙)의 소유가 되어 옛 현 3개를 거느리고, 한나라 시기 폐지된 현 1개를 회복하여 영주(營州)로 이속되었다[『진서』, 석호(石虎) 건무(建武) 5년(338년), 이농(李農)을 사자로 삼아 절(節)을 가지고 요서 북평의 제 군사를 감독하게 하였으며, 영주목(營州牧)으로 봉해 영지(令支)현을 다스리게 하였다. 『자치통감』 주석에 조나라는 영주를 설치하고 요서와 북평 2개 군을 다스리게 하였다고 한다].

모용씨는 무리하게 요서군을 전연(前燕)에 넣었는데, 거느리는 현은 예전과 같았으며 평주(平州)로 이속(移屬)시켰다[홍량길이 말하길 「지형지」 평주에 의하면, 진(晉)나라 시기 설치되었으며 치소는 비여성(肥如城)이다. 요서군은 대체로 전연 시기에 이속되었다[『전연강역지』]라고 한다].

전진을 거쳐 후연에 이르러 다시 영주로 이속되었다[홍량길이 말하길 『진서』, 「지리지」에 모용희(慕容熙, 재위 401년~407년)[30]를 영주자사로 삼아 숙군성(宿軍城)을 다스리게 하였다고 한다]. 『진서』, 「재기(載記)」에 모용희는 구니예(仇尼倪)를 영주자사(營州刺史)로 삼았다고 한다.[31] 『진서』, 「지리지」에 모용희는 유주자사(幽州刺史)에게 영지(令支)를 지키게 하고 기주자사(冀州刺史)에게 비여(肥如)를 지키

---

30) 후연(後燕) 열종(烈宗) 모용보(慕容寶)의 동생이며, 중종(中宗) 모용성(慕容盛)의 숙부이다. 모용성이 죽은 후 즉위하였다.

31) 406년 후연 모용희(慕容熙)는 구니예(仇尼倪)를 진동대장군(鎭東大將軍) 영주자사(營州刺史)로 삼아 후연의 동(북)방인 숙군성(宿軍城)에 주둔시켰다.

게 하였다. 이는 모용희 시기에 유주와 기주, 영주 세 주가 모두 요서군에 있었다는 것이다. 지금의 유주와 기주 2개 주는 모용수(慕容垂) 시기부터 줄곧 치소는 중산(中山) 및 소(蘇)였으며, 요서군은 영주(營州)로 이전되어[『전연강역지』], 옛 현 4개를 거느리고, 새롭게 현 2개를 설치하였다.

북연 또한 유주로 이속하고[『진서』, 「재기」에 풍만니(馮萬泥)를 유주와 평주 2개 주의 목으로 삼고, 비여를 다스리게 하였다고 한다], 옛 현 6개를 거느리고 한나라 시기에 폐지된 현 1개를 회복하였다[홍량길, 『십육국강역지(十六國疆域志)』에 의함]. 북위 시기에는 영주로 이속되어 3개 현을 거느렸다[「지형지」]. 북제 시기에는 요서군을 폐지하고 거느리던 해양(海陽)을 비여(肥如)에 편입시키고, 북평군(北平郡)에 소속시켰다. 수나라 개황 6년(586년) 비여를 폐지하고 신창(新昌)에 편입시켰다. 개황 18년(596년)에는 노룡(盧龍)으로 이름을 바꾸었고, 대업(大業)[32] 초기에는 북평군을 설치하고 이를 거느리게 하였으며, 기주에 소속시켰다[『수서』, 「지리지」].

부록

낙랑군

전연 시기에 이미 요동으로 낙랑군치를 옮겼다. 북위 시기 낙랑군은 고구려에 편입되어 한나라 시기 요서의 옛 지역으로 교치(僑置)하였다. 치소(治所)는 연성(連城)이고, 2개 현을 거느렸으며 영주에 속하였다. 북제(北齊) 시기 기양군(冀陽郡)으로 이속되었다.

북평군(北平郡)

전한 시기에는 우북평군(右北平郡)이었으나 삼국시대 위나라 때 '우'를 삭제하고

---

32) 수나라 양제 시기의 연호. 605년 정월부터 618년 3월까지 사용하였다.

『태평환우기(太平寰宇記)』 북평이라고 불렀다. 북위 시기 비여에 조선을 교치(僑置)하고, 비여의 남쪽에 신창(新昌)을 설치하였으며, 북평군을 설치하여 이를 거느리게 하였다. 치소는 조선으로 영주(營州)에 속하였다(「지형지」). 이에 북평군은 마침내 한나라의 요서지역으로 옮겨졌다. 북제는 1개 현으로 통합하였고 또한 요서군을 폐지하고 거느리던 비여를 북평에 소속시켰다. 대업(大業)³³⁾ 초기 다시 북평군을 설치하여 다스렸다(『수서』, 「지리지」).

---

33) 수양제의 연호로서 605년~618년까지이다.

전한	차려(且慮), 군치, 왕망은 서려(鉏慮)로 변경	해양(海陽)
후한	폐지	해양
위		해양
진		해양
후조		해양
전연		해양
전진		해양
후연		해양
북연		해양
북위		해양
제		천보(天保) 7년에 폐지하고 비여(肥如)에 편입
수		해양
비고	『요사』, 「지리지」에 흥중부(興中府) 여산현(閭山縣)은 본래 한나라 차려현(且慮縣) 지역이라고 한다. 생각하건대, 흥중부의 옛 치소는 현재 열하 토묵특기(土默特旗) 조양현(朝陽縣)이며, 여산현은 토묵특기 경계에 있었을 것이다. 양수경의 『전한지리지도』에 차려현은 현재 조양현 서쪽에 위치하였다고 하니, 『요사』, 「지리지」와 동일하다.	『한서』, 「지리지」 해양현 주석에 의하면 "용선수(龍鮮水)는 동쪽으로 흘러 봉대수(封大水)로 들어가며, 봉대수와 완허수(緩虛水)는 모두 남쪽으로 흘러 바다로 들어간다"라고 한다. 『수경』 유수 주석에 "봉대수 …… 신안평현에서 나와 서남쪽으로 흘러 신안평현 고성의 서쪽을 경유해 흐르다가 다시 동남쪽으로 흘러 용선수로 들어간다. …… 어지럽게 흐르다가 남쪽으로 신하(新河)와 합쳐져 남쪽으로 흘러 바다로 들어간다. ……『한서』, 「지리지」에 '봉대수는 해양현 남쪽에서 바다로 들어가고 …… 완허수는 신안평현 동북에서 나와 …… 동남쪽으로 흘러 영지성 서쪽을 경유해 서남쪽으로 흐르다 신하와 합쳐진 후에 남쪽으로 흘러 바다로 들어간다'라고 한다. 「지리지」에 '완허수와 봉대수는 모두 남으로 흘러 바다로 들어간다'라고 한다." 이에 의거하면 해양은 신안평의 동남쪽, 영지(令支)의 남쪽이다. 『수경주』는 『위토지기(魏土地記)』를 인용하여 영지성의 남쪽 60리에 해양성(海陽城)이 있었다고 한다. 현재의 지명으로 설명하면, 하북성 천안현(遷安縣, 영지 고성은 천안현 남쪽에 있다) 남쪽, 란현(灤縣)의 서남쪽에 해당할 것이다.

전한	신안평	유성(柳城), 서부도위치
후한	폐지	폐지
위		
진		
후조		
전연		
전진		
후연		
북연		
북위		
제		
수		
비고	『수경』 유수(濡水) 주석에 의하면 봉대수는 [신안평]현에서 동남쪽으로 흘러 해양(海陽)으로 들어가고, 완허수(緩虛水)는 이 현의 동북쪽에서 나와 동남쪽으로 흘러 영지성(令支城) 서쪽을 지나 서남쪽으로 흐르다 신하(新河)와 만나 남쪽으로 해서 바다로 들어간다(『해양하(海陽下)』)라고 한다. 그러므로 신안평의 고성은 영지성 서남쪽, 해양현 서북쪽으로 현재의 하북성 천안현(遷安顯) 서남쪽, 란현(灤顯)의 서쪽에 있었을 것이다.	『대청일통지』에 "[유성현의] 고성은 북위 및 당(唐)의 영주(營州), 요·금의 흥중부(興中府)로 지금의 금주(錦州) 변경에 있었다"라고 한다. 생각하건대, 북위 및 당의 영주는 전연의 화용성(和龍城), 즉 지금의 열하 조양현 지역이다. 『태평환우기』에서 인용하는 십육국시기 모용황전에 의하면 "유성의 북쪽, 용산(龍山)의 서쪽은 이른바 복덕(福德) 지역이다. 그런데, 영주(營州)에 별도로 용성(龍城)을 쌓고, 궁묘(宮廟)를 세운 후 유성을 고쳐 용성(龍城)이라고 하였다『수경』 유수(濡水) 주석]. 9년(342년) 마침내 용성현으로 천도하여 신궁(新宮)으로 들어갔다"고 한다. 이에 의거하면 용성은 유성의 북쪽에 있으며, 유성을 고쳐 용성이라 한 것은 아마도 옛 유성현의 영지를 용성에 귀속시키면서 유성현을 폐지하였기 때문이다. 그러나 유성현은 본래 그 자체로 별개의 성이었다. 또한 「지형지」 창려군 용성현 주석에 의하면 "진군(眞君) 8년(430년) 유성, 창려, 극성(棘城)을 아울러서 귀속시켰다"고 하며, 『수서』 「지리지」에 의하면 "북위는 영주를 설치하고, 건덕(建德), 기양(冀陽), 창려 등 군, 용성, 대흥 …… 평강(平剛), 유성 등 현을 거느리게 하였다"라고 한다. 모두 용성과 유성이 병존하고 있었다는 것을 명확히 증명해 주고 있다. 유성은 한 때 서부도위의 치소였기 때문에 분명히 동쪽에 치우칠 수 없었을 것임으로 양락(陽樂)의 서쪽에 있어야 할 것이다. 현재의 지명으로 생각해보면, 열하 조양현 남쪽, 요녕성 금현(錦縣)의 서북쪽에 해당할 것이다. 『대청일통지』에는 유성과 용성을 혼동해서 하나로 여기로 있는데, 이는 오류이다.

전한	영지, 왕망은 영씨정(令氏亭)으로 변경
후한	영지
위	영지
진	폐지, 『여지광기(輿地廣記)』에는 진 시기에 폐지
후조	영지, 『진서』에 석호 건무 4년, 석호가 단요(段遼)를 공격하여 영지를 정복하였다. 9년 석호가 단란(段蘭)에게 명하여 단부선비 5천명을 거느리고 영지에 주둔하게 하였다고 한다.
전연	영지, 홍량길은 도경(圖經)에서 "모용준(慕容儁)이 영지를 탈취해서 요서군을 세웠다"고 하니 영지는 모용준이 설치한 것이다. 『진서』에 함강(咸康) 3년 모용황이 군사를 거느리고 단요의 영지 이북 제 성을 공격해 5천여 호를 약탈하고 돌아갔다고 한다.
전진	영지
후연	영지, 『진서』 「재기」에 서암(徐岩)이 계(薊)에서 일어나 영지에 거하자 모용농이 공격하여 승리한 후 서암 형제를 참수하였다고 한다.
북연	영지
북위	폐지, 「지형지」에 진군 7년 폐지하고 양락(陽樂)에 편입시켰다고 한다.
제	
수	
비고	『수경』 유수(濡水) 주석에 의하면 "완허수는 신안평현 동북에서 나와 동남쪽의 영지성 서쪽을 지나 해양(海陽)으로 들어간다. 유수는 어양(漁陽) 백단(白檀)에서 나와 동남쪽으로 흘러 영지현 고성 동쪽을 지난다"라고 한다. 이는 영지현이 해양현의 북쪽에 있고, 완허수의 동쪽, 유수의 서쪽에 있었다는 것이다. 유수는 현재 란하이니 영지현 고성은 마땅히 그 서쪽에 자리하였을 것이다. 또한 『한서』 「지리지」 영지하(令支下) 주석에 의하면 "고죽성(孤竹城)이 있다"라고 한다. 『대청일통지』에 "고죽산은 노룡현(盧龍縣) 서쪽에 있고 고죽성은 그 남쪽에 있다"라고 한다. 이는 영지현 고성이 현재의 하북성 노룡현 서북쪽에 있었다는 것이다. 『대청일통지』에 영지 고성은 천안현(遷安縣) 서쪽에 있다고 하니 이는 타당하다.

전한	비여(肥如), 왕망은 비이(肥而)로 변경		
후한	비여		
위	비여		
진	비여		
후조	비여, 『진서』에 석호 건무 4년(338년), 조람(趙攬)을 비여의 장으로 삼았다고 한다.		
전연	비여		
전진	비여		
후연	비여, 『진서』 「재기」에 모용성(慕容盛)은 유주자사 모용호(慕容豪)에게 비여를 진압하게 하였다고 한다.		
북연	비여, 『북사(北史)』에 굉(宏)이 세자 숭(崇)을 폐위시키고 비여를 다스리게 하였다. 태흥(太興) 2년 숭이 비여를 들어 북위에 투항하였다고 한다.		
북위	비여	신창, 본래 한나라 때 요동군에 속한 현이었으나 북위 때 별도로 설치, 북평군에 소속	조선, 본래 한과 진 낙랑의 군치, 「지형지」 연여(延如)원년에 조선의 백성을 비여로 이주시키고 다시 북평군을 설치해서 귀속시켰다고 한다.
제	비여, 천보(天保) 7년 해양을 폐지하여 비여에 편입시키고, 아울러 요서군을 폐지하였다(『수서』 「지리지」).	신창, 천보 7년 조선을 병합해 신창에 편입, 북평군에 귀속시킴.	
수	노룡, 『수서』 「지리지」에 개황 6년에 비여를 폐지하여 신창에 편입하고, 18년에 노룡으로 변경하였다. 대업 초 북평군을 설치하였다고 한다.		
비고	『한서』 「지리지」 비여하 주석에 의하면, "현수(玄水)는 동쪽에서 유수(濡水)로 들어가고, 유수는 남쪽으로 흘러 해양현(海陽縣)으로 들어간다. 또한 노수(盧水)가 있는데 남쪽에서 현수로 들어간다"라고 한다. 『수경』 유수 주석에 "현수는 비여의 동북쪽, 현계(玄溪)의 서남쪽에서 나와 비여현의 고성을 흘러 지나기 때문에 일반적으로 비여수라고 불렸는데, 서남쪽에서 오른쪽으로 노수(盧水)와 온수(溫水)를 만나서 영지현으로 들어간다. 그러므로 「지리지」에서 말하기를 현수는 동쪽에서 유수로 들어가니 대체로 동쪽에서 흘러간 것이다"라고 한다. 이에 의거하면 현수와 노수는 비여현의 서남쪽에서 만나 아래로 영지현으로 들어간다. 현수는 다시 남에서 유수로 들어가 아래로 해양현으로 들어간다. 그러므로 비여는 실제로 영지현의 동북쪽에 있었다. 생각하건대, 한나라 시기 영지현의 고성은 현재 하북성 천안현(遷安縣) 서남쪽에서 매우 가깝다. 현재 천안현의 동쪽으로 탕도하(湯圖河)가 청룡하(青龍河)로 들어가며 청룡하는 서남쪽으로 흐르다 노룡에 이르러 북쪽으로 난하로 들어가는데, 난하가 곧 유수이다. 청룡하의 길이는 비교적 긴데, 곧 현수이며, 탕도하는 노수에 해당한다. 이에 의거하면 비여 고성은 현재 천안현의 동쪽에 있고, 청룡하와 탕도하가 만나는 지점의 동북쪽에 있었을 것이며, 노룡은 실제 그 남쪽에 위치해 있었을 것이다. 『대청일통지』에 의하면 지금의 노룡에서 서북쪽으로 30리에 있었다고 하니 대체로 들어맞는다. 『위서』 「지형지」에 북평군은 조선과 신창 2개 현을 거느렸다고 하는데, 조선은 즉 비여이다. 「지형지」에 신창에는 노룡산이 있다고 하니, 지금 하북성 노룡현을 말한다. 수나라 때 비여를 폐지하고 신창에 편입시켰으며, 또한 이름을 노룡으로 변경하였는데, 지명은 현재도 동일하다.		

전한	빈종(賓從), 왕망은 면무(勉武)로 변경 (註)
후한	요동속국에 속하게 하고 빈도(賓徒)라고 함.
위	
진	
후조	
전연	
전진	
후연	
북연	
북위	
제	
수	
비고	양수경(楊守敬)은 『한지』, 『속지』, 『삼국강역』, 『진지』 등 제 도(圖)에서는 알 수 없다고 한다. 『독사방여기요』에는 요(遼)나라 대정부(大定府)의 장안(長安), 권농(勸農), 부서(富庶), 귀화(歸化) 4개 현은 모두 현재 대녕(大寧)의 동남쪽에 있으며, 한나라 때 빈도현 지역이라고 한다. 생각하건대, 『독사방여기요』의 설이 타당한 것 같다. 대녕위(大寧衛)는 현재 열하 평중현(平中縣)에서 동북쪽으로 180리 거리에 있으며, 객라심기(喀喇沁旗)에 속하였으니 빈도는 객라심기의 동남쪽에 있었고 유성과 서로 가까웠을 것이다. 대체로 이 현은 후한 시기에는 요동속국에 속하고, 삼국 이후에는 창려군에 속하였다. 유성은 후에 다시 설치되었으며 창려군에 속하였는데, 두 현 모두 전한시기 요서군에 속한 현으로 그다지 서로 멀지 않았다. 다만 고성(故城)의 소재는 확실하지 않다. (註) 『속지(續志)』에 요동속국에는 빈도가 있는데, 주석에 의하면 "예전에는 요서에 속하였다"라고 한다. 『진서』, 「지리지」 또한 빈도라고 한다. 왕선겸은 말하길 "『한서』, 「지리지」에서 '빈종(賓從)'이라고 한 것은 오류이다"라고 한다. 『자치통감』에 진왕(晉王) 윤(倫)은 오왕(吳王) 연(宴)을 폄훼하여 빈도현공으로 삼았다고 한다. 전진의 부견은 모용수(慕容垂)를 빈도후로 책봉하면서 이 이름을 취하였다. 『진서』, 「재기」에 빈도후(賓都侯)로 되어 있는데, '도(都)'는 '도(徒)'음에 가깝지만 오류이다. 『요사』에서 '빈종'이라고 한 것은 『한서』, 「지리지」의 오류를 답습한 것이다.

전한	교려(交黎), 동부도위치, 왕망은 금로(禽虜)로 변경
후한	후한 요동속국으로 편입 (註)
위	
진	
후조	
전연	
전진	
후연	
북연	
북위	
제	
수	
비고	『한서』, 「지리지」 교려하 주석에 의하면 "유수(渝水)는 상류에서 장성을 벗어나 남으로 흘러 바다로 들어간다"라고 한다. 『임유하주(臨渝河注)』에 의하면, "유수는 상류에서 백랑수(白狼水)를 만나 동쪽으로 장성 밖으로 들어간다"라고 한다(왕선겸은 말하길 "장성 밖으로 나왔다고 하는 것은 타당하나 들어갔다고 하는 것은 타당하지 않다고 한다. 『설문해자』에 '유수는 요서 임유현 동쪽으로 장성을 나온다'고 한 것은 명확히 반고의 『한서』, 「지리지」에서 들어간 것을 나왔다고 잘못 본 것이다"라고 한다). 왕선겸의 설이 옳은 것 같다. 『수경』 대요수주에 의하면 "백랑수는 북쪽으로 황룡성 동쪽을 지나고 또한 동북쪽으로 나와서 동쪽으로 흘러 두 개의 하천으로 나뉘는데, 오른쪽이 유수라고 생각한다"라고 한다. 황룡성의 동북은 한나라 시기에는 요서의 장성 밖에 해당한다. 유수는 장성 밖 상류에서 백랑수를 만나기 때문에 "동에서 나와 장성 밖으로 나간다"라고 한 것이다. 생각하건대, 이 지리지의 문장을 자세히 살펴보면, 유수는 상류에서 백랑수를 받아들여 교려현 남쪽에 이른 후에 바다로 들어간 것이다. 『진서』, 「재기」에 "함강(咸康) 2년(336년) 모용황이 바다를 건너 모용인을 치려고 하니 …… 마침내 3만 명을 거느리고 창려(昌黎)에서 얼음을 밟으며 나아갔다"고 한다. 이는 창려현이 유수의 하류에 위치하며 남쪽으로 해구가 있었다는 것이다. 『수경』 대요수주에 의하면 "유수는 임유현에서 나와 동남쪽으로 고성인 여라성(女羅城) 동쪽을 지나고 또한 남쪽의 영구성(營丘城) 서쪽을 지나 동남으로 흘러 바다로 들어간다"라고 한다[북위가 임시로 설치한 영구는 역도원(酈道元)의 『수경주(水經注)』에 의하면 "영구는 제(齊)에 있는데, 요와 연 사이의 이름으로 하는 것은 대체로 연(燕)과 제·요가 멀어서 소재를 임시로 구분한 것이다"라고 한다]. 영구와 창려는 모두 유수 하류에 있으며 바다로 들어가는 지역이다. 영구가 유수의 동쪽에 있으니 창려는 유수의 서쪽에 있었을 것이다. 유수는 현재의 대릉하 [『임유현하고석(臨渝縣下考釋)』에 상세하다]이므로 교려의 고성은 실재로 대릉하 하류의 서쪽이고 남쪽으로는 임해현, 서북쪽으로는 지금 요녕성 금주현(錦州縣)에 가깝다. 『수경』 대요수주에 의하면 "백랑수는 백랑 동북에서 창려 고성의 서쪽을 지난다"라고 하는데, 이 창려와 이름은 같으나 동일 지역이 아니다. 고염무는 『경동고고록(京東考古錄)』에서 이를 상세하게 논하고 있다[『요동속국창려하고석(遼東屬國昌黎下考釋)』참조]. 양수경도는 교려 고성에 대해 방위는 대체로 합치하나 연결해서 설명하지 못하고 있으며, 『회명헌고(晦明軒考)』에서 요동속국에 창려가 있었다고 할 수 없다는 것도 또한 아직 논점이 여기에 미치지 못한 것이다. 왕선겸은 『전서보주(前書補注)』, 『독사방여기요』에서 영주(즉 열하 조양)현 동남쪽으로 170리에 있는 진나라 극성현은 전한시기 교려의 고성이라고 한다. 『후서집해(后書集解)』는 마여룡의 설을 인용해서 말하길 『대요수주』에 의거하면 백랑수는 창려성 서쪽을 지나므로 고성은 마땅히 현재의 요녕성 금주부 의주의 서북 경계에 있어야 한다고 하는데, 역도원(酈道元)의 『수경주(水經注)』에서 용성 서남의 창려와 한나라 교려를 혼동해서 동일한 것으로 여긴 것은 한참 빗나간 것이다.

전한	
후한	
위	
진	
후조	
전연	
전진	
후연	
북연	
북위	
제	
수	
비고	(註) 『속지(續志)』 요동속국창요주(遼東屬國昌遼注)에 의하면 "예전에는 천요(天遼)라고 했으며, 요서에 속하였다"라고 한다. 고염무는 『경동고고록』에서 말하길 "전대(前代)의 사서를 살펴보면 창요(昌遼)라는 이름은 전혀 나오지 않으며, 전한시대 역시 천요가 없으니 '창려(昌黎)는 예전 교려(交黎)'로 의심된다"라고 하였다. 전대흔은 말하길 "홍량길은 『수경주』에서 백랑수는 동북쪽으로 흘러 창려현 고성 서쪽을 지난다고 하고, 「지리지」에서는 교려현이라고 한다. 응소(應劭)가 말하는 것은 지금의 창려현이다. 그러므로 창요는 예전 천요이고 창려는 예전 교려일 것이다"라고 한다. '려(黎)'와 '료(遼)'는 발음이 서로 가깝기 때문에 창려 또한 창요라고도 한다. 마치 오씨(烏氏)를 오지(烏枝)[34], 상해현(庠奚縣)을 치해현(傂奚縣)이라고 하는 것과 같다"라고 한대『이십이사고이속한서이(二十二史考異續漢書二)』]. 혜동(惠棟)은 말하길 "함인(嚴駰)은 『십삼주지(十三州志)』에서 요동속국도위의 치소는 창려도(昌黎道)이다"라고 한다. 또한 『한서』 「지리지」 요서군 교려현에서 그리고 응소는 "지금의 창려"라고 한다. 그러므로 창요는 마땅히 창려라고 해야 하며, 천요는 마땅히 교려라고 해야 한다. 또한 [호삼성은] 『통감』 주석에서 "창려는 한나라 교려현으로 요서에 속하였으며, 후한 때에는 요동속국도위에 속하였다"라고 하는데, 호삼성의 견해는 타당하다고 하겠다『후한서보주』). 『진서』 「지리지」에 의하면 "창려는 한나라 때 요동속국도위에 속하였다"고 하니, 이는 창요가 창려라는 증거이다.

---

34) 『후한서』에서는 오지현(烏枝縣)을 오씨현(烏氏縣)으로 표기하고 있는데, 이는 오지의 다른 표기인 오저(烏氐)를 잘못 쓴 것이다.

전한	양락(陽樂)
후한	양락, 군치
위	양락
진	양락
후조	양락
전연	양락, 『진서』에 모용외(慕容廆)가 모용간(慕容翰)을 보내 단씨를 공격하여 도하(徒河), 신성(新城)을 취하고 양락에 이르렀다고 한다. 전연 이후 치소를 비여현의 동쪽 경계로 옮겼다.
전진	양락
후연	양락
북연	양락
북위	낙양, 북위 진군 7년 영지(令支)와 영자(令資)를 병합하여 속하게 하였다(「지형지」).
제	폐지, 『수서』「지리지」에 "제(齊)는 요서군을 폐지하고 거느리던 해양현을 비여현에 편입시켰다"라고 한다. 양락은 당연히 이 시기에 폐지되었다.
수	
비고	『수경』 유수 주석에는 『위토지기(魏土地記)』를 인용하여 "해양성(海陽城) 서남에 양락성이 있다"라고 한다. 마여룡은 "생각하건대, 양락현은 역도원의 『수경주』에서 단지 『풍속기』, 『토지기』의 말을 인용해서 고성은 아니라고 하는데, 그렇다고 해서 역도원(酈道元)이 『토지기』의 양락성이 한나라 현이라는 것을 명확히 말한 것은 아니라고 생각한다. 『후한서』「선비전」에 '답돈(蹋頓)이 요서 지역에 세력을 잡고 있었다'고 하고, 『삼국지·위지』에 '조조는 답돈이 바로 유성(柳城)을 가리킨다'고 하였다. 『조포전(趙苞傳)』에는 '조포가 요서태수가 되어 어머니를 맞이하고자 하였다. [어머니가] 군의 경계에 이르러 유성을 지날 때'라고 하니 이 요서군치는 유성의 동쪽에 있었으며, 한나라 양락현 또한 유성의 동쪽, 요수(遼水)의 서쪽에 있었다"라고 한다. 마여룡의 설은 타당하다고 본다. 『대청일통지』에 "한나라 양락현은 영평부 동북 어귀 밖에 있다가 위진 시기 비여현 동쪽 경계로 옮겼는데, 지금의 무녕현(撫寧縣) 서쪽이다"라고 한다. 『진서』「재기」에 의하면 "모용외가 모용한을 보내서 단씨를 공격하여 도하(徒河)와 신성(新城)을 취하고, 양락에 이르렀다"고 한다. 모용외는 태강 10년 도하의 청산으로 천도하고 원강(元康) 4년 극성으로 이주한 것에서 도하와 극성은 서로 가깝다는 것을 알 수 있다[『대청일통지』에서는 금현(錦縣) 서북에 있다고 한다]. 모용한이 단씨를 정벌하고 도하와 신성을 취하고 양락에 이른 것을 보면 양락은 두 현과 매우 가까웠을 것이다. 진(晉)나라 때 양락은 여전히 한나라 옛 현을 치소로 하고 있는 것에서 치소를 비여 동쪽 경계로 이주한 것은 전연 이후일 것이다. 지리적으로 고찰하면 한(漢), 진(晉) 시기 양락의 위치는 유성의 동쪽으로 현재의 요녕성 금현 서북, 소릉하(小凌河)의 서쪽에 해당한다. 전연 이후 군치를 [양락에서] 비여의 동쪽 경계로 옮겼는데, 현재 하북성 무녕현 서남, 창려의 서쪽에 있다. 양수경도에는 진 이전 양락은 유성의 동쪽에 위치하였으며, 전연 이후 비로소 비여 동남쪽으로 이주하였다고 하는데, 타당하다고 생각한다.

전한	호소(狐蘇)	도하(徒河), 왕망은 하복(河福)으로 변경	문성(文成), 왕망은 언로(言虜)로 변경
후한	폐지	요동속국으로 편입	폐지
위			
진			
후조			
전연			
전진			
후연			
북연			
북위			
제			
수			
비고	『한서』, 「지리지」 호소(狐蘇)하 주석에 "당취수(唐就水)는 도하현에 이르러 바다로 들어간다"라고 한다. 진풍은 말하길 "지금 몽골 토묵특의 오른쪽 날개인 소릉하는 동남쪽으로 흘러 금현에 이르러 바다로 들어가는데, 아마 당취수일 것이다"라고 한다[『한서』, 「지리지」 수도도설(水圖道說)]. 호소는 소릉하에 발원처가 있으며, 현재의 열하성 조양현 서남쪽에 해당한다.	『한서』, 「지리지」에 "당취수는 도하현에 이르러 바다로 들어간다"라고 한다. 진풍의 설에 의하면 당취수는 소릉하이며, 도하 고성은 바다에서 그리 멀지 않다고 한다. 『요사』, 「지리지」에 "천정부(天定府) 신수현(神水縣)은 한나라 시기 도하현 지역이다"라고 한다. 『대청일통지』에 의거하면 현재의 금현 서북쪽에 해당한다.	양수경도(楊守敬圖)에서는 알 수 없다. 『요사』, 「지리지」에 의하면 "중경(中京) 송산현(松山縣)은 한나라 때 문성현(文成縣)의 고성이다"라고 한다. 생각하건대, 중경은 대정부(大定府)의 부치(府治)로 지금의 열하 평천현(平泉縣) 동북이다. 송산현은 평천의 옛 대녕성(大寧城) 서북이다[대녕성은 평천 낙북(樂北)에서 180리 떨어져 있다].

전한	임유(臨渝)
후한	임유
위	임유
진	폐지, 『여지광기(輿地廣記)』에는 양락현에 들어갔다고 한다.
후조	
전연	
전진	
후연	임유, 『진서』, 「재기」에 하간인(河間人)의 설에 의하면 풍발(馮跋)이 요서 임유에서 나와 장락(長樂)군의 종족(宗族)[35]을 맞이하였다고 한다.
북연	
북위	
제	
수	
비고	『한서』, 「지리지」 임유(臨渝)하 주석에 의하면 "유수는 상류에서 백랑을 맞이하여 동쪽으로 장성 밖으로 들어간다. 또한 후수(候水)가 있어 남쪽으로 유수에 들어간다"라고 한다. 『수경』 대요수 주석에 의하면 "백랑수는 교려현에서 나와 동쪽으로 두 개의 하천으로 갈라지는데, 오른편이 유수가 아닌가 생각한다. …… 서남쪽으로 산을 돌아 한 고성의 서쪽을 지난다. 일반적으로 [이 성을] 하련성(河連城)이라고 하는데, 임유현의 고성이 아닌가 생각한다. 유수는 또한 남쪽으로 흐르다 동쪽으로 휘어서 한 하천과 만난다. 일반적으로 [이 하천을] 합륜수(榼倫水)라고 하는데, 「지리지」에서 말하는 후수(候水)가 북쪽에서 유수로 들어간 것이 아닌가 생각한다"라고 한다. 이에 따르면 임유는 유수의 동쪽에 있으며 북쪽으로 장성에 가깝다. 진풍은 말하길 "요하 서쪽의 하천에서 동쪽으로 흐르다 남쪽으로 굽어서 바다로 들어가는 것은 오직 대릉하뿐인데, 예전에는 유수로 알려졌다"고 한다(『한지수도도설』). 임유현의 고성은 대릉하의 동쪽에 있으니, 지금의 금현(錦縣) 동북이다. 양수경도에서는 의주(지금의 요녕성 의현)에 위치한다고 하니 대체로 들어맞는다.

35) 풍발은 장락군 출신이다.

전한	유(絫), 왕망은 선무(選武)로 변경	
후한	폐지	
위		
진		
후조		
전연		
전진		
후연		건안(建安), 『진서』, 「재기」에 "모용성이 이한(李旱)을 보내 요서태수 이랑(李郞)을 토벌하여 군사가 건안에 이르렀다"라고 한다. (註)
북연		건안
북위		폐지
제		
수		
비고	『한서』, 「지리지」 유현(絫縣) 하 주석에 "하관수(下官水)는 남으로 흘러 바다로 들어간다. 또한 계석수(揭石水)와 빈수(賓水)는 모두 남으로 흘러 [하]관수로 들어간다"고 한다(왕선겸의 설에 의하면, '관'앞에 '하'자가 빠져 있다). 『대청일통지』에는 구지(舊志)를 근거로 하관수는 조하(潮河)이며 지금의 창려현에서 동쪽으로 이십 리에 있고, 계석수는 급류하(急流河), 빈수는 지금의 음마하(飮馬河)로, 모두 현재 창려현에 있다. 따라서 고성은 현재 창려현 남쪽에 있다고 한다. 『수경』 유수 주석에 의하면 "유수는 비여에서 나와 동남쪽으로 흘러 유현(絫縣) 갈석산(碣石山)에 이른다"라고 한다 [생각하건대, 유수는 즉 현재의 란하(灤河)이다]. 유현의 고성은 『대청일통지』에 따르면 지금 창려현 남쪽으로 한나라 비여현의 동남쪽에 해당한다. 란하는 그 동쪽 경계를 흐르니 『수경주』와 일치한다.	생각하건대, 북위의 요서군치인 양락은 비여현의 동쪽 경계로 이한(李旱)은 용성(龍城)에서 양락으로 나아가는 도중에 건안을 거쳤을 것이므로 건안은 용성의 서남쪽, 비여와 양락의 북쪽으로, 현재 열하 합라심(哈喇沁)의 중기(中旗) 지역일 것이다.

전한	
후한	
위	
진	
후조	
전연	
전진	
후연	숙군(宿軍), 『진서』 「재기」에 "모용희(慕容熙)는 대성(大城)·여(肥如) 및 숙군(宿軍)에 구니예(仇尼倪)를 영주자사(營州刺史)로 임명하고 숙군을 지키게 하였다"라고 한다. (註)
북연	숙군. 십육국 시기 북연의 기록에 "태평(太平) 14년(422년) 숙군 지역이 한순간에 잿더미가 되었다"라고 한다.
북위	폐지
제	
수	
비고	『진서』 「재기」에 의하면 "모용희는 대성·비여 및 숙군에 구니예(仇尼倪)를 영주자사를 삼고 숙군을 지키게 하였다. 상용공(上庸公) 모용의(慕容懿)를 유주자사로 삼아 영지(令支)를 지키게 하고, 유목(劉木)을 기주자사로 삼아 비여를 지키게 하였다"라고 한다. 이 세 현은 서로 거리가 그다지 멀지 않았을 것으로 생각한다. 숙군현의 고성은 현재 하북성 천안현 부근이 아닌가 생각한다. 양수경도의 위치 또한 천안현 서쪽에 있었다고 한다. (註) 홍량길은 "숙군현과 건안현은 후한시기에 세워졌을 것이다"라고 한다(『후한강역지』).

전한	
후한	
위	
진	
후조	
전연	
전진	
후연	
북연	
북위	연성(連城), 낙랑군치
제	폐지
수	
비고	『위서』, 「지형지」에 "영주(營州)의 낙랑군은 정광(正光, 520년~525년) 말년에 다시 회복되었는데, 치소는 연성(連城)이다"라고 한다. 위나라 낙랑군은 영락현(永洛縣)을 거느리고, 진군 8년 도하현과 함께 창려군 광흥현(廣興縣)에 편입되었다. 도하현은 현재 대릉하 서쪽 요녕성 금현의 북쪽에 있으니 영락현은 틀림없이 그 주변에 있었을 것이다. 낙랑군은 겨우 두 현을 거느렸으므로 군치에서 속현은 그다지 멀지 않았을 것이다. 양수경의 『지형도지』에는 유수(渝水, 현 대릉하) 동쪽 기슭에 위치하며, 한나라 임유현의 고지(현 요녕성 의현)라고 한다. 『수경』 대요수주에 의하면 "유수는 상류에서 백랑수를 맞이하여 서남쪽으로 산을 돌아 하나의 고성을 지나는데, 사람들은 이를 하련성(河連城)이라고 하지만, 임유현의 고성이 아닌가 의심된다"고 한다. 임유현은 진나라 때 폐지되어 양락에 편입되었는데, 『여지광기』에 의거) 낙랑군을 설치한 것은 정광 말년이다. 대체로 『수경주』가 완성되었을 때, 군은 아직 지명을 옮기지 않았기 때문에 역도원의 『수경주』는 하련성을 고성이라고 한 것이다. 정광 말년에 이르러 군치를 설치하니 사람들이 이를 연성이라고 부른 것이다. 양수경도는 연성의 방위를 정함에 당연히 이를 근거로 하고 있다. 대체로 이와 같으므로 거느리는 영락현과의 거리는 그다지 멀지 않았을 것이며, 연성과 하련성은 명칭이 또한 매우 흡사하다. 이는 비록 추측에 가깝지만, 실제로 상당히 부합하는 사실이다.

전한		
후한		
위		
진		
후조		
전연		
전진		
후연		
북연		
북위	영락(永洛), 「지형지」에 "정광 말년에 설치, 낙랑군 소속"이라고 함, 『수서』, 「지리지」에는 영동(永東)으로 되어 있음.	대방(帶方), 「지형지」에 정광 말년 설치, 낙랑군 소속
제	영락, 기양군(冀陽郡)으로 이속	대방, 기양군 소속
수	폐지	
비고	『위서』, 「지형지」 영주 창려군 광흥 하에서 "진군 8년(447년) 도하(徒河), 영락(永樂), 연창(燕昌)을 아울러 복속시켰다"라고 한다. 또한 낙랑군 영락 주석에 "정광 말년에 설치"라고 하니, 이는 진군 8년 이전에 이미 영락이 있었으며, 폐지되었다가 정광 말년에 다시 회복되었다는 것이다. 위나라 낙랑군치는 연성으로 현재의 대릉하 동쪽이며, 요녕성 의현(義縣) 지역이므로(앞에서 언급), 영락은 당연히 군치와 서로 가까웠을 것이다. 또한 [영락]현은 일찍이 도하와 함께 광흥현으로 편입되었으므로 도하(현재의 대릉하 서쪽, 요녕성 금현의 북쪽, 상세한 설명은 『도하하고석』 참조)와의 거리는 분명히 멀지 않았을 것이다. 그런데 영락과 대방(帶方)은 북제시기 함께 기양군[위나라 기양군은 평강(平剛)과 유성(柳城) 두 현을 거느림]에 속해 있었으므로 고성은 동쪽이 아닐 것이다. 현재 요녕성 대릉하의 서쪽, 금현의 북쪽이 아닌가 생각하며, 한나라 도하 고성의 동북 지역이었을 것이다.	영락 부근에 있었을 것이다. 위나라 시기 낙랑군치였으며, 양수경도에 따르면 한대 임유현(臨渝縣)의 고지에 위치한다. 영락과 대방은 유수(渝水)의 서쪽 기슭 북부에 있고 또한 한나라 양락현의 동북쪽에 있었다. 따라서 한나라 시기에는 모두 요서군에 속하였으므로 여기에 소개한다.

요동속국 창려군(昌黎郡)

후한 안제(安帝, 제위 106년~125년) 시기 요동은 2개의 현, 요서는 3개의 현으로 나뉘었으며, 새로 1개의 현을 설치하였는데『속지(續志)』에 요동속국에는 무려현(無慮縣)이 있었다고 하는데, 혜동, 전대소, 양수경 등 제 학자의 설에 의하면 부려현(扶黎縣)의 오류라고 한다.『한서』,「지리지」에는 부려가 없으니 당연히 후한 시기에 설치되었을 것이다.『부려하고석(扶黎下考釋)』에 상세하다], 요동속국도위는 한나라 말기 몰락하여 공손씨의 군(郡)으로 통폐합되었다. 공손씨가 멸망한 후 그 지역은 위나라로 들어갔는데, 정시(正始) 5년(244년) 다시 설치되어 창려군으로 개편되었다[오증근은 말하길 "『삼국지·위지』,「제왕방기」에 의하면 '정시 5년 선비(鮮卑)가 은밀히 들어와 요동속국도위를 설치하고 창려현을 세워 거주하였다'고 한다. 이에 의거하면 요동속국은 한나라 때 이미 폐지된 것이다.『삼국지·위지』,「공손찬전」에 의하면 공손찬은 요동속국도위의 장사(長史)가 되었는데, 당시는 광화(光和, 영제의 연호, 재위 178~184년) 이전이었다. 건안(建安) 18년(213년) 주를 폐지하고 군에 병합하였다.『헌제기거주(獻帝起居注)』에 기록된 유주에 속한 군 중에는 여전히 요동속국이 있는데, 아마도 공손씨에 의해 폐지된 후 이때에 이르러 다시 설치되었을 것이다. 창려군으로 변경한 것은 아마도 그 해 현을 세운 이후일 것이다"(『삼국군현표』)라고 한다].

2개의 현을 거느렸으며, 진(晉)나라도 마찬가지였다. 함녕(咸寧) 2년(276년) 평주(平州)를 설치하고 군을 이속시켰다[『진서』,「지리지」에 위나라는 요동, 창려, 현도, 대방, 낙랑 등 5군을 평주로 삼았다고 한다. 오증근은 말하길 "『독사방여기요』에서는『전략(典略)』을 인용하여 '경초(景初) 2년(238년) 비로소 요동 창려 등 5개 군을 평주로 삼았으나, 요서(遼西)는 언급하지 않았다'라고 한다. 그러나 경초 2년에 어찌 창려군이 있을 수 있겠는가? 창려는 정시 연간에 설치되었으므로 여기에서의 창려는 요서의 오류일 것이다"라고 언급하고 있다. 오증근이 말한 바와 같이 경초 2년 평주를 설치할 때 창려군은 있을 수 없었으니 그의 설은 타당하다. 그런데, 창려군은 요서와 요동의 사이에 위치하고 남쪽으로 바다에 닿아 있었다. 창려군이 평주에 속하지 않았다면 반드시 옛 유주에 속하였을 것이다. 그러나 요서가 평주에 속하였다면 요서와 평주가 거느리는 다른 군, 그리고 중간의 창려군은 서로 연결이 안 되니 반드시 타당하다고 보기는 어렵다. 위나라의 평주는 단지 4개의 군을 거느렸다. 『진서』, 「지리지」에 진나라 때 평주가 설치된 후 거느린 5개 군 중에 창려군이 있었다는 것은 오류라고 생각한다. 지금 창려군은 오증근의 설에 의하면 위나라 평주에 속하지 않으며, 요서군은 옛 유주에 속하기 때문에 위나라 평주에는 포함되지 않는다].

모용외가 평주자사가 되어 군을 다스렸는데, 영가의 난(永嘉之亂)[36] 이후 전연(前燕)은 바로 이곳에서 건국되었다.[37] 옛 현 2개를 거느리고, 한나라 때 폐지된 현 1개를 회복하였으며, 새롭게 현 2개를 설치하였다. 전진(前秦), 후연(後燕), 북연(北燕)을 거치면서 거느린 현의 변화는 없었다(홍량길, 『십육국강역지』에 의거). 북위(北魏) 시기 옛 현 1개를 거느리고 새롭게 현 2개를 설치하였다(『위서』, 「지형지」). 북제(北齊) 시기 창려의 옛 현 2개를 건덕군(建德郡)으로 이전하였다. 수나라 개황 원년(581년) 용성현(龍城縣) 1개만을 남겨 건덕에 속하게 하고는 곧 군을 폐지하고 용산현(龍山縣)으로 변경하였다. [개황] 18년 유성(柳城)으로 개명하고, 대업 초 요서군을 설치하여 다스리게 하였다(『수서』, 「지리지」).

---

36) 서진 말기 흉노의 수장 유연(劉淵)이 갈족과 한인 유민을 규합해서 일으킨 반란이다. 당시 회제(懷帝)의 연호인 영가(永嘉, 307년~312년) 연간에 발생하였기 때문에 영가의 난이라고 한다. 이 반란으로 낙양이 함락되고 서진의 회제가 처형됨에 따라 서진은 실질적으로 멸망하게 된다. 이후 화북 지역은 유목민족의 지배하에 들어가 오호십육국의 시대가 열리게 된다.
37) 모용외는 전연을 세운 모용황의 아버지로서 실질적 창업자인 셈이다. 모용외에 대해서는 본서 제5장 제4절에 상세하다.

부록

영구군(營丘郡)

『진서』, 「재기」에 의하면 "모용외(慕容廆)가 영구군을 설치하여 영주의 유이민을 통합하였다"라고 한다. 2개의 현을 거느리고, 평주에 속하였는데, 전진, 후연을 거치면서 존폐 여부는 알 수 없다. 다만 영구군은 북연 시기에 이르러서도 여전히 존재하였는데[『북사』, 「풍발전」에 태무제가 친정에 나서자 모용굉(慕容宏)이 성을 둘러싸고 견고하게 지켰는데, 영구, 요동, 성주(成周), 낙랑, 대방, 현도 6개 군이 모두 항복하였다고 한다], 아마 그 사이에는 폐지되지 않은 것 같다. 북위 정광(正光, 효명제의 연호, 520년~525년) 말기 영구군을 설치하여 영주에 속하게 하였는데(『지형지』에 의하면 이는 북위 초기에 폐지되었다가 다시 설치된 것이다), 2개의 현을 거느렸다. 위치는 전연의 영구군과 동일하였는데, 아마도 고성에 현을 설치해서 단지 이름만 변경한 것이 아닌가 생각한다(2개의 현은 하석고에 상세하다). 북제가 동위를 찬탈하면서 군현을 아울러 폐지하였다.

기양군(冀陽郡)

『진서』, 「재기」에 모용외(慕容廆)가 기양군을 설치하여 기주의 유이민들을 통합하였다고 하는데, 유성(柳城) 및 한나라 우북평군의 평강(平剛) 2개 현을 거느렸으며, 평주에 속하였다. 부견의 전진과 후연을 거치면서 존폐 여부는 알 수 없다. 북연 때 기양군이 있었으며 거느리는 현은 전연과 동일하였는데(홍량길, 『십육국강역지』 및 양수경, 『사연강역도(四燕疆域圖)』에 의거), 아마 전연 시기 군으로 세워진 이후 도중에 폐지되지는 않은 것 같다. 『위서』, 「지형지」 기양군 주석에 의하면 창려군(昌黎郡)에 병합되었다가 무정(武定) 5년(547년)에 회복되었다. 북제에 이르러 기양군은 북위의 지명을 옮긴 낙랑군 2개 현을 거느리고, 옛 현을 다 폐지하였다. 수나라 개황 원년에 이르러 군현은 아울러 폐지되었다(『수서』, 「지리지」).

후한	창려(昌黎), 예전 요서에 속하였다. 『한서』 「지리지」에는 교려(交黎), 『속한지』에는 창요(昌遼)로 잘못 되어 있다.
위	창려
진	창려
전연	창려의 치소를 용성 서남쪽으로 옮겼다.
전진	창려 위와 같음.
후연	창려 위와 같음.
북연	창려 위와 같음.
북위	폐지. 「지형지」에는 진군 8년 용성에 편입되었다고 한다.
북제	
수	
비고	고염무의 『경동고고록(京東考古錄)』 고창려편(考昌黎編)에 의하면, "생각하건대, 창려는 다섯이 있다. 『한서』에는 '요서군 …… 창려, 유수는 상류에서 장성 밖을 나와 남으로 해서 바다로 들어간다'고 한다. 응소는 말하기를 지금의 창려라고 한다. 『자치통감』 주석에 '창려는 한나라 때는 교려현으로 요서군에 속하였으며, 후한 시기에는 요동속국도위에 속하였다'라고 한다. 『진서』에는 성제(成帝) 함강(咸康) 2년(336년), 모용황은 창려 동쪽으로 강을 건너 진격하였는데, 300여 리를 가서 역림구(歷林口)에 이르렀다. 이는 즉, 유수의 하류로서 바다 입구에 해당하니, 이것이 하나의 창려이다. 『진서』 「재기」에 모용황이 창려군을 옮겼다고 하고, 또한 우문귀(宇文歸) 일당을 격파하고 그 부족 5만여 명을 창려군으로 이주시켰다고 한다. 모용성의 치세에 이르러 창려군에는 윤장순(尹張順), 유충(劉忠)이 있었다. 고운(高云)은 풍소불(馮素弗)을 창려윤으로 삼았고, 풍발의 치세에는 창려윤으로 손백인(孫伯仁)이 있었다. 이 사실로 미루어 생각하면, 마땅히 용성에서 그다지 멀지 않았을 것이다. 이 또한 하나의 창려이다. 위나라(북위)는 유성(柳城), 창려, 극성을 용성에 병합하고 창려를 세워 군으로 삼았다. 지(志)에 의하면 요사(堯祠)와 유돈성(榆頓城)과 랑수(狼水)가 있다. 그리고 열전에 한기린(韓雛麟), 한수(韓秀) …… 지륜(之倫)은 모두 창려 출신이다. 즉 연나라의 구도(舊都) 용성(龍城)이니 이 또한 하나의 창려이다. 제(齊) 이후 창려의 이름은 사라졌다(이어서 두 개의 창려에 대해 더 서술하고 있으나 여기에서는 생략한다)"고 한다. 고염무는 창려의 변천을 구분해서 서술하고 있는데, 지극히 명쾌하다. 한(漢)·진(晋)의 창려는 유수의 하류인 바다 입구에 해당하며, 고성은 현재의 금주 서남쪽 대릉하 서쪽에 있었을 것이다[상세한 설명은 『요서교려하고석(遼西交黎下考釋)』 참조]. 모용황이 이주한 창려군은 용성 부근에 별도로 창려성이 있었을 것이다. 진군(眞君) 8년(447년) 이후 창려는 군명을 가리키는 것으로 현은 병합되어 용성에 편입되었다. 『수경』 대요수주에 백랑수는 북쪽 백랑고성의 동쪽을 지나고 또한 동북으로 창려고성의 서쪽을 지나며, 또한 동북으로 용산을 지나고, 또한 북쪽으로 황룡성 동쪽을 지난다. 이는 이른바 창려 고성은 황룡성 서남에서 백랑수의 동쪽에 있었으므로 전연 이후 창려의 고성은 북위 진군 8년 용성에 편입된 것이다. 현재의 지역으로 생각하면 마땅히 열하 조양의 동남쪽, 대릉하의 동북안(백랑수 상류가 대릉하이다), 토묵특 우익기(右翼旗)의 서부에 있었을 것이다. 양수경도는 전연 이후 창려는 여전히 한(漢)·진(晋)의 고지였다고 하는데, 이는 오류이다.

후한	빈도(賓徒), 예전 요서에 속함.	도하(徒河), 예전 요서에 속함.
위	빈도	폐지
진	빈도	폐지
전연	빈도	도하, 『진서』에는 단요(段遼)가 도하를 침략하였으나, 모용황의 장수 장맹(張萌)에게 패배하여 달아났는데, 이때 다시 설치하였다고 한다.
전진	빈도	도하
후연	빈도	도하
북연	빈도	도하
북위	폐지	폐지, 「지형지」에는 진군 8년 광흥(廣興)으로 편입하였다고 한다.
북제		
수		
비고	현재 열하 객라십기(喀喇沁旗)의 동남으로 상세한 설명은 『요서군빈종하고석(遼西郡賓從下考釋)』참조	현재 요녕성 금현 서북, 『요서하군고석(遼西下郡考釋)』참조

후한	부려(扶黎). 『속지』에 무려로 되어 있다. 혜동, 전대소, 양수경에 의하면 변경되었다고 한다.
위	폐지
진	
전연	
전진	
후연	
북연	
북위	
북제	
수	
비고	혜동(惠棟)의 『후한서보주』에는 "고염무에 따르면 요동에는 무려현(無慮縣)이 있는데, 이는 거듭 나온 것이 아니라고 한다[고염무, 『구문격론(救文格論)』 참조]. 생각하건대, 이는 부려현으로 후세 사람이 잘못 전한 것 뿐이다. 「선비전」에 '선비가 다시 부려영(扶黎營)을 공격하였다'라고 한다. 주석에 '부려현은 요동속국에 속하며, 고성은 지금의 영주(營州) 동남에 있다'라고 한다. 지금 『한서』와 『후한서』의 지리지에 부려현은 없으니 요동에 2개의 무려현이 있던 것이 아니라 필경 부려현의 오류일 것이다. 또한 「선비전」에 '선비가 요동속국을 침략하자 오환교위(烏桓校尉) 경엽(耿曄)이 요동 무려현에 주둔하여 방어하였다'고 하는 것을 보면 요동속국의 부려현을 무려현이라고 하지 않은 것은 분명하다"고 한다. 전대소는 『속한서』를 의심하여 말하길 "안제(安帝) 기원 초 2년(108년), 선비가 무려현을 에워싸고, 또한 무려영을 공격하였다. 주석에서 말하는 부려현은 요동속국에 속하며 선비전 또한 동일하다. 그러므로 장회태자(章懷太子)[38]가 본 대로 요동속국에 부려는 있지만, 무려는 없는 것이다. 무려는 이미 요동에 속하므로 응당 거듭 나온 것은 아니다. 따라서 이 무려는 부려의 오류로 소리가 서로 비슷하여 잘못 표기된 것이라고 생각한다. 이 '유의무려산(有醫無慮山)' 구절은 마땅히 요동의 무려 다음으로 이동해야 한다"라고 한다[전대소, 『이십이사고이(二十二史考異)』를 아울러 참조, 양수경의 설도 대체로 같으며, 혜동, 전대소 두 학자는 거듭 인용하지 않는다]. 생각하건대, 혜동, 전대소의 설은 타당한 것 같다. 여기에서는 이를 따른다. 부려현의 고성은 장회태자의 주석에 의하면 영주 동남에 있다. 『태평환우기』 영주 유성 하에 의하면 "부려의 고성은 지금 현의 동남쪽에 있으며, 그 지대인 용산은 곧 모용씨가 하늘에 제사를 지내던 곳이다"라고 한다. 따라서 당대의 영주도독부 및 송대의 영주 유성은 모두 치소가 전연시기에 설치된 용성으로 지금 열하 조양현이므로 한대 부려현의 고성은 지금 조양현 동남쪽에 있었을 것이다.

---

38) 당대 고종과 측천무후 사이의 아들로 태어나 황태자에 책봉되었지만, 측천무후에게 살해되었다고 하는 이현(李賢)이다. 이현은 『후한서』의 본기와 열전에 대해 해석을 하고 부족한 사실은 다른 서물을 참조하여 주석을 달았다. 범엽의 『후한서』가 존속할 수 있었던 것은 이현의 주석이 있기 때문이라고 할 정도이다. 참고로 범엽, 『후한서』에 최초로 주석을 단 것으로 남조 유소(劉昭)의 『집주후한(集注後漢)』이 있는데 본기와 열전 부분은 산일되어 지에 대한 주석만 현재 전해지고 있다.

후한	험독(險瀆), 옛 요동속현	방(房), 옛 요동속현
위	폐지	폐지
진		
전연		
전진		
후연		
북연		
북위		
북제		
수		
비고	고성은 현재 요녕성 북진현 동남쪽에 있다. 자세한 내용은 『요동험독하고석(遼東險瀆下考釋)』참조	고성은 현재 요하 하류의 동쪽으로 우장(牛庄), 영구(營口)의 사이에 있다. 자세한 내용은 『요동군방현하고석(遼東郡房縣下考釋)』참조

후한		
위		
진		
전연	용성, 한 대 유성 지역. 『태평환우기』에 『십육국춘추·모용광전』을 인용해서 유성의 북쪽, 용산의 서쪽에 …… 별도의 규모로 운영. 종묘(宗廟)를 구축, 유성을 용성으로 변경하였다고 한다. 9년 용성으로 천도하였다.	
전진		유성, 한대 유성은 옛 치소일 것이다.
후연	용성, 회복	
북연	용성	유성, 기양군 소속 (註)
북위	용성, 진군 8년 유성, 창성, 극성을 병합	유성, 진군 8년 용성에 편입, 무정 5년 회복, 기양군에 소속
북제	용성, 북제 때 폐지, 용성을 건덕군(建德郡)에 편입	
수	유성, 『수서』, 「지리지」에 의하면 개황 원년, 기양군을 폐지하고 건덕군과 용성현만을 남겼으며, 또한 폐지한 군을 용산현으로 변경하였으나 18년 유성으로 변경하고 대업 초기 요서군을 설치하였다고 한다.	
비고	생각하건대, 한(漢)에서 수(隋)에 이르기까지 유성현은 2개가 있다. 한대의 요서군에는 3개의 유성현이 있는데, 전연 시기 그 북쪽에 용성현을 설치하였고 전진 시기 또한 유성이 있었다고 하는데, 이는 한의 옛 현으로 의심된다. 북연 북위의 유성은 용성과 대립하였으니 마땅히 한대의 옛 현은 이 유성일 것이다. 수나라 개황 연간(581년~600년) 용성을 용산(龍山)으로 변경하고, 18년(599년) 유성으로 변경하니 이는 즉 당대 영주도독부의 치소인 유성이고, 송대 영주의 유성 또한 전연에서 북제에 이르는 용성의 고지(故地)로, 이 또한 유성일 것이다. 한대 유성의 고성은 용성의 남쪽에 있었는데, 현재 열하 조양의 남쪽이고, 요녕성 금현의 서북쪽이다(『요서군유성하고석』 참조). 용성 및 수대 유성의 고성은 현재 열하 조양현치이다. 『수경』 대요수주에 "백랑수는 창려에서 나와 동북으로 용산을 지나 북으로 황용성 동쪽을 지난다"라고 한다. 백랑수가 아직 유수를 만나기 전이므로 고성은 대릉하의 서북쪽에 위치한다. 『태평환우기』에 의하면 동에서 요하에 이르고, 남으로 대해 3백4십 리에 이르니 현재 조양현의 방위와 완전히 합치한다. (註) 『위서』에 의하면 위나라 장수 원(元)은 기양(冀陽)을 공격하지 않고 함락시켰다고 한다. 「지형지」에 "기양군은 유성과 평강(平剛)을 거느리며, 북연을 그대로 계승하였다. 진군 8년 기양군을 창려에 편입시켰다가 무정(武定) 5년(547년)에 회복하였다"라고 한다.	

후한		
위		
진		
전연	극성(棘城), 홍량길은 말하길 "『진서』, 「재기」에 의하면 '모용호발(慕容護跋)'이 위나라 때 극성 북쪽에서 건국하여, 원강(元康) 4년(294년) 모용외가 다시 극성으로 이전하였다'고 한다. 『태평어람』에 『십육국춘추·전연록』을 인용해서 '원강 4년 대극성에 도읍을 정하였다'고 하고, 또한 『연서(燕書)』를 인용해 '가을 7월 정묘, 새로 궁전을 조성하였다', '창려 대극성현의 강둑이 무너졌다'고 하는데, 이 극성은 일찍이 전연 시기에는 현이었다"고 한다.	
전진	극성	
후연	극성	
북연	극성	
북위	폐지, 진군8년 용성에 편입	광흥(廣興), 「지형지」에 "진군 8년 도하, 영락(永樂), 연창(燕昌)을 병합하여 귀속시켰다"고 한다.
북제		광흥, 건덕군 소속
수		
비고	『독사방여기요』에 현재 영주 고성 동남 백7십리이며, 진(晉) 시기에는 극성현으로 삼았다고 한다. 현재 요녕성 의현(義縣) 부근에 해당한다.	양수경도(楊守敬圖)에는 소재지가 상세하지 않다. 위나라 때 도하, 영락을 병합하여 광흥에 속하게 하였는데, 영락(永樂)은 곧 영락(永洛)으로 낙랑군에 속한다. 북위 낙랑군치인 연성은 현재 요녕성 의현(義縣, 양수경도에 의거)으로 영락(永洛)은 군치와의 거리가 멀지 않았을 것이다. 도하는 한에서 전연에 이르기까지 모두 현재 금현(錦縣)의 서북에 있다. 광흥은 2개 현을 아울러 다스렸으므로 [2개 현은] 반드시 서로 가까웠을 것이니 현재의 금현 서북쪽, 의현의 서남쪽이 아닌가 생각한다.

제3장 양한 위진 시기의 동북 군현

후한			
위			
진			
전연		무녕(武寧), 연나라 영구군치(營丘郡治) (註)	
전진			
후연			
북연		부녕(富寧)	
북위	정황(定荒), 「지형지」에 "정광(正光) 말기에 설치되었다"고 한다.	폐지	
북제	폐지		
수			
비고	알 수 없다.	(註) 『진서』, 「재기」에 "모용외가 영구군을 설치하고 청주(青州)의 유민을 다스렸다"고 한다. 『태평환우기』는 『십육국춘추』를 인용해서 "모용황이 동쪽으로 이주하여 도하에 영구군을 설치하였다"고 한다. 『자치통감』 주석에 "요서군은 유현에 닿아 있고, 유수가 있으며, 상류에서 백랑수를 맞이하여 영구성 남쪽을 경유하는데, 모용외가 군을 설치하였다"고 한다.	홍량길은 말하길 "『진서』에 모용황은 무녕에 광평(廣平)과 손흥(孫興)을 거느리게 하였고, 『자치통감』 주석에도 '무녕현은 모용황이 설치하였다'라고 한다. 『자치통감』에 의하면 '영구(營丘)의 내사(內史) 선(鮮)이 굴복하여 투항하자 조흥(趙興)이 관원과 백성을 타이르고는 거두어서 죽였다'라고 한다. 그러므로 무녕은 영구군에 속하며 아울러 군치일 것이다"라고 한다.

후한			
위			
진			
전연		무원국(武原國)은 영구군에 속한다. 홍량길은 말하길 "『진서』에 모용외(慕容廆)는 무원에 내사(內史)·상패(常覇)를 두었다"고 한다.	
전진			
후연			
북연			
북위			영안, 「지형지」에 "정광 말기에 설치, 영구군에 소속시켰다"고 한다.
북제			폐지
수			
비고	『위서』, 「지형지」에 영구군은 정광 말기에 설치되어(영주 소속), 부평(富平)과 영안(永安) 2개 현을 거느렸고, 군치는 부평에 있었다고 한다. 양수경도에 부평은 전연 무녕의 고지에 해당하는데, 모두 유수(현 대릉하) 하류의 동쪽에 있었으며, 남으로는 바다에 접해 있었다. 무녕과 부평은 전후하여 영구의 군치였다. 『자치통감』에 의하면 "유수는 남쪽으로 영구성 서쪽을 돌며, 모용외가 군을 설치한 곳이다"라고 한다. 또한 『수경』 대요수주에 의하면, "유수는 남쪽으로 영구성 서쪽을 지나 동남으로 바다로 들어간다"고 한다. 역도원(酈道元)은 위나라 사람으로 그가 말한 곳은 위나라의 영구성이다. 역도원과 호삼성이 말한 바와 같이 연과 위나라의 영구성은 모두 유수 하류 동쪽 기슭에 있으니 당연히 한 지역이다. 대체로 전연에 군을 설치하고 후에 폐지되었다가 북위 때 다시 회복되었는데, 군치는 여전히 모용씨의 고성으로 현 이름만 바뀌었을 뿐이다. 현재 지역으로 고찰하면 대릉하 하류의 동쪽으로 지금 요녕성 의현의 동남, 금현의 동쪽이며, 그 남쪽은 바다에 가깝다. 또한 영구군의 위치는 전한 시기 요동 지역에 있었으나, 후한 시기에는 요동속국의 속지(유수 서안으로 바다에 닿아 있는 곳은 한대 창려현, 즉 요동속국도위의 치소이고 또한 위, 진 창려군치이며, 영구군치는 그 서쪽에 있었다. 그 동쪽은 한대의 험독과 접해 있으며, 또한 요동속국의 현을 거느렸으므로 요동속국의 영지라는 것을 알 수 있다)에 해당한다. 그러므로 여기에 부록으로 소개한다.	현치는 확정할 수 없으나 영구군치 무녕 부근일 것이다. 지금의 대릉하 주변 지역이다.	영구군치 부평(富平) 부근일 것이다.

현도군(玄菟郡)

무제가 조선을 멸망시키고 원봉 3년(기원전 108년)에 군을 설치하였다(『사기』, 「조선전」, 『한서』, 「무제기」 및 「조선전」에 모두 원봉 3년에 군을 설치하였다고 되어 있는데, 「지리지」에는 4년으로 되어 있다. 그런데 [현도]군은 낙랑군과 같이 설치되었는데, 「지리지」에 낙랑군은 원봉 3년에 설치되었다고 하니 여기에서 4년은 3년의 오류라는 것을 알 수 있다).

처음 치소는 옥저(沃沮)에 있었으나 후에 이족(夷族)과 맥족(貊族)이 번갈아 침입하자 치소를 고구려로 옮겼다(『삼국지·위지』, 「동이전」). 소제(昭帝) 시원(始元) 5년(기원전 82년) 임둔군을 철폐하고 낙랑군과 현도군에 나누어 귀속시켰다(『삼국지·위지』, 「동이전」). 전한 시기에는 3개의 현을 관할하며 유주(幽州)에 속하였다. 후한 안제(安帝, 재위 106년~125년) 즉위 해에 요동의 3개 현을 분리해서 이속시켜 모두 6개 현을 관할하였다. 한나라 말기 공손강이 현도군을 요동 동북 2백 리에 옮기고 구려현을 교치(僑置)하여 군의 치소로 삼았다(오증근, 『삼국군현표』, 「고구려 하고석」에 의함).

위나라 시기에는 변함없다가 경초 2년(238년) 평주(平州)를 설치하고 군을 속하게 하였다가 다시 유주와 합쳤다(『진서』, 「지리지」). 한나라 옛 현 2개를 관할하다가 요동의 1개 현을 소속시켜 3개 현을 관할하였다. 진(晉)나라 함녕(咸寧) 2년(400년), 평주를 설치하고 군을 다시 소속시켰다(『진서』, 본기에 태시(泰始) 10년(274년), 평주를 설치하였다고 한다. 이는 「지리지」에 의거한다]. 평주를 처음 설치하고 모용외를 자사로 삼았다. 영가의 난 이후 현도군은 마침내 전연으로 들어갔다. 전진·후연·북연을 거치면서 관할하는 현은 모두 위나라 시기와 같아서 늘거나 줄지 않았다(『십육국강역지』에 의거함). 북위가 건국된 후에 현도군은 마침내 사라졌다.

전한	고구려, 군치
후한	고구려
위	고구려
진	고구려
전연	고구려
전진	고구려
후연	고구려
북연	고구려
북위	
북제	
수	
비고	『한서』「지리지」현도 고구려하 주석에 의하면, "요산(遼山)은 요수가 나오는 곳으로 서남쪽으로 요대(遼隊)에 이르러 대요수로 들어간다. 또한 남쪽으로는 소수(蘇水)가 있어 서북으로 장성 밖을 지난다"라고 한다. 생각하건대, 『한서』「지리지」의 요수는 즉 소요수를 지나므로 지금의 혼하(渾河)이다. 『대청일통지』의 진풍 등 제 학자의 설과 대체로 동일하다. 다만, 남쪽의 소수에 대한 설명은 서로 다르다. 『대청일통지』에 의하면 고구려의 고성은 현재의 흥경성(興京城) 북쪽에 있었는데, 성 북쪽 반리의 소자하(蘇子河)가 남소수에 해당한다고 한다. 『삼국지·위지』「동이전」에 의하면 "고구려는 요동 북쪽 천리에 있다"(『후한서』「동이전」도 동일)고 하는데, 흥경성에서 한나라 요동군치와의 거리는 3백 리가 되지 않으니 『삼국지·위지』의 기록과는 맞지 않는다. 양수경도에는 지금의 송화강을 남소수라고 하고, 전한 시기 고구려의 고성은 지금 길림성 화전현(樺甸縣)의 휘발하(輝發河)가 만나는 송화강의 동남, 송화강이 휘어 돌아서 서북으로 흐르는 곳에 위치한다고 하는데, 『삼국지·위지』「동이전」의 기록과 대체로 합치한다. 또한『속한지』유소(劉昭, 생몰연대 미상, 남조 양나라)의 주석에 요동군은 낙양 동북 3천6백 리에 있고 현도군은 낙양 동북 4천 리에 있으며, 현도군치와 낙양의 거리가 겨우 요동보다 4백 리 멀다고 하니 「동이전」의 기록과 부합하지 않는 것 같다. 생각하건대, 유소의 주석은 단지 두 지역에서 낙양까지의 거리를 서술한 것일 뿐으로 현도, 요동의 두 군치가 고구려는 더욱이 양평(襄平)의 동북쪽에 있으니, 서로의 거리는 실제 족히 천리는 된다고 할 수 있다[또한 승조(承祚)[39]가 천 리라고 한 것 역시 정수(整數)를 들어 언급했을 뿐이다]. 유소의 주석과 『삼국지·위지』는 결코 어긋나는 것은 아니다.

또한 오증근, 『삼국군현표』 권5 「현도군고」에 의하면 "『삼국지·위지』「동이전」에 '한나라 무제 시기 현도군의 군치는 옥저성이나 후에 이족과 맥족의 침략으로 군치를 구려의 서북으로 옮겼는데, 고구려 동쪽 천여 리이다'라고 한다. 영제(靈帝) 건녕(建寧) 2년(169년) 구려왕 백고(伯固)[40]가 요동에 항복하였다. 희평(熹平) 연간(172년~177년) 백고가 현도에 속하기를 청하였다. 『자치통감』에 '정룡(靑龍) 원년(233년), 공손연이 오(吳)나라 사절 진단(秦旦) 등 60인을 현도에 구금하였는데, 현도는 요동 200리에 있었다'[41]라고 한다. 호삼성 주석에 의하면 '이는 현도의 옛 치소가 아니다'라고 한다. 이에 의거하면 한나라 말기 현도는 이미 요동으로 옮긴 것이다. 「동이전」을 고려하면 '공손강이 구려를 격파하고 읍락을 불태웠기 때문에 구려왕 이이모(伊夷模)[42]가 다시 새로운 나라를 세웠는데, 왕의 동생 발기(拔奇)[43]가 공손강을 찾아 투항해서는 비류수에 거주하였다. 이 때 현도군은 거듭 외침을 받았기 때문에 요동 부근으로 이주하였으며, 또한 발기의 투항으로 구려를 교치하여 군치로 삼은 것이다'라고 한다. 고구려현을 안으로 옮긴 이후 요동과의 거리는 2백 리에 불과하였는데, 『수경』소요수편에 "고구려현은 요산에 있으며, 소요수가 나오는 곳이다"라고 한다. 『사고제요(四庫提要)』에서는 『수경』의 작자를 삼국시대 사람으로 인정하고 있다. 그러므로 고구려로 치소를 옮겼을 때에도 여전히 요산(遼山) 및 소요수원(小遼水源)을 현에 연결하였다. 역도원(酈道元)은 『수경주』에 북위 시기 치소를 옮긴 지 이미 오래되며, 또한 요산의 요수원은 고구려에 속하는데, 고구려가 서쪽으로 이주한 후에 그 고성이 요산 소요수의 발원지와 그다지 멀지 않다는 것을 알았다고 한다. 양수경도는 혼하 발원지의 동쪽은 현재 요녕성 개원(開原)의 남쪽이고, 철령(鐵嶺)의 동남쪽에 위치하니 심양의 동북이 거의 이와 가깝다고 하였다. |

전한	상은대(上殷臺), 왕망은 하은대로 변경	서개마(西蓋馬), 왕망은 현도정(玄菟亭)으로 변경
후한	상은대	서개마, 『속한지(續漢志)』에는 서개오(西蓋烏)라고 함(註)
위	폐지	폐지
진		
전연		
전진		
후연		
북연		
북위		
북제		
수		
비고	현재의 위치는 알 수 없다.	『한서』, 「지리지」 서개마하 주에 의하면 "마자수는 서북으로 염난수(鹽亂水)로 들어가며, 서남으로 서안평에 이르러 바다로 들어간다"고 한다. 『대청일통지』에 의하면 "마자수는 즉 압록강이며, 염난수는 동가강(佟家江)이다. 압록강은 장백산(백두산) 서남에서 나와 조선국 산양공성(山陽公城)으로 흐르다가 동가강으로 들어간다"고 한다. 즉 서개마는 산양공성 동남에 해당한다. 양수경도의 위치는 이와 합치한다. 『대청일통지』에서 말하는 한나라의 개마는 즉 현재 개평현(蓋平縣)으로 요동 동부 해변에서 멀리 떨어진 곳이니 현도군이 어찌 경계를 초월해서 멀리까지 관할할 수 있었겠는가? 대체로 타당하지 않다. (註) 제소남(齊召南)[44]은 "본서에서 동옥저는 고구려 개마대산의 동쪽에 있으므로 이를 오(烏)로 잘못 적은 것으로 안다"라고 말한다.

---

39) 삼국지를 편찬한 진수의 자이다.

40) 고구려의 제8대 군주 신대왕(新大王)의 이름이다.

41) 오나라의 손권은 공손연과 결탁하여 위나라를 견제하고자 하였다. 공손연 역시 당초 오나라에 신하를 칭하자, 손권은 장미(張彌), 허안(許晏) 등을 사신으로 보내 진귀한 보물을 보내고 공손연을 세워 연왕(燕王)으로 삼았다. 그러나 공손연은 손권이 멀리 있어 의지할 수 없음을 염려하여 장미와 허안 등을 참수하여 그 수급을 위나라에 보내고, 수행원으로 따라온 진단 등 60여 명을 현도에 구금하였다. 진단 등은 이후 고구려로 탈출하여 동천왕의 도움으로 오나라로 돌아갔다.

			동요(東遼)	
전한			동요(東遼)	
후한	고현(高顯), 예전 요동에 속함.	후성(候城), 예전 요동에 속함.	요양(遼陽), 예전 요동에 속함.	
위	고현	폐지	폐지	망평(望平), 예전 요동에 속함. (註)
진	고현			망평
전연	고현			망평
전진	고현			망평
후연	고현			망평
북연	고현			망평
북위				
북제				
수				
비고	현재의 요녕성 개원현(開原縣)일 것이다.	현재 요녕성 심양현 북쪽에 있었을 것이다. 자세한 내용은 『요동군후성하고석(遼東郡候城下考釋)』 참조	고성은 현재의 요녕성 심양현 서북에 있는데, 심양 사이의 경계로 양수(梁水)와 혼하(渾河)가 서로 만나는 지점이다.	현재 요녕성 철령현이다. (註) 오증근, 『삼국군현표』 권5에 의하면 "『진서』, 「지리지」에 현도에 속한다고 하는데, 아마 위나라가 공손연을 격파한 후에 이주시킨 것으로 보인다"라고 한다.

---

42) 신대왕 백고의 둘째 아들로 고구려 제9대 군주 고국천왕이다.

43) 신대왕 백고의 첫째 아들로 고국천왕의 형이다. 왕에 즉위하지 못하자 무리를 이끌고 공손강에 투항하였다.

44) 제소남(1703년~1768년)의 자는 차풍(次風), 호는 경대(瓊台)로 절강성 천태현 사람이다. 청대 지리학자로 『대청일통지(大淸一統志)』 편찬에 참여하였으며, 『수도제강(水道提綱)』을 비롯한 많은 저술을 남기고 있다.

낙랑군(樂浪郡)

무제가 조선을 멸망시키고 원봉(元封) 3년에 군을 신설하였으며(후한 시기에는 유주에 속함), 치소는 조선현이다. 소제(昭帝) 시원(始元) 5년 임둔과 진번을 폐지하고 [낙랑군에] 소속시켰다(『한서』, 「소기」 및 『삼국지·위지』, 「동이전」). 25개 현을 관할하였다(『한서』, 「지리지」). 후한 건무 6년(30년) 도위관(都尉官)을 혁파함에 따라 단단대령(單單大領) 동쪽의 동부도위가 관할하던 7개 현이 폐지되어(『삼국지·위지』, 「동이전」), 모두 18개 현을 관할하게 되었다.

헌제(憲帝) 건안(建安) 연간, 공손강(公孫康)이 둔유현(屯有縣) 이남의 7개 현을 분리해서 대방군(帶方郡)을 설치하고(『삼국지·위지』, 「동이전」), 5개 현을 폐지하여 무릇 6개 현을 관할하게 하였다. 위나라는 이를 답습하였다. 경초 2년 평주(平州)를 설치하고 [낙랑]군을 소속시켰다가 곧 다시 유주로 통합하였다[『진서』, 「지리지」 및 『독사방여기요』에서 인용한 『전략(典略)』에 의거].

진나라 시기 관할하는 현은 예전과 같았는데[함녕 2년, 『진서』, 「본기」에는 태시(泰始) 10년으로 되어 있다], 평주를 설치하고 [낙랑]군을 다시 소속시켰다. 모용외가 평주자사가 되어 마침내 그 지역에 있으니 다시 군치를 요동으로 옮겼다[홍량길은 말하길 "『진서』에 장통(張統)이 모용외에게 투항하자 모용외는 낙랑군을 설치하고 장통을 태수로 삼았다고 한다. 이에 의하면 군 및 현은 모두 한대 낙랑의 옛 지역이 아니다"라고 한다. 생각하건대, 낙랑군을 설치한 것은 아마도 요동에 낙랑군의 치소를 설치하였을 뿐으로 요동에 다시 [낙랑군을 설치]한 것이 아니라 군읍을 교치(僑置)한 것에 불과하다. 군치를 요동으로 이주한 후 소재지는 지금도 명확하지 않다]. 전연에서 전진, 후연, 북연을 거치면서 증감된 바가 없다(홍량길, 『십육국강역지』에 의거). 북위 시기 [낙랑]군을 상실한 후 한대 요서군 지역에 교치하여 연성을 다스리고 2개 현을 관할하게 하였다(「지형지」). 북제시기 폐지하였다.

전한	조선, 군치
후한	조선
위	조선
진	조선
전연	조선, 군치를 요동으로 이주
전진	조선
후연	조선
북연	조선
북위	북위시기 군을 상실, 비여에 현을 교치하고 북평군에 소속시켰다.
비고	양수경, 『회명헌고(晦明軒稿)』, 「왕험성고(王險城考)」에 의하면 『사기』, 『한서』 모두 조선왕 위만이 왕험에 도읍했다고 한다. 신찬(臣瓚)에 의하면 '왕험은 낙랑군 패수의 동쪽에 있다'라고 한다. …… 생각하건대, 신찬이 말하는 패수의 동쪽이란 틀림없이 그 성이 패수가 동남쪽으로 굽어 흐르는 곳에 있기 때문에 남쪽이라고 하지 않고 동쪽이라고 한 것이다. 동쪽이라고 한 것에서 패수의 북쪽은 아니라는 것을 알 수 있다. 그런데 『수경주』에 '왕 위만이 왕험성에 도읍했다'고 하는 것에서 지금 고구려의 국도는 패수의 북쪽에 있었다는 것이다. 따라서 평양성은 바로 왕험성이다. 때문에 『괄지지(括地志)』⁴⁵⁾에 '평양성은 바로 왕험성으로, 고조선이다'라고 한 것이다. 『후한서』 주석에 '왕험성은 평양이다'라고 한다. 이후에도 전거로 삼을 만한 것이 적지 않다. 필자는 『사기』와 『한서』의 「조선전」을 읽고서 왕험성은 패수의 남쪽으로 평양성은 왕험성이 아니라는 사실을 알았다. 여기에는 네 가지 증거가 있다. 패수는 현재의 대동강이고 평양은 대동강의 북쪽에 있으므로 『사기』와 『한서』에서 모두 말하듯이 위만이 패수를 건너 왕험에 도읍했다고 하는 것이 첫 번째 증거이다. 누선장군(樓船將軍) 양복(楊僕)이 제(齊)에서 바다를 건너 열구(列口)에 도착하였고, 좌장군 순체(荀彘)는 요동을 나왔으니, 누선장군은 수로를 통해 남쪽을 공략하고, 좌장군은 육로를 통해 그 북쪽을 공략한 것이다. 누선장군이 먼저 왕험에 이르렀으나 전투에 패해 산중으로 달아났다. 나아가고 물러남에 모두 패수를 건넜다고 언급하지는 않았다. 좌장군은 조선의 패수서군을 공격하였는데, 순체와 조선이 싸운 곳 또한 패수의 서쪽으로 아직 왕험성에 이르지 못한 것이니, 이것이 두 번째 증거이다. 우거가 항복을 원하고 태자를 파견해서 들어가 용서를 빌게 하였으나, 바야흐로 패수를 건널 즈음에 태자가 좌장군을 의심해 살해하고는 마침내 패수를 건너지 않고, [군사를] 돌려서 귀환하였다고 하니 이것이 세 번째 증거이다. 무제가 조선을 멸망시키고 4군을 설치하였는데, 낙랑군치의 이름이 바로 조선이므로 이는 왕험 고성임을 알 수 있다. 조선이 멸망한 후에 고구려가 비로소 흥하여 환도성에 도읍하였다. 삼국 시기 관구검에 패하여 왕(동천왕)은 남옥저로 달아났다. 위나라 군사가 물러나자 도읍지를 평양으로 천도하였다. 그때 낙랑과 대방은 모두 위나라의 속군이었으며, 고구려는 크게 패배한 나머지 군치를 탈취할 여지가 없었을 것이므로 이는 평양성이 왕험성이 아니었음을 말해주는 것이다"라고 언급하고 있다. 근래 일본인 학자 하라다 요시토(原田淑人)는 낙랑에 대한 발굴조사 보고에서 다이쇼(大政) 2년(1913년) 이래 대동강 남쪽 기슭 평양부에서 서남으로 1리 반의 토성에서 '낙랑태수장(樂浪太守章)', '조선우위(朝鮮右尉)', '단감장인(誚邯長印)' 등 세 개의 봉니(封泥)⁴⁶⁾가 나왔으며, '낙랑예관(樂浪禮官)', '낙랑부귀(樂浪富貴)', '대진원강(大晉元康)' 등의 명문이 들어간 와당이 출토되었다고 한다. 근래 또한 '점선장인(黏蟬長印)', '장잠장인(長岑長印)', '증지장인(增地長印)', '혼미장인(渾彌長印)', '낙도장인(樂都長印)' 등 5개 속현의 봉니가 출토되어 토성이 낙랑군치인 조선의 유적지라는 사실이 인증되었다. 나아가 양수경의 설은 조선현이 패수 남쪽에 있었다는 사실을 충분히 증명하고 있다.

---

45) 당대 초기 위왕(魏王)으로 책봉된 이태(李泰)가 편찬한 지리서이다. 『한서』, 「지리지」와 고야왕(顧野王) 『여지지(輿地志)』 두 서적의 편찬상의 특징을 계승하여 새로운 지리서 체제를 창립하였다

전한	단감(誚邯)	패수(浿水), 왕망은 낙선정(樂鮮亭)으로 변경
후한	단감	패수
위	폐지	폐지
진		
전연		
전진		
후연		
북연		
북위		
비고	현재 위치는 알 수 없다.	『한서』 「지리지」 패수하 주석에 의하면 "수서(水西)는 증지(增地)에 이르러 바다로 들어간다"고 한다. 『수경』 「패수」 편에 의하면 "패수는 루방(鏤方)을 나와서 동남쪽으로 임패현(臨浿縣)을 지나서(왕선겸은 여러 지방지에 이 현이 없는 것으로 보아 아마 패수현의 오류가 아닌가 한다) 동쪽으로 바다로 들어간다"고 한다. 역도원, 『수경주』에 의하면 "허신(許愼)은 말하길 '패수는 루방을 나오는데, 어떤 곳에서는 패수현을 나온다고 한다'고 한다. 『십삼주지(十三注志)』에 의하면 '패수현(浿水縣)은 낙랑의 동북에 있고 루방현(鏤方縣)은 [낙랑]군의 동쪽에 있다.' 대체로 그 현의 남쪽을 벗어나서 루방을 지난다. 예전 연나라 사람 위만은 패수의 서쪽으로 해서 조선에 이르렀으며, 양복(楊僕)과 순체(荀彘)는 패수에서 우거왕을 격파하고 마침내 멸하였다. 만약 패수가 동으로 흘렀다면 패수를 건널 수 없었을 것이니, 그 패수는 서쪽으로 조선을 지나 서북쪽으로 흘렀을 것이다. 그러므로 『한서』 「지리지」에서 말하길 '패수는 서쪽으로 증지에 이르러 바다로 들어간다'라고 한 것이다(생각하건대, 증지는 조선의 서남쪽에 있는데, 역도원, 『수경주』에서 서북쪽으로 흐른다고 한 것은 마땅히 서남쪽으로 흐른다는 것의 오류이다). 또한 한(漢)이 일어났을 때 조선이 멀어 요동(遼東)의 옛 성을 수리하여 패수를 경계로 삼았다. 이를 고찰해 보면 지금은 옛날과 서로 어긋남이 있는데, 대체로 수경이 잘못되었음을 증명하는 것이다'라고 한다. 생각하건대, 『수경주』의 설이 옳다. 『십삼주지』에 의하면 고성은 마땅히 현재의 조선 평양성 동북에 있어야 하며(한대 조선현은 현재의 평양성 남쪽에 있다), 대동강(한나라의 패수)의 발원처이다. 그 땅은 현재 조선 영흥 서쪽, 양덕(陽德)의 남쪽에 해당한다.

고 하며, 후에 등장하는 『태평환우기(太平寰宇記)』 등의 선구가 되었다고 한다. 전부 550권으로 구성되어 각 주 현의 연혁, 지리, 고적, 전설 등 중요한 역사적 사건 등을 기술하고 있으며, 남북조시대의 귀중한 지리서 등을 많이 인용하고 있다고 한다. 다만, 대부분 소실되어 현재는 『괄지지집교(括地志輯校)』 4권, 약 13만자만 남아 있다.

46) 고대 낙랑군에서 공문서를 봉함하기 위하여 묶은 노끈의 이음매에 붙이는 인장을 눌러 찍은 점토덩어리를 말한다.

전한	함자(含資)	점선(黏蟬)	수성(遂城)
후한	함자, 『속한지』에는 탐자(貪資)라고 되어 있다.	점선(占蟬)	수성
위	대방으로 이동	폐지	수성
진			수성
전연			수성
전진			수성
후연			수성
북연			수성
북위			
비고	『한서』, 「지리지」 함자현(含資縣)하 주석에 의하면 "대수(帶水)는 서쪽으로 대방에 이르러 바다로 들어간다"라고 한다. 진풍(陳豊)은 말하길 "대동강 남쪽에는 구금산수(駒䒟山水)가 있고, 또한 남으로 임진강수(臨津工水)가 있는데, 원류(源流)는 500리이다. 무릇 「지리지」에서 천리를 간다는 물은 대략 지금의 600리에 해당한다. 열수(列水)는 820리를 간다고 하는데 바로 지금의 500리에 해당하니 아마도 임진강일 것이다. 대수는 길이를 언급하고 있지 않으나 그 물길이 짧은 것으로 보아 구금산수가 아닐까 생각한다"라고 한다. 생각하건대, 진풍의 설이 가까운 것 같다. 다만 구금산수는 서쪽으로 굽어서 남으로 흐르니 「지리지」에서 언급하는 "서쪽으로 흘러 바다로 들어간다"는 설과는 맞지 않는다.『대청일통지』에 대수는 웅진강(熊津江)이라고 하는데, 양수경은 이에 근거해서『전지도(前志圖)』,『속지도(續志圖)』및『회명헌고(晦明軒稿)』, 왕사택(汪士澤)의『한지석지박의(漢志釋志駁議)』에 보인다]. 함자는 웅진강 원류의 좌우, 대동강의 남쪽에 위치한다고 하니 비교를 통해 알 수 있다.	『한서』, 「지리지」 탄열(呑列)하 주석에 의하면 "열수는 점선(黏蟬)에 이르러 바다로 들어간다"고 한다. 생각하건대, 열수는 지금 조선의 임진강이다[『함자하고석(含資下考釋)』에 상세하다]. 지금 임진강은 조선의 풍덕현(豊德縣)에 이르러 바다로 들어가는데, 점선 고성은 마땅히 그 부근에 있었을 것이다.	양수경도(楊守敬圖)에는 소재지가 상세하지 않다.『진서』, 「지리지」에 "진나라가 장성을 쌓기 시작한 곳이다"라고 한다. 생각하건대, 『사기』, 「몽염전」에 "장성 축조는 임조(臨洮)에서 시작해서 요동에 이르렀다"고 한다.『한서』, 「조선전」에 "진나라가 연나라를 멸하자 요동의 외요(外徼)에 속하게 되었다. 한나라가 흥하자 너무 멀어 수비하기 어려우므로 요동의 옛 요새를 수복하고 패수에 이르러 경계를 삼았다"라고 한다. 그러므로 패수(현 대동강) 서북쪽은 모두 진나라 요동의 속지였다. 수성현은 진나라 장성이 시작된 곳임으로 당연히 패수에 있으며, 북쪽으로는 진나라 요동군을 경계로 하였다. 그 후 위만이 군사의 위세와 재물로 주변의 소읍을 침략하여 항복시키니 수성현은 바로 이때 조선에 편입되었다. 무제가 조선을 멸망시키고 그 지역이 낙랑에 인접해 있으므로 개편해서 낙랑군에 속하게 하였다. 현재는 비록 그 지역이 어디인지는 확실히 알 수 없지만, 대체로 패수(대동강)의 서북쪽, 현도군의 서남쪽으로 현재 조선 평안북도 지역에 해당한다고 하겠다.『대청일통지』에는 지금 평양의 남쪽에 있었다고 하는데, 거의 사라졌다.

	증지(增地), 왕망은 증토(增土)로 변경	대방(帶方)	사망(駟望)	해명(海溟)	열구(列口)	장잠(長岑)	둔유(屯有)
전한	증지(增地), 왕망은 증토(增土)로 변경	대방(帶方)	사망(駟望)	해명(海溟)	열구(列口)	장잠(長岑)	둔유(屯有)
후한	증지	대방	사망	해명	열구	장잠	둔유
위	증지	대방군으로 이속	사망	대방군으로 이속	대방군으로 이속	대방군으로 이속	둔유
진			사망				둔유
전연			사망				둔유
전진			사망				둔유
후연			사망				둔유
북연			사망				둔유
북위							
비고	『한서』, 「지리지」 패수현하 주석에 의하면 "패수는 서쪽에서 증지에 이르러 바다로 들어간다"고 한다. 생각하건대, 현재 조선의 대동강은 즉 예전의 패수인데, 현재 대동강은 조선 삼화성(三和城)에 이르러 바다로 들어가니 곧 한나라 증지현에 해당한다.	『한서』, 「지리지」 함자현하 주석에 의하면 "대수(帶水)는 서쪽으로 대방에 이르러 바다로 들어간다"고 하니 즉, 대방은 평양 서남쪽에 해당하며, 웅진강(즉 대수)이 바다로 들어가는 곳의 좌우는 현재 조선 한성(서울)의 서남쪽이다.	현재 위치는 알 수 없다.	양수경『전한도』주석에 의하면 "위나라는 둔유 이남에 대방군을 설치하였는데, 『진서』, 「지리지」에 의거해 보면 대방, 열구, 탐열, 장잠, 제계, 함자, 해명 7현은 모두 낙랑 이남에 있다"라고 하니 마땅히 평양 서남에 있었을 것이다.	진풍의 설에 따르면 열수는 임진강(『함자하고석』에 보임)이며, 열구는 임진강이 바다로 들어가는 입구라고 하니 마땅히 평양 서남에 있었을 것이다.	둔유 이남에 있었으나(『해명하고석(海溟下考釋)』참조), 현재 위치는 알 수 없다.	『삼국지·위지』, 「공손탁전」에 의하면 "공손탁은 둔유 이남을 나누어 대방군을 설치하였다"고 하는데, 둔유는 여전히 낙랑에 속하였으므로 둔유는 마땅히 낙랑의 남쪽 경계에 있었을 것이다.

전한	소명(昭明),남부도위치	루방(鏤方)	제해(提奚)	혼미(渾彌)	탄열(呑列)
후한	소명	루방	제해	혼미	낙도(樂都)(註)
위	소명	루방	대방군으로 이속	혼미	대방군으로 이속
진	폐지	루방		혼미	
전연		루방		혼미	
전진		루방		혼미	
후연		루방		혼미	
북연		루방		혼미	
북위					
비고	양수경,『전지도』에 의하면 "소명은 남부도위치로 낙랑의 남쪽에 있었다는 사실은 의심의 여지가 없다"라고 한다.	『수경』 패수 주석에서는 『십삼주지(十三州志)』를 인용해서 "루방현은 낙랑군의 동쪽에 있다"고 한다. 낙랑군의 치소가 조선현에 있었다는 것을 감안하면 현재 평양 대동강의 남쪽 기슭에 있었을 것이다. 루방은 마땅히 평양의 동쪽에 있었을 것이다.	둔유의 남쪽에 있었으나(『해명하고석』에 의거), 현재의 위치는 알 수가 없다.	현재 위치는 알 수 없다.	(註)『속한지』에는 낙도(樂都)가 있으나, 『한서』,「지리지」에는 없다. 사종영(謝鍾英)에 의하면 "『한서』,「지리지」의 탄열은 곧 후한의 낙도"라고 한다(『삼국강역지보주』). 양수경『전한도』자주(自注)에 대방군의 속현을 헤아리면 탄열에 이른다고 하니, 이는 사종영의 설과 동일하다. 생각하건대, 탄열의 위치는 위나라 때는 당연히 대방의 속지였다. 이제 사종영과 양수경의 설에 따라 탄열로 명칭을 변경해야 한다. 『한서』,「지리지」 탄열현하 주석에 의하며 "여산(黎山)의 열수가 갈라져 나오는 곳이다"라고 한다. 진풍의 설에 따르면 열수는 임진강임으로 탄열현은 여산을 나누는 임진강의 발원처일 것이다. 고성은 현재 조선의 평양 동남쪽에 있었으며, 강원도와 경계하고 있었을 것이다.

전한	동이(東暆)
후한	폐지
위	
진	
전연	
전진	
후연	
북연	
북위	
비고	양수경은 『회명헌고·한지석지박의』에서 "『후한서』, 「동이전」에 의하면 '소제(昭帝) 시원(始元) 5년(기원전 82년), 임둔과 진번을 폐지하고 낙랑과 현도에 병합하였다'라고 한다. 현도는 다시 고구려로 옮겨갔다. 단단대령(單單大領) 동쪽의 옥저와 예맥은 모두 낙랑에 속하였다. 후에 경계 안의 영토가 매우 넓어지자 영동(嶺東)의 7개 현을 나누어 낙랑 동부도위를 설치하였다. 건무(建武) 6년(30년) 도위관을 폐지하고 마침내 영동의 땅을 방기하였다. 지금 『속한지』를 『한서』, 「지리지」와 비교하면 낙랑군에는 동이(東暆), 불이(不而), 잠태(蠶台), 화려(華麗), 야두매(邪頭昧), 전막(前莫), 부조(夫租) 등 7개 현이 없으므로 이 7개 현은 동부도위에 속한다는 것을 알 수 있다"라고 한다. 또한 『전한도』 자주(自注)에 "7개 현은 모두 낙랑군의 동쪽에 있는데, 화려, 옥저는 예전 현도에 소속되어 있어 이 2개 현은 다소 북쪽에 있고 불이, 야두매는 예맥의 땅으로 다소 남쪽이며, 동이 잠태, 전막은 그 중간에 있었을 것이다"라고 한다. 『한지석지박의(漢志釋地駁議)』에서 또한 말하기를 "현도의 치소는 고구려이며, 고구려는 조선(낙랑군치)의 북쪽에 있다 …… 『한서』, 「무제기」에 신찬(臣贊)은 무릉서(茂陵書)를 인용하여 '임둔군의 치소는 동이현으로, 장안(長安)에서 6,138리 떨어져 있으며, 15개 현이 있다. 진번군의 치소는 삽현(霅縣)으로 장안에서 7,640리 떨어져 있으며, 15개 현이 있다'라고 한다. 진번군은 현도에서 천리나 멀리 떨어져 있었던 것이다. 『한서』, 「지리지」에 동이는 낙랑에 속한다고 하는데, 『속한지』에는 이러한 사실이 없다. 대체로 단단대령 동쪽은 동부도위에 속하였는데, [후한] 광무제 시기에 방기하였다. 임둔은 낙랑의 동쪽임을 알 수 있다. …… 종합적으로 말하면 현도가 가장 북쪽이고, 낙랑은 현도의 남쪽, 임둔은 낙랑의 동쪽이다"라고 한다. 생각하건대, 동이현은 예전 임둔군의 치소로서 마땅히 현도의 속현인 화려와 옥저의 남쪽, 낙랑군의 동쪽에 있었을 것이다.

	불이(不而), 동부도위치	잠태(蠶台)	화려(華麗)
전한	불이(不而), 동부도위치	잠태(蠶台)	화려(華麗)
후한	폐지	폐지	화려, 『속한지』에는 없다. (註)
위			폐지
진			
전연			
전진			
후연			
북연			
북위			
비고	양수경에 의하면 『수서』, 「외국전」에 신라가 옥저, 불이, 한예(韓穢) 지역을 겸병하였다. 『한서』, 「지리지」에서 언급하는 불이는 동부도위의 치소로 이것으로 불이가 낙랑의 동쪽에 있었다는 것은 의심할 여지가 없다고 생각한다. 『삼국지』, 「동이전」에 의하면 '예(濊)는 남쪽으로 진한, 북쪽으로는 고구려, 옥저와 접해 있으며 동쪽으로는 큰 바다에 닿아 있다'고 한다. 또한 말하길 '단단대령 서쪽[개마대산(蓋馬大山)일 것이다]으로부터 낙랑에 속하고 영동(嶺東)의 7개 현은 도위가 주관하며 모두 예(濊)라고 하였는데, 지금 불내예(不耐濊)는 모두 그 종족이다'라고 한다. 또한 말하길 '정시(正始) 6년(245년), 낙랑태수 궁준(弓遵)[47]은 영동의 예가 고구려에 복속하자 군사를 일으켜 정벌하니 불내후(不耐侯) 등의 모든 읍락이 항복하였다. 8년(247년) 다시 불내예왕이 배알하였다'고 한다. 여기에서 불내가 예의 한 읍락이었다는 사실은 의심할 여지가 없다. 『대청일통지』에 지금 조선국 함흥부 북쪽에 있다"라고 한다(『회명헌고』, 「한지석지박의」).	양수경의 설에 의하면 낙랑의 동부도위에 속하므로 마땅히 옛 현도의 속현인 옥저와 화려의 남쪽이며, 불내·야두매의 북쪽에 있었을 것이라고 한다. 대개 불내·야두매는 양수경에 의하면 예맥 지역(두 현의 하고석에 나누어 보인다)이고, 복건(服虔)[48]의 주석에 의하면 예맥은 진한의 북쪽에 있고 예맥은 남으로 진한과 경계를 접하고 있으니, [잠태]현이 그 남쪽에 있을 리가 없다. 그러므로 그 지역은 필히 불내·야두매의 북쪽에 위치하였을 것이라고 한다.	양수경에 의하면 『후한「구려전」에 '원초(元初) 5년(118년)[49], 예맥과 함께 현도를 침략하여 화려성(華麗城)을 공격하였'고 한다. 여기에서 화려는 처음에는 본래 현도의 속현이었다"라고 한다(『회명헌고』, 「한지석지박의」). 화려는 양수경에 의하면 낙랑군 동부도위에 속한다. 또한 일찍이 현도군의 속현이었으므로 마땅히 낙랑군의 동쪽에 있었으며, 동이 등 여러 현의 북쪽에 있었을 것이다. 현재의 위치는 알 수 없다. (註) 왕선겸에 의하면 "『삼국지·위지』, 「동이전」에 '원초 5년 고구려왕 궁이 현도를 침략하고 화려성을 공격하였'다고 하니 [화려]현은 실제로 존재하였던 것이다.

전한	야두매(邪頭昧)	전막(前莫)	부조(夫租), 즉 옥저(沃沮)
후한	폐지	폐지	폐지
위			
진			
전연			
전진			
후연			
북연			
북위			
비고	양수경에 의하면 "맹강(孟康)은 '매(昧)의 음은 말(秣)'이며, 설문에는 위야두국(葳邪頭國)이 있다'고 말한다. 진작(晋灼)은 '위(葳)의 옛 글자는 예(濊)로, 예와 매의 음은 서로 비슷하다'고 말한다. 이로써 야두매는 설문의 위야두국이자 또한 예맥국일 것이다. 복건은 말하길 '예맥은 진한의 북쪽, 고구려와 옥저의 남쪽에 있었다'라고 하니, 이 지역은 지금 조선의 강릉부(江陵府)와 충주 사이일 것이다"라고 한다(『회명헌고』, 「한지석지박의」).	전막현은 양수경의 설에 의하면 낙랑 동부도위에 속하며, 낙랑군 동부에 있었는데, 그 땅은 화려, 옥저의 남쪽이고 불이, 야두, 예의 북쪽에 해당한다. 현재의 위치는 알 수 없다.	양수경은 『후한서』, 「동옥저전」에 '무제가 조선을 멸망시킨 후 옥저 지역을 현도군으로 삼았는데, 후에 이맥(夷貊)의 침략을 받아 고구려 서북쪽으로 이주하였으며, 다시 옥저를 현으로 삼고, 낙랑동부도위에 속하게 하였다'(『삼국지·위지』 동일). 이 현도군의 처음 치소는 옥저이다"라고 한다[『자주금본한지(自注今本漢志)』낙랑에는 옥저현이 없고 부조현이 있는데, 이는 옥저의 오기임에 틀림없다]. 옥저는 처음에 현도에 속하였는데 후에 낙랑 동부도위에 속하게 된 것으로 생각한다. 낙랑의 동부에 있었으므로 임둔현의 치소인 동이의 북쪽으로 화려현과 서로 가까웠을 것이다.

---

47) 당시 낙랑태수는 유무(劉茂)이다. 궁준은 대방태수였다. 정시 6년(245년) 낙랑태수 유무는 대방태수 궁준과 함께 고구려에 복속하고 있던 예(濊)를 정벌하였던 것이다.

48) 복건(생몰연대 미상)은 후한 말기의 사람으로 자는 자신(子愼)이다. 하남성 영양현(榮陽縣) 출신으로 『춘추좌씨전』과 『한서』의 주석으로 유명하다.

49) 부사년의 원문에는 원화(元和) 5년으로 되어 있으나, 원초 5년의 오류이다.

대방군(帶方郡)

후한 건안(建安, 196년~220년) 연간 공손강(公孫康, 생몰년 미상, 공손탁의 아들)은 둔유현(屯有縣) 이남의 황무지를 나누어서 [대방]군을 설치하였다. 치소는 대방이며, 7개 현을 거느렸다(『삼국지·위지』, 「동이전」). 위나라는 이를 따랐다. 경초(景初) 2년(238년) 평주를 설치하여 [대방]군을 귀속시켰다가 다시 유주(幽州)로 합하였다(『진서』, 「지리지」 및 『독사방여기요』는 『전략(典略)』을 인용]. 진나라는 이를 따랐다. 함녕(咸寧) 2년(276년) 평주를 설치하고(『진서』, 「서기(書紀)」에는 태시(泰始) 10년으로 되어 있다], [대방]군을 다시 귀속시켰다. 모용외를 자사로 삼았는데, 영가의 난 이후 전연이 건국한 이래 그 지역은 전진, 후연, 북연을 거치면서 거느리는 현은 변함없었다. 북위 이후 마침내 그 지역을 회복할 수 없게 되었다.

위	대방,군치	열구(列口)	낙도(樂都)		장잠(長岑)	제해(提奚)	함자(含資)	해명(海溟)
진	대방	열구	남신(南新)		장잠	제해	함자	해명
전연	대방	열구	남신		장잠	제해	함자	해명
전진	대방	열구	남신		장잠	제해	함자	해명
후연	대방	열구	남신		장잠	제해	함자	해명
북연	대방	열구	남신		장잠	제해	함자	해명
비고	지금 조선 한성의 서남쪽에 위치하며 웅진강이 바다로 들어가는 곳 부근이다.	지금 조선 평양의 서남쪽이며, 임진강이 바다로 들어가는 입구이다.	사종영(謝鍾英)의 설에 의하면 낙도는 전한시기 탄열(呑列)의 이름이 바뀐 것으로 현재 조선 강원도 임진강의 발원지 부근이다.『진서』,「지리지」에 대방군에 남신(南新)은 있지만, 낙도는 없다고 한다. 왕사탁(汪士鐸)[50]은 말하길 "진나라 때 낙도를 남신으로 변경하였다"라고 하는데, 지금은 이를 따른다[왕사탁의 설은 『한지석지(漢志釋志)』에 보인다].	낙랑군 둔유현의 남쪽에 있었으나, 현재 위치는 알 수 없다.	좌동		지금 평양 동남쪽, 웅진강의 발원지 부근이다.	둔유현 남쪽에 있었으나, 지금 위치는 알 수 없다.

---

50) 왕사탁(1802년~1889년)은 청 말의 역사 지리학자로 『수경주도(水經注圖)』를 비롯한 많은 저술을 남겼다.

제 4 장

전한 위진 시기의 동북 속부

상. 사료

한(漢)·위(魏)·진(晉) 시기 동북 속부의 예속(禮俗) 문화는 『후한서』, 『위략(魏略)』(『삼국지·위지』 인용), 『삼국지·위지』, 『진서』에 모두 보인다. 여기에서 다시 통설을 순차적으로 나열하는 것은 독자에게 편리함을 줄 수는 있지만, 자못 착오를 불러일으킬 염려가 있다. 대체로 고대 사료는 편집하면 중요한 의미를 파악할 수 있지만, 편집을 거듭하게 되면 현안을 남겨두기가 쉽지 않다. 독자의 편의를 따르다 보면 사료를 손상시킬 수 있다는 것이 이 일의 가장 커다란 문제이다. 따라서 지금 사료를 모아 수록하기 전에 본문 아래에 지어(識語)[1]를 묶어서 적고 나머지 편집된 것은 그 뒤에 두겠다. 사료 옆에 표식을 추가한 것은 대체로 주의해야 할 만한 것으로, 필자가 분석한 것 중에 특히 두드러진 것이다(여러 사료 중 서로 같은 점은

---

1) 본문이나 서문·발문의 처음과 끝, 또는 전·후의 표지 안팎에 후대 사람이 서책의 입수 경위 등의 내력을 기술한 것으로 서책의 계보나 유래를 아는데 중요한 단서가 된다.

가장 앞에 보이는 것으로 한다).

그런데, 한, 위, 진 시기 동북 속부는 엄격하게 말하면 부여, 고구려, 구려, 옥저, 예맥이다. 나아가 그 의미를 확대하면 세시에 조공을 바친 삼한도 넣을 수 있지만, 읍루는 결코 중국의 속부가 아니라 중국의 속부인 부여의 속부일 뿐이다. 다만, 읍루를 포함해 제부(諸部)를 통합해서 논하지 않으면 곤란할 수 있으므로 그대로 둔다. 제부의 순서는 『후한서』에 의거한다.

또한 본장에서 발췌한 것은 대체로 『진서』까지를 대상으로 하고 있으나, 『위서』·『북사』의 「물길전」과 『후사』·『삼국지·위지』도 서로 밝히고 있으며, 또한 『북사』의 「백제 신라전」도 또한 그러하므로 아울러 첨부한다. 그리고 두 서적의 문구는 대동소이하니 아울러 기록하여 고찰하는데 편리하도록 하였다.

범엽의 『후한서』는 남조 송대의 사적(史籍)으로 『삼국지』 이후에 완성되었으나, 앞 사람[의 말]을 직접 기록하였기 때문에 가벼이 할 수 없다. 따라서 『삼국지·위지』 앞에 이를 수록한다.

서론[叙語]

『후한서』

(위 문장은 이미 앞에서 인용하였다.) 동이족은 대체로 토착인으로 음주가무를 좋아하고, 관모를 쓰고 비단옷을 입으며 그릇으로 조두(俎豆)를 사용하니, 이른바 "중국에서 잃어버린 예를 사방의 오랑캐(四夷)에게 구한다"는 것이다(토착인이란 거처하고 생활하는 곳이 정해져 있어 이동하는 유목민족이 아니라는 것이다. 이른바 "중국이 잃어버린 예를 사방의 오랑캐에게서 구한다"는 것은 대체로 중국 본토의 문화 진전이 매우 빠르기 때문에 후대의 예속이 전대와 다른 것에 반해 동이는 중국 고대의 생활태도를 보존하고 있다는 것이다).

비록 이적의 나라라고 해도 조두(俎豆)의 상(象)이 존재한다. "중국의 잃어버린 예를 사방의 오랑캐에게서 구한다"는 말은 믿을 만하다.

1. 부여

『후한서』

부여국은 현도에서 북쪽으로 천 리 떨어져 있다. 남쪽으로는 고구려, 동쪽으로는 읍루, 서쪽으로는 선비와 접해 있다. 북쪽에는 약수(弱水)가 있고 땅은 사방 2천 리인데, 본래는 예(濊)의 땅이다. 처음 북이(北夷) 색리국[索離國, 색리는 『위략』에 소리(疏離)로 되어 있으며 『통전(通典)』에도 마찬가지이다. 『양서(梁書)』에는 박리(縛離)로 되어 있는데, 『수서(隋書)』에는 고려로 바로 잡고 있다. 그러므로 『후한서』에서 색리라고 한 것은 오류이다]의 왕이 출행하였는데, 시녀가 후에 임신을 하였다. 왕이 돌아와서 시녀를 죽이고자 하니 시녀가 말하길 "이전 하늘 위에 기운이 있어 보았더니 큰 계란과 같은 것이 내려와 내가 그로 인해 임신을 하게 되었습니다" 하였다. 왕이 시녀를 가두어 두니 마침내 남자 아이를 낳았다. 왕이 명하여 돼지우리에 두게 하니 돼지가 입 기운을 불어넣어 죽지 않았다. 다시 마구간으로 옮겼으나 말도 또한 이와 같았다[생각하건대, 이 일화는 『시경』, 「생민」편의 후직(后稷)[2]의 탄생 고사와 매우 흡사하다].

왕이 신기하게 여겨 어미에게 기르는 것을 허락하니 이름을 동명(東明)이라고 했다. 동명은 성장하면서 활을 잘 쏘았다. 왕은 그 용맹함을 꺼려서 다시 죽

---

2) 후직(后稷)은 중국 고대 전설상의 인물로 주(周)나라의 시조로 일컬어진다. 어머니 강원(姜原)이 거인의 발자국을 밟고 임신하여 태어나자마자 기이하다고 해서 곧 버려졌기 때문에 기(棄)라고 불렸다. 후(后)는 제후, 직(稷)은 오곡을 의미하는데, 요 임금과 순 임금을 보좌하며 농사를 관장하였다고 한다. 훗날 은나라를 몰아내고 주나라를 세운 무왕은 그의 16대 손이라고 한다.

이고자 하였다. 동명이 달아나 남쪽의 엄호수(掩淲水)에 이르렀다. 활로 물을 치니 물고기와 자라가 모두 모여 물 위로 떠올랐다. 동명이 이를 타고 건널 수 있었으며 부여에 이르러 왕이 되었다(이 설은 앞에서도 보인다).

동이의 영역은 가장 평평하고 널찍하다. 토양은 오곡에 적합하며, 명마와 붉은 옥, 담비, 대추만한 큰 구슬이 난다. 울타리를 둥글게 쳐서 성을 쌓았는데, 궁실과 창고, 감옥이 있다(이것은 동북 민족과 중국인의 생활이 기본적으로 같다는 것이며, 사막 남부의 북쪽 유목 민족과는 기본적으로 다르다는 것이다). 사람들은 거칠고 [체구가] 크며, 굳세고 용감하며 신중하고 온후해서 침략하여 약탈하지 않는다. 활과 화살, 칼과 창[矛]으로 병기를 삼는다(그러므로 창[戈]은 주된 병기가 아니며, 오히려 사용하지 않았다). 여섯 가축의 이름으로 관직명을 삼아 마가(馬加)·우가(牛加)·구가(狗加) 등이 있다. 읍락의 모든 주인은 제가(諸加)에 속하였다[청나라 건륭제는 이 명칭을 변별하는데 매우 공력을 들였으나(『만주원류고』 권1 참조) 의미가 잘 통하지 않는다. 건륭제는 마가·우가·저가(猪加)·구가를 사마(司馬)·사우(司牛)·사저(司猪)·사구(司狗)라고 하였다.[3] 적어도 사마와 사우는 그렇다고 해도 사저와 사구는 목축할 수 있는 것이 아니어서 무리를 이루지 못하고 개인에 속하니 어찌 사저, 사구가 있을 수 있겠는가? 이는 단지 토템의 표식일 뿐이다].

음식을 먹을 때는 조두(俎豆)를 사용하고, 회합 시에는 [공손히] 술잔을 올리거나(拜爵) 술잔을 씻는(洗爵) 예절이 있으며, 읍하고 사양하며 오르고 내려갔다(생각하건대, 이 또한 중국의 풍습이다).[4] 음력 섣달(臘月)에는 하늘에 제사

---

3) 『만주원류고』 권1 부여 편에 의하면, 부여의 관직명인 마가(馬加), 우가(牛加)에 사용된 加자는 家자를 잘못 쓴 것으로 『삼국지』를 편찬한 진수 등이 부여의 방언을 제대로 이해하지 못한 채 제멋대로 기록한 것이라고 비판하고 있다. 즉, 부여는 목축이 번성한 곳으로 모두 관리하는 짐승에서 그 직책의 이름을 따온 것이며, 그러한 이름의 관직은 백관 중에 한 둘에 불과하였다고 한다. 남주성 역주, 2010, 『흠정 만주원류고』 상, 글모아출판, pp.59~72.
4) 『논어』 팔일편에 의하면, "군자는 다투는 법이 없으나 반드시 활을 쏠 때는 승부를 다툰다. 읍하고 사양하며 오르고 내려와 마신다. 이러한 다툼이 군자다운 것이다"라고 한다. 즉 활을 쏘기 전에는

를 지내고(이 또한 진나라의 풍속이다), 모두 모여 연일 마시고 먹고 노래하며 춤추니 이를 영고(迎鼓)라고 한다. 이때에는 형벌과 옥사를 중단하고 죄인을 풀어주었다[이 또한 진한시기의 대포(大脯)와 동일하다]. 전쟁이 있을 때에도 하늘에 제사를 지내는데, 소를 잡아 그 발굽으로 길함과 흉함을 점쳤다(이는 은나라 시대 소의 견갑골로 점을 치는 방식이 다소 변한 것이다). 행인은 밤낮 구분 없이 노래 부르기를 좋아해서 노래 소리가 끊이지 않았다. 형벌은 엄격하게 시행하여 사형에 처해진 자는 그 집안사람도 몰수해서 모두 노비로 삼았다. 도둑질하면 그 열두 갑절을 물리고 남녀가 간음하면 모두 죽였으며, 특히 투기가 심한 여인을 증오하여 죽인 후에 시신을 산 위에 버렸다. 형이 죽으면 형수를 아내로 삼고, 사람이 죽으면 곽(槨)[5]은 있으나 관(棺)은 없었으며 사람을 죽여 순장하였는데 많은 경우에는 백 명을 헤아렸다. 왕의 장사에는 옥갑(玉匣)[6]을 사용하였다. 한나라 조정에서는 항상 옥갑을 현도군에 비치해 두었는데, 왕이 죽으면 이를 가져다가 장사지냈다. 건무(25년~50년) 연간 동이의 여러 나라가 모두 와서 [예물을] 바치고 알현하였다. 25년 부여왕이 사절을 파견해 공물을 바치자 [후한] 광무제가 후하게 보답하였는데, 이때부터 해마다 사절이 왕래하였다. 안제(安帝) 영초(永初) 5년(111년) 부여왕이 처음으로 보병과 기병 7, 8천명을 거느리고 낙랑을 침략하여 관원과 백성을 살상하였다. 후에 다시 예전대로 복속하였다.

영녕(永寧) 원년(120년), 후계자인 위구태(尉仇台)를 파견해서 궁궐에 이르러 공물을 바치니 천자가 위구태에게 인수(印綬)와 금과 비단을 하사하였다. 순

상대방에게 먼저 오르기를 권하며 사양하고, 활을 쏘고 나서는 내려와 패한 쪽이 술을 마신다는 것이다. 따라서 부사년은 이러한 부여의 풍습이 본래 중국의 풍습이라고 한 것이라고 생각한다.
5) 관을 넣은 궤짝으로 외관(外棺) 혹은 덧널이라고 한다.
6) 옥갑, 옥합(玉柙)이라고도 한다. 고대 제후 이상의 통치자가 옥의 얇은 편을 금사 등으로 엮어서 만든 장례용 수의를 가리킨다.

제(順帝) 영화(永和) 원년(136년), 부여왕이 경사(京師)에 와서 조공을 바쳤다.[7] 황제는 황문고취(黃門鼓吹)[8]와 각저희(角抵戲)[9]를 베풀어 보냈다. 환제(桓帝) 연희(延熹) 4년(161년), 사신을 보내 조정에 경하하고 공물을 바쳤다. 영강(永康) 원년(167년), 부여왕 부태(夫台)가 2만여 명을 이끌고 현도를 침략하였는데, 현도 태수 공손역(公孫域)이 이를 격파하고 천여 명의 머리를 베었다. 영제(靈帝) 희평(熹平) 3년(174년), 다시 글을 올리고(奉章) 조공을 하였다. 부여는 본래 현도군에 속하였는데 헌제(獻帝) 때 부여왕이 요동군에 속하기를 요청했다고 한다.

『삼국지·위지』

부여는 장성(長城) 북쪽에 있는데 현도에서 천 리 떨어져 있고, 남쪽으로는 고구려, 동쪽으로 읍루, 서쪽으로 선비와 접해 있으며, 북쪽에 약수(弱水)가 있다. 사방 2천 리이며, 호구는 8만 정도이다. 백성들은 정착생활을 하며 궁실과 창고, 감옥이 있다. 산과 언덕, 넓은 못이 많은데 동이의 지역 중에서 가장 평평하며 탁 트여 있다[이 평평하고 넓은 땅은 현재의 길림성 서쪽 변경, 흑룡강성 남쪽 변경 및 조남(洮南) 일대의 대평원에 해당할 것이다. 산과 언덕이 많았다는 것에서 분명히 지금 길림성 중부 여러 산을 포함해 북쪽으로 흥안령(興安嶺)의 남쪽 지류[南支]까지 미쳤을 것이다]. 토지는 오곡 경작에 적합하지만, 오과[10]는 나지 않는다. 사람들은 거칠고 [체구가] 크며, 굳세고 용감하며 신중하고 온후해서 침략하여 약탈하는 일이 없었다. 나라에는 군왕이 있고 모두 여섯 가축의

---

7) 부여왕이 몸소 경사에 와서 조공하였다는 것은 특이한 일로 당시 부여가 고구려를 견제하기 위하여 보다 적극적으로 대중(對中)외교를 전개하였다는 사실을 단적으로 보여주는 기록이다.

8) 궁중음악의 일종으로 후한 광무제 때 황문무무(黃門武舞)를 만들어 여러 신하들과 연회할 때 연주하였다.

9) 옛날 중국의 유희로, 두 사람이 맞붙어서 힘을 겨루는 놀이이다. 고구려에서도 행하여졌으며, 각희(角戲)라고도 한다.

10) 오과는 복숭아, 배, 매실, 살구, 대추 등 5종의 과실을 가리킨다.

이름으로 관직을 부르는데, 마가, 우가, 저가, 구가, 대사(大使), 대사자(大使者), 사자(使者)가 있다. 읍락에서는 호민(豪民)이 하호(下戶)를 모두 노복으로 삼았다. 제가(諸加)는 각각 사출도(四出道)[11]를 다스렸는데, 큰 가의 경우에는 수천 가호, 작은 가의 경우에는 수백 가호를 주관하였다. 먹고 마실 때는 모두 조두를 사용하고 회합 시에는 공손히 술잔을 올리고(拜爵) 술잔을 씻는(洗爵) 예절이 있으며, 읍하고 사양하며 오르고 내려갔다.

은(殷)나라의 역법에 따라 정월에는 하늘에 제사를 지냈는데, 나라 안에서 성대한 모임을 열어 연일 먹고 마시며 춤추고 노래하니 이를 영고(迎鼓)라고 한다. 이때에는 형벌과 옥사를 중단하고 죄인을 풀어주었다. 나라 안에서는 흰색 의복을 숭상해서[『단궁(檀弓)』[12]에 의하면, 한인(漢人)이 언급하는 다섯 가지 덕은 모두 은나라에서 흰색을 숭상한 것을 말한다], 흰색 포목으로 만든 소매가 넓은 두루마기와 바지를 입고 가죽신을 신었다. 나라 바깥으로 나갈 때에는 자수를 한 비단과 화려한 융단을 좋아하였다. 어른은 그 위에 여우나 너구리, 원숭이나 희고 검은 담비 가죽으로 만든 갓옷을 입으며(이것은 대체로 부여에서 중국의 풍속을 모방한 것으로 한나라의 풍속에 영향을 받은 것이다), 또한 금이나 은으로 모자를 장식하였다. 통역하는 사람은 모두 무릎을 꿇은 채, 땅에 손을 대고 조심스럽게 전달하였다.

형벌을 시행함에 엄격하여 사람을 죽인 사람은 사형에 처하고 그 집안사람도 몰수하여 노비로 삼았다. 도둑질하면 열두 갑절을 물게 하였다(1책 12법). 남녀가 간음하거나 부인이 투기를 하면 모두 죽였다. 더욱이 투기하는 것을 증

---

11) 부사년의 원문에는 사출에서 끊고 있는데, 사출도(四出道)에서 끊어야 할 것이다. 사출도는 부여의 지방행정 구역이라는 주장과 수도를 중심으로 사방으로 통하는 네 갈래의 길이라는 주장이 있는데, 지방을 통솔하기 위한 것이라는 점에서 일치한다. 제가가 사출도를 주관하였다는 점에서 각 가가 거기에 소속된 귀족과 서민을 지배하면서 중앙의 왕과 연맹의 형식을 취했다고 추정하고 있다.

12) 『예기(禮記)』 제3편에 수록되어 있다.

오해 죽이고 나서는 그 시신을 나라의 남쪽 산 위에 버려서 썩게 하였다. 여자의 친정에서 [시신을] 거두려고 할 때에는 소와 말을 바쳐야 넘겨주었다.

형이 죽으면 [동생이] 형수를 아내로 삼는데, 이는 흉노의 풍속과 같다. 이 나라는 가축을 잘 기르고, 명마와 붉은 옥, 담비와 원숭이[의 가죽] 및 아름다운 구슬[美珠]을 생산하는데, 큰 구슬은 대추만 하였다. 활과 화살, 칼과 창[矛]을 병기로 사용하며, 집집마다 스스로 갑옷과 무기를 갖추고 있었다. 그 나라의 원로들은 스스로 옛날에 망명해 온 사람이라고 한다. 성책은 모두 원형으로 만들어 마치 감옥 같다(은허 발굴에 의하면 상나라 사람들의 궁실은 대부분 원형으로 만들었다는 것을 알 수 있다). 길을 다닐 때는 주야로 노인 아이 할 것 없이 모두 노래를 해, 종일 [노래] 소리가 끊이지 않았다.

전쟁이 있으면 또한 하늘에 제사를 지내고 소를 잡아 발굽을 보고 길흉을 점쳤다. 발굽이 갈라지면 흉하고, 합쳐지면 길한 것으로 여겼다. 적이 나타나면 제가가 직접 싸우고 하호들은 모두 양식을 운반하여 음식을 공급하였다. [사람이] 죽으면 여름에는 모두 얼음을 사용하고, 사람을 죽여 순장하는데 많으면 백 명을 헤아렸다. 장사를 후하게 지내는데 관(棺)은 있으나 곽(槨)은 사용하지 않았다.[13]

부여는 본래 현도에 속하였다. 한말 공손탁(?~204년)이 해동(海東, 요동)으로 세력을 확대해 위세로 외이(外夷)를 복속시키자 부여왕 위구태(蔚仇台)가 다시 요동에 복속하였다. 이 시기에 구려와 선비가 강성하여 공손탁은 부여가 두 오랑캐 사이에 있으므로 종실의 딸을 [위구태에게] 시집보냈다. 위구태가 죽은 후 간위거(簡位居)가 즉위하였는데, 적자는 없고 서자인 마여(麻余)가 있었다. 간위거가 죽자 제가는 함께 마여를 [왕으로] 세웠다. 우가의 형의 아들로 위거라고 하는 자가 있었는데 대사(大使)의 자리에 있으면서 재물을 가벼이 여기고

---

13) 앞서 본 『후한서』의 기록에는 곽(槨)은 있으나 관(棺)은 사용하지 않았다고 하여 『삼국지·위지』의 기록과는 다른 것을 알 수 있다.

베풀기를 좋아하여 나라 사람들이 그를 따랐다. 그는 해마다 사절을 파견해 경사(京師)에 이르러 공물을 바쳤다. 정시(正始, 240년~249년) 연간 유주자사 관구검이 구려를 공격할 때 현도태수 왕기(王頎)를 보내 부여에 이르게 하니 위거는 견가(犬加)를 보내 교외에서 맞이하고 군량을 바쳤다. 계부(季父, 숙부)인 우가가 딴 마음을 품자 위거는 계부 부자를 죽이고 재물을 몰수하고는 사람을 시켜 장부에 기록하도록 하고(薄斂) [재물을] 관으로 보냈다. 옛 부여의 풍속으로 장마나 가뭄으로 날이 고르지 못해 오곡(五穀)이 영글지 않으면 그 허물을 왕에게 돌려 바꾸거나 죽여야 마땅하다고 하였다. 마여가 죽자 그의 아들 여섯 살짜리 의려(依慮)를 세워서 왕으로 삼았다.[14]

한나라 때, 부여왕은 장례에 옥갑을 사용했는데, 항상 미리 현도군에 맡겨 놓았다가 왕이 죽으면 바로 가져다가 장사를 지냈다. 공손연이 주살되었을 때에도, 현도의 곳간에는 여전히 옥갑 1구가 있었다. 지금 부여의 곳간에는 옥(玉), 벽(璧), 규(珪)[15], 찬(瓚, 제기) 등이 있는데, 보물로 여겨져 대대로 전해지고 있는데, 원로들에 의하면 선대가 하사받은 것이라고 한다. [부여왕의] 인장에는 '예왕지인(濊王之印)'이라는 문구가 있으며, 나라에 있는 고성을 예성(濊城)이라고 부르는 것을 보면 아마도 본래는 예맥의 땅이었을 것이다. 부여가 그곳에서 왕 노릇하며 스스로를 유망인이라고 하는 것도 같은 맥락일 것이다.

『위략(魏略)』

그 [나라의] 풍속으로 장례를 다섯 달이나 치르는데 오래 치를수록 영예롭게

---

14) 마여(麻余)가 왕이 되었을 즈음, 우가(牛加)의 형의 아들이 있었는데 바로 위거이다. 위거는 제가(諸加)의 다음 서열인 대사의 지위에 있었지만, 재물과 능력을 이용하여 부여의 실권을 잡았던 것으로 보인다. 현도태수 왕기가 부여에 왔을 때 자신보다 지위가 높은 견가를 교외로 보내 맞이한 것이나, 마여왕이 죽자(흉년을 구실로 위거가 죽인 것이 아닌가 의심된다) 그의 어린 아들 의려를 왕으로 세운 것에서 위거는 부여에서 실제적인 권력을 장악하고 있었던 것으로 보인다.
15) 옥으로 만든 홀(笏)로, 천자가 제후를 봉할 때 사용하던 것이다.

여겼다. 왕을 제사지낼 때에는 [음식으로] 날 것도 쓰고 익힌 것도 쓴다. 상주는 서두르고 싶지 않지만 다른 사람들이 강하게 간하여 이끄는 것이 일반적이며, 이를 예절로 여겼다. 상중에는 남녀 모두 순백[의 상복]을 입었다. 부인은 포목으로 만든 머리 수건을 하고 가락지나 패물을 하지 않으니 대체로 중국[의 풍속]과 서로 비슷하다[이것은 모두 중국인의 옛 풍속으로 유가의 상례에서 유래하는 것이다. 그러므로 부여의 종족은 그 근원을 거슬러 올라가면 제하(諸夏)와 원류가 같을 것이다]. 또한 그 나라는 부유하여 선대 이래로 일찍이 무너진 적이 없다.

『진서(晉書)』

[서진] 무제(武帝) 때 빈번하게 조공을 바쳤다. 태강(太康) 6년(285년) 모용외(慕容廆, 269년~333년)의 공격을 받아 패하자 왕 의려(依慮)는 자살하고 자제들은 옥저(沃沮)로 달아나 보전했다.[16] 무제는 조서를 내려 말하길 "부여왕은 대대로 충효를 지켰는데 몹쓸 오랑캐[惡虜]에게 멸망당하니 매우 가여운 마음이다. 만약 남은 무리 가운데 나라를 회복할 만한 자가 있다면 마땅히 방책을 세워서 그로 하여금 존립할 수 있게 해야 한다"라고 하였다. 유사(有司)가 아뢰기를, "호동이교위(護東夷校尉) 선우영(鮮于嬰)이 부여를 구하지 못한 것은 전략과 지혜가 없었기 때문입니다" 하니, 조서를 내려 선우영을 파면하고 하감(何龕)으로 교체하였다. 이듬해 부여의 후왕(後王) 의라(依羅)가 사신을 보내 하감에게 백성들을 거느리고 돌아가 옛 나라를 회복하길 원한다면서 도움을 요청하였다. 하감은 황상에 보고하고 독우(督郵) 가침(賈沈)을 보내 군사를 [거느리고] 호송하게 하였다. 모용외가 도중에 잠복하고 있다가 가침과 싸웠으나 크게 패배했다. [부여의 땅에서] 모용외의 무리를 몰아내고 의라는 나라를 회복할 수

---

16) 자제들은 옥저에서 '동부여'를 건국하였다.

있었다.

　그 뒤에도 모용외는 번번이 부여 사람들을 잡아다가 중국에 팔았다. 무제는 이를 불쌍히 여겨 다시 조서를 내려서 관가의 물품으로 [팔려온 자를] 속환(贖還)하고 사주(司州)와 기주(冀州) 두 주에서는 부여 사람들을 매매하지 못하게 하였다[부여는 전한 시기부터 신하로써 중국에 복속하였으며, 현도의 외요(外徼)이다. 쇠망하게 되자 중국은 이를 위해 망국의 유민을 구휼한 것이다].

2. 읍루(숙신)

『후한서』

　읍루는 옛 숙신의 나라이다. 부여 동북쪽 천여 리 되는 곳에 있다. 동쪽으로 큰 바다에 닿아 있고 남쪽으로는 북옥저와 인접해 있으나 북쪽은 끝나는 곳을 알 수 없다. 토지는 산이 많고 험준하다. 사람들의 생김새는 부여와 비슷하지만, 언어는 각각 다르다(생김새가 부여와 비슷하다는 것은 서로 뒤섞였다는 것을 의미하며, 언어가 다르다는 것은 서로 다른 종족이라는 것을 의미한다). 오곡과 마포(麻布)가 있으며 붉은 옥과 질 좋은 담비 가죽을 산출한다.

　군장은 없고 읍락에는 각각 대인이 있으며, 산림 속에서 거주한다. 땅에서 나오는 기운이 몹시 차가워서 항상 동굴에서 살며 [동굴이] 깊을수록 좋다고 여기는데, 큰 집[大家]은 사다리 아홉 개를 놓아야 도달할 정도였다. 돼지 기르기를 좋아하여 고기는 먹고 가죽으로는 옷을 만든다. 겨울에는 돼지기름을 몸에 바르는데 여러 번 두껍게 해서 바람과 추위를 막았다. 여름에는 발가벗고 1척 정도의 베로 앞뒤를 가릴 뿐이다. 사람들은 고약한 냄새가 나고 불결한데, 중앙에 변소를 만들어 놓고는 그것을 에워싸고서 거주하였다.

　한(漢)나라가 흥기한 이래 부여에 신하로서 복속하였는데, 종족의 무리는 비록 적어도 용맹하고 힘이 세며, 험한 산골짜기에 거주하였다. 또한 활을 잘 쏘아서 사람의 눈을 맞출 수 있을 정도였다. 활의 길이는 4척인데 힘은 마치 쇠뇌[弩]와 같았다. 화살은 싸리나무를 쓰는데 길이는 1척 8촌으로, 청석(靑石, 푸른 빛깔을 띤 응회암)으로 화살촉을 만들고, 화살촉에는 모두 독을 칠해서 사람이 맞으면 즉사하였다. 배를 타고 노략질하기를 즐겨 이웃 나라는 두려워하고 근심하여서 끝내 [읍루를] 복속시키지 못했다.

동이와 부여는 먹고 마시는 데에는 모두 조두(俎豆)를 사용하는데, 단지 이 읍루만은 유독 그러한 풍속이 없으며 가장 기강이 없었다.

『삼국지·위지』

읍루는 부여 동북쪽 천여 리 되는 곳에 있다. 큰 바다에 닿아 있고 남쪽으로는 북옥저와 인접해 있으나 북쪽은 끝나는 곳을 알 수가 없다. 토지는 산이 많고 험준하며, 사람들의 생김새는 부여와 비슷하지만, 언어는 부여, 고구려와 같지 않다. 오곡과 소와 말, 베 등을 산출한다. 사람들은 용맹하며 힘이 세다. 대군장은 없고 읍락에 각각 대인이 있다. 산림 속에 거주하며, 항상 동굴에서 사는데 큰 집은 깊이가 사다리 아홉 개 정도로 사다리가 많을수록 좋다고 여겼다. 땅의 기운은 부여보다 훨씬 차가웠다. 풍속으로 돼지 기르기를 좋아하여 고기는 먹고, 가죽으로는 옷을 만들었다. 겨울에는 돼지기름을 몸에 바르는데 여러 번 두텁게 해서 바람과 추위를 막았다. 여름에는 발가벗고 지내는데, 1척 정도의 베로 몸의 앞뒤만을 가렸다. 사람들은 불결하여 중앙에 변소를 만들어 놓고 그 주위를 에워싸고 거주하였다.

활의 길이는 4척인데 장력은 마치 쇠뇌[弩]와 같았다. 화살은 싸리나무를 쓰는데 길이는 1척 8촌으로, 청석(靑石)으로 화살촉을 만드니, 예전 숙신씨의 나라이다. 활을 잘 쏘아서 사람을 쏘면 모두 맞추고, 화살에는 독을 칠했기 때문에 맞으면 모두 죽었다.

붉은 옥과 질 좋은 담비 가죽을 산출하니 오늘날 읍루초(挹婁貂)라고 하는 것이 바로 이것이다. 한나라 이래로 부여에 신하로서 복속하였는데 부여가 세금과 부역을 무겁게 부가하자 황초(黃初, 220년~226년) 초년에 반란을 일으켜 부여가 수 차례 정벌하였다. 사람들의 무리는 비록 적으나 산세가 험한 곳에 있고 이웃나라 사람들은 그 활과 화살을 두려워해서 끝내 복속시키지 못했다.

그 나라는 배를 타고 노략질을 잘해서 이웃 나라가 두려워하였다. 동이는 먹고 마시는 데에 모두 조두를 사용하나 읍루는 그러한 풍속이 없으며 가장 기강이 없었다(생각하건대, 읍루는 이미 부여에 복속하였다고 하면서 또한 "마침내 복속시키지 못했다"고 하는 것은 모순된다. 그러나 그 의미를 되새겨 보면 읍루는 결코 [하나의] 국가가 아니라 여러 부락으로 흩어져 있었으며, 일부는 부여에 복속했으나 대부분은 결국 복속하지 않았다는 것을 의미하는 것이라고 생각한다).

『진서(晉書)』

숙신씨는 다른 말로 읍루라고 한다. 불함산(不咸山) 북쪽에 있으며 부여에서 60일 정도 가야 한다. 동쪽으로 큰 바다에 닿아 있고 서쪽으로는 구만한국(寇漫汗國)과 접해 있으며 북쪽으로는 약수(弱水)에 이른다. 그 땅의 경계는 사방으로 수천 리이며 깊은 산과 외진 골짜기에 사는데, 길이 험하고 거칠어 수레나 말이 다니지 못한다. 여름에는 나무 위에서 살고 겨울에는 동굴에서 산다.

부자는 대대로 군장(君長)을 세습하며 문자가 없기 때문에 말로 약속을 한다. 말은 있지만 타지 않고 단지 재산으로 여길 뿐이다. 소와 양은 없고 돼지를 많이 길러서, 고기는 먹고 가죽은 옷을 만들며 털을 짜서 천을 만들었다. 낙상(雒常)[17]이라는 나무가 있는데, 중국에 성군이 즉위하면 그 나무에 껍질이 생겨 옷을 지을 수 있었다고 한다. 우물이나 부엌이 없으며, 질흙으로 구운 솥에 4~5

---

17) 닥나무의 일종으로 종이를 만드는 재료로 사용된다.

되를 담아서 먹었다. 앉을 때는 두 다리를 뻗고 앉으며, 발에 고기를 끼워 놓고 씹어 먹었다. 언 고기를 얻으면 그 위에 올라앉아서 따뜻하게 하였다. 땅에는 소금과 철이 없어, 나무를 태워 재를 만들고는 물을 부어 즙을 취해서 이를 먹었다(바다에 인접해 살면서도 소금이 없었다는 것에서 문화 수준이 낮았다고 볼 수 있다).

풍속으로 모두 편발(編髮)[18]을 하며, 베로 홑옷[襜]을 지었는데, 지름이 1척 정도 되며 이로써 앞뒤를 가렸다. 시집가고 장가들고자 할 때 남자는 짐승의 털과 새의 깃털을 여자의 머리에 꽂아주는데, 여자가 응답하면 데리고 돌아간 후에 예를 다하여 장가들었다. 부인은 지조가 있으나 처녀는 음란하며, 젊은이를 존중하고 노인을 천시하였다. 죽은 사람은 그 날 즉시 들판에서 장사를 지내는데, 나무를 엇대어 작은 곽(槨)을 만들고는 돼지를 잡아 그 위에 쌓아서 죽은 사람의 양식으로 삼았다.

성정이 거칠고 사나웠으며, 근심하거나 슬퍼하지 않는 것을 서로 숭상하였다. 부모가 죽어도 남자는 소리 내어 울지 않으며, 곡을 하는 자는 사내답지 못하다고 하였다. 도둑질을 하면 많고 적음에 상관없이 모두 죽였기 때문에 비록 들판에 놓아두더라도 아무도 가져가지 않았다. 돌로 만든 화살촉과, 가죽과 뼈로 만든 갑옷이 있으며, 박달나무 활[檀弓]은 3척 5촌이요, 싸리나무[楛] 화살은 길이가 1척 8촌이었다. 그 나라의 동북쪽에 있는 산에서 돌이 나오는데, 그 날카로움이 쇠도 뚫을 정도이니, 이를 채취할 때에는 반드시 먼저 신에게 기도하였다.

주나라 무왕 때 싸리나무 화살과 돌화살촉을 바쳤다. 주공(周公)이 성왕(成王)을 보좌하던 때에 다시 사신을 보내 축하하였다. 이후 천여 년 동안 비록 진(秦)과 한(漢)이 강성하였으나 미치지는 못하였다. [서진의] 문제(文帝[추존],

---

18) 변발이라고도 한다. 머리 뒷부분만 남겨놓고 나머지를 깎아 뒤로 길게 땋은 것으로 훗날 청대 만주족의 상징이 되는 머리 형태이다.

사마소)가 재상을 지내던 위나라 경원(景元) 연간(260년~264년) 말에 싸리나무 화살과 돌화살촉, 활과 갑옷, 담비 가죽 등을 바쳤다. 위나라 황제는 [그 물건들을] 승상부에 보내게 하고 그 왕 녹(傉)에게 닭과 비단, 모직물, 솜 등을 하사하였다.

　무제(武帝, 사마염) 원강(元康, 291년~299년)[19] 초에 이르러, 다시 와서 공물을 바쳤다. 원제(元帝, 재위 317년~322년)가 중흥하자[20] 다시 강좌(江左)에 이르러 돌화살촉을 바쳤다. 성제(成帝, 재위 326년~342년) 때에 석계룡[石季龍, 후조(後趙)의 왕]에게 공물을 보내려고 했는데, 4년 만에야 비로소 이루어졌다. 석계룡이 [이유를] 물으니 답하여 말하기를 "철마다 소와 말이 서남쪽을 향하여 잠들기를 3년이 되어 이로써 그 곳에 대국(大國)이 있음을 알게 된 까닭에 왔습니다"라고 하였다.

『위서(魏書)』, 「물길전」, 『북사(北史)』, 「물길전」

　물길국(勿吉國)은 고구려의 북쪽에 있으며 옛 숙신국(肅愼國)이다(말갈이라고도 한다). 읍락마다 각각 우두머리가 있어 하나로 통합되지는 않았다. 사람들은 거칠고 사나워 동이 중에서 가장 강하였으며, 독특한 언어를 사용하였다. 자주 두막루(豆莫婁)[21] 등의 나라를 약탈하여 여러 나라가 이를 우려하였다. 낙양(洛陽)에서 5천 리 떨어져 있는데, 화룡(和龍)에서 북쪽으로 2백 여리에 선옥산(善玉山)이 있고, 그 산에서 북쪽으로 13일을 가면 기려산(祁黎山)에 이른다. 다시 북쪽으로 7일을 가면 여락환수(如洛環水)에 이르는데, 강폭은 1리 남짓이

---

19) 원강(元康)은 무제(武帝) 연호가 아니라 혜제(惠帝) 사마충(司馬衷) 연호이다.

20) 서진의 마지막 황제인 민제(愍帝)가 사망하자 317년 건업(建業)에 동진(東晉)을 세우고 제위에 오른 것을 말한다.

21) 5세기에서 8세기에 걸쳐 중국 동북지역의 눈강(嫩江) 유역에 거주하던 민족이다. 북부여의 유민이 건국한 나라이지만, 몽골 계통의 언어를 사용하였다고 한다. 대막로(大莫盧), 달말루(達末婁)라고도 한다.

다. 다시 북쪽으로 15일을 가면 태악로수(太岳魯水)에 이르고, 다시 동북쪽으로 18일을 가면 그 나라에 도달한다.

나라에는 큰 강이 있어, 폭은 3리 남짓하며 속말수(速末水)[22]라고 한다. 그 부족에는 모두 7개 종족이 있다. 첫 번째는 속말부(粟末部)이다. 고구려와 접해 있는데, 수천 명의 정예 병사와 용맹하고 무예가 출중한 자가 많아 매번 고구려를 노략질하였다. 두 번째는 백돌부(伯咄部)로 속말부의 북쪽에 있으며, 정예 병사가 7천 명이다. 세 번째는 안거골부(安車骨部)로, 백돌부의 동북쪽에 있다. 네 번째는 불열부(拂涅部)로, 백돌부의 동쪽에 있다. 다섯 번째는 호실부(號室部)로, 불열부의 동쪽에 있다. 여섯 번째는 흑수부(黑水部)로, 안거골부의 서북쪽에 있다. 일곱 번째는 백산부(白山部)로, 속말부의 동남쪽에 있다. 정예 병사는 모두 3천 명에 불과하나, 흑수부가 특히 굳세고 강하였다.

불열부로부터 동쪽으로는 화살이 모두 돌화살촉[石鏃]이니, 곧 옛날의 숙신씨(肅愼氏)이다. 동이 중에서도 강국(强國)으로 대체로 산수(山水)에 의지해서 살아가며 거수(渠帥, 수장, 우두머리)를 대막부만돌(大莫弗瞞咄)이라고 한다. 나라의 남쪽에는 종태산(從太山)이 있다. 중원에서는 태황산(太皇山)이라고 하는데, 이 [산]을 매우 경외하여, 사람들은 산에서 오줌을 누어 더럽히지 않았으며, 산을 지나는 사람들은 [오줌을] 물건에 담아 갔다. 산에는 곰[熊]·큰곰[羆]·표범[豹]·이리[狼]가 있으나, 모두 사람을 해치지 않고, 사람들 또한 이를 함부로 죽이지 않았다.

지대가 낮고 습하여 흙을 제방과 같이 쌓고는 굴을 파서 거주하는데, 집 모양은 마치 무덤과 같았으며 입구를 위로 향하게 내어 사다리를 놓고 드나들었다. 그 나라에는 소가 없고, 말이 있었지만, 수레는 [사람이] 밀고 다니며, 서로 짝을 지어 밭을 갈았다. 땅에는 조[粟]·보리[麥]·기장[穄]이 많고, 채소는 아욱

---

22) 현재의 송화강을 가리킨다.

[葵]이 있다. 물에는 소금기가 있으며, 소금은 나무껍질로 만들었고 소금 연못[鹽池]도 있다. 가축은 대부분 돼지이며 양은 없고, 쌀을 씹어서 술을 빚는데 이를 마시면 또한 취하게 된다. 시집 장가갈 때 부인들은 베로 짠 치마[布裙]를 입으며, 남자들은 돼지가죽옷[猪皮裘]을 입고 머리에는 용맹스러운 표범의 꼬리를 꽂는다. 혼인한 첫날밤에는 남자가 여자의 집으로 가서 여자의 젖가슴을 움켜쥐는 것으로 끝낸다. 어떤 사람이 남편에게 그의 아내가 외간남자와 간음했다는 사실을 알려주면, 남편은 즉시 그의 아내를 죽이고는 후회하여 알려준 사람도 반드시 죽인다. 이로 말미암아 간음한 일은 끝내 발설되지 않았다.

사람들은 모두 활을 잘 쏘아 사냥을 업으로 삼는다. 각궁(角弓)의 길이는 3척이고 화살의 길이는 2촌인데, 해마다 7~8월에 독약을 만들어 화살촉에 발라 쏴서 새나 짐승이 맞으면 즉사하였다. 독약을 끓인 기운은 사람도 능히 죽일 수 있다. 부모가 봄이나 여름에 죽으면 즉시 매장하고, 무덤 위에 지붕을 만들어 비에 젖지 않도록 하였다. 만약 가을이나 겨울에 죽으면 그 시체를 이용하여 담비를 잡는데, 담비가 그 살을 뜯어 먹다가 많이 잡혔다. 연흥(延興) 연간(471년~475년), 북위에 을력지(乙力支)를 파견하여 조공을 바쳤다. 태화(太和, 477년~499년) 초에 또 말 5백 필을 바쳤다.

을력지에 의하면 당초 그 나라를 출발하여 배를 타고 난하(難河)를 거슬러서 서쪽으로 오르다가, 태려하(太沴河)에 이르러서 배를 물속에 감추어 놓고는 남쪽으로 육로를 걷고 낙고수(洛孤水)를 건너 거란의 서쪽 경계를 따라 화룡(和龍)에 도달하였다고 한다. 몸소 말하길, 그 나라는 먼저 고구려의 10부락을 쳐부수고, 은밀히 백제와 함께 물길[水道]을 따라 힘을 합쳐 고구려를 취하기로 모의하고, 을력지를 대국(大國)에 사신으로 파견하여 가부를 도모한다고 하였다. 조칙을 내려, "삼국(三國)은 똑같은 번부(藩附)이니, 마땅히 함께 화친하여 서로 침입하지 말라고 하였다. 을력지는 돌아갈 때 온 길을 따라 전에 [감추어 두었던] 본선(本船)을 찾아 타고서 그 나라에 도달하였다. [태화(太和)] 9년(485

년) 다시 사신 후니지(侯尼支)를 파견하여 조회(朝會)하였다. 그 이듬해에 다시 입공(入貢)하였다.

그 나라 주변에는 대막노국(大莫盧國), 복종국(覆鍾國), 막다회국(莫多回國), 고루국(庫婁國), 소화국(素和國), 구불복국(具弗伏國), 필려이국(匹黎尒國), 발대하국(拔大何國), 욱우능국(郁羽陵國), 복견진국(庫伏眞國), 노루국(魯婁國), 우진후국(羽眞侯國)이 있는데, 연이어 각각 사신을 보내어 조공을 바쳤다. 태화(太和) 13년(489년)에 물길이 또 사신을 파견해 경사에 화살[楛矢]과 특산물[方物]을 바쳤다. 7년에 또 사신 파비(婆非) 등 5백여 명을 보내어 조공하였다.

경명(景明) 4년(503년)에 다시 사신 후력귀(侯力歸)를 보내어 조공하였다. 이로부터 정광(正光) 연간(520년~524년)까지 조공 사절이 잇달았으나 그 뒤 중국이 어지러워지자 한동안 오지 않았다. 연흥(延興) 2년(472년) 6월, 석문운(石文云) 등을 보내서 특산물을 바쳤으며, 북제(北齊)에 이르러서도 조공은 끊이지 않았다. 수(隋)나라 개황(開皇, 581년~600년) 초에 연이어 사신을 파견해 공물을 바쳤는데, 문제(文帝)가 사신에게 조칙을 내려 이르기를, "짐은 그곳 사람들이 용맹하다고 들었는데, 이제 보니 실로 짐의 마음에 부합한다. 너희들을 자식처럼 여길 터이니 너희들도 짐을 아버지처럼 공경하라" 하니, 대답하여 말하길 "신들은 궁벽한 곳에 거처하지만, 내국[中國]에 성인이 계시다는 소식을 들었기 때문에 와서 알현한 것입니다. 이미 용안[聖顏]을 직접 뵈었으니, 원컨대 영원히 노복으로 삼아 주옵소서"라고 하였다.

그 나라는 서북쪽으로 거란과 접경하고 있어서 자주 서로 약탈하곤 하였는데, 훗날 그 사신이 오자, 문제가 훈계하여 서로 공격하지 말도록 하였다. 사신이 사죄하니 문제가 따뜻하게 위로하고 어전에서 연회를 베풀어 주었다. 사신이 그 무리들과 함께 덩실덩실 춤을 추는데, [팔 다리를] 구부리고 꺾는 것이 대부분 전투하는 모양이었다. 황제가 주변 신하를 돌아보면서 이르기를, "천지간에 또한 이런 물건들이 있구나!" 하였다. 언제라도 전투할 태세를 갖추고 있지만, 그 나라는 수나라와 아주 멀리 떨어져있고, 오직 속말부와 백산부만이 가깝게 있었다.

양제(煬帝, 재위 604년~617년) 초에 고구려와 전쟁에서 빈번하게 그들을 물리쳤다. 거수인 돌지계(突地稽)가 그 부족을 거느리고 투항해 오자 우광록대부(右光祿大夫)를 제수하고 유성(柳城)에 거주하게 하였다. 변방 사람들과 왕래하면서도 중국의 풍속을 좋아하여 관(冠)과 허리 띠(帶)를 착용하겠다고 청하니, 양제는 갸륵하게 여겨 비단과 능직(綾織)을 하사하고 총애하였다. 요동의 전쟁에는 돌지계가 그 무리들을 거느리고 종군하였는데, 전공을 세울 때마다 상을 매우 후하게 내렸다. 대업(大業) 13년(617년)에 강도(江都) 행차를 따라갔다가 얼마 안 되어 유성으로 돌아가게 되었는데, 이밀(李密)[23]이 군사를 보내 공격하니 가까스로 [죽음을] 모면하였다. 고양(高陽)에 이르러서 왕수발(往須拔)에게 패한 후 얼마 지나지 않아 나예(羅藝)로 달아났다.

3. 고구려, 구려

『후한서』

고구려는 요동의 동쪽 천리 밖에 있고 남으로는 조선(朝鮮)과 예맥(濊貊), 동쪽으로는 옥저(沃沮), 북쪽으로는 부여와 접해 있으며 영토는 사방 2천 리이다. 큰 산과 깊은 계곡이 많아서 사람들은 [산과 계곡을] 따라 거주한다. 경작지가 적어서 [농사에] 힘을 다해도 자급자족하기에 부족하므로, 음식을 절약하는 풍속이 있으나 궁실의 수리를 좋아하였다. 동이(東夷)가 서로 전하기를 부여의 별종(別種)[24]이라고 하는데, 언어와 법칙은 대체로 같으나, 무릎을 꿇어 절할 때

---

23) 이밀(582년~619년)은 수나라 말기에서 당나라 초기에 걸쳐 활약하였던 군웅의 한 사람으로 617년 수양제에게 반기를 들고 반란을 주도하였다.

24) 별종이란 원래의 부족에서 분화되어 나와 발전한 자손 세대를 의미한다.

는 한쪽 다리를 끌고(지금 만주인이 왼쪽 다리를 앞으로 굽히며 오른쪽 무릎을 약간 굽혀서 인사를 하는 것[打千]이 이것이다), 걸음걸이는 모두 달리는 것 같았다[이 역시 중국의 이른바 추(趨, 달린다는 의미)에 상응한다..

무릇 다섯 부족이 있으니, 소노부(消奴部)·절노부(絕奴部)·순노부(順奴部)·관노부(灌奴部)·계루부(桂婁部)이다[생각하건대, 노(奴)는 어미 음에 해당하는데, 마치 『좌전』 문공 11년에 기록된 장적교여(長狄僑如), 범여(梵如), 영여(榮如), 간여(簡如) 등 여러 이름과 어법이 동일하다]. 본래는 소노부가 왕이 되었으나 점차 미약해져서, 뒤에는 계루부가 이를 대신하였다. 관직으로는 상가(相加)·대로(對盧)·패자(沛者)·고추대가(古鄒大加)·주부(主簿)·우태(優台)·사자(使者)·조의(皁衣)·선인(先人)이 있다. 한 무제가 조선을 멸하여 고구려를 현(縣)으로 삼아 현도(玄菟)로 예속시키고, 고취(鼓吹)와 기인(伎人)을 하사하였다. 풍속은 음란하나 모두 정갈한 것을 좋아한다. 밤이 되면 자주 남녀가 무리를 지어 모여서 노래와 춤을 즐겼다.

귀신(鬼神)과 사직(社稷: 토지의 신과 곡식의 신), 영성(零星, 농업을 주관하는 별)에 제사지내기를 좋아하였다. 10월 하늘에 제사를 지내는 대회를 '동맹(東盟)'이라고 한다. 그 나라에는 동쪽에 커다란 동굴이 있어 이를 수신(隧神)이라고 하는데, 또한 10월에 [수신을] 맞이하여 제사를 지냈다. 공식 모임의 의복은 모두 비단에 수를 놓고 금은으로 장식하였다. 대가(大加)와 주부(主簿)는 모두 책(幘, 건)을 쓰는데 [중국의] 관책(冠幘)과 비슷하나 뒷부분이 없으며, 소가(小加)는 절풍(折風)을 쓰는데, 모양이 고깔[弁]과 같았다. 감옥이 없어 죄지은 자는 제가(諸加)가 논의하여 즉시 사형에 처하고 그 가족은 몰수하여 노비로 삼았다. 혼인은 모두 부녀(婦女)의 집에 가서 살다가 자식을 낳아 장성하게 되면 [처자를] 거느리고 돌아갔다. 그리고는 장례에 사용할 도구를 조금씩 준비해 갔다. 장례를 치르는 데에는 금은 재물을 아끼지 않고 성대하게 치렀으며, 돌을 쌓아서 봉분을 만들고 소나무와 잣나무를 심었다. 사람들은 성질이 사납고 성급하며 기운과 힘이 세서 전투에 능숙하고 노략질을 즐겨하였다. 옥저와 동예(東濊)가 모두 [고구려에] 복속하였다.

『후한서』

구려(句麗)는 일명 맥이(貊耳)라고도 한다. 별종(別種)이 있어 소수(小水)에 의지하여 거주하므로 소수맥(小水貊)이라고 한다. 좋은 활을 산출하니 맥궁(貊弓)이 바로 이것이다. 왕망 초기에 구려의 군사를 징발해서 흉노(匈奴)를 정벌하게 하였으나 그 사람들이 가려고 하지 않자 강압적으로 보냈더니, 모두 요새밖으로 달아나서는 도적이 되었다. 요서대윤(遼西大尹) 전담(田譚)이 추격했으나 오히려 싸우다 죽음을 당했다. 왕망이 장수 엄우(嚴尤)에게 명하여 이를 공격하게 했는데 구려후(句驪侯)인 추(騶)[25]를 장성 안으로 유인하여 목을 베고는 머리를 장안으로 보냈다. 왕망이 크게 기뻐하며 고구려왕(高句驪王)을 하구려후(下句驪侯)로 고쳐 불렀는데, 이에 변경에서 맥인(貊人)들의 노략질이 더욱 심해졌다.

건무(建武) 8년(32년), 고구려가 사신을 파견해 조공하자 광무제가 왕의 칭호를 회복시켜 주었다. 건무 23년(47년) 겨울, 구려 잠지락부(蠶支落部)의 대가(大加), 대승(戴升) 등 만여 명이 낙랑에 와서 복속하였다. 건무 25년(49년) 봄, 구려가 우북평(右北平), 어양(漁陽), 상곡(上谷), 태원(太原)을 침략하였는데, 요동태수 제동(祭肜)이 은혜와 신의로 달래니 모두 돌아가 새(塞)에 머물렀다.

그 후 구려왕 궁(宮)[26]은 태어나자마자 눈을 뜨고 볼 수 있었는데, 나라 사람들은 이를 우려하였다. 장성하자 용맹하고 굳세어 여러 차례 변경을 침범하였다. 화제 원흥(元興) 원년(105년) 봄, 다시 요동에 침입해 들어와 6개 현을 약탈하자 태수 경기(耿夔)가 이를 격파하고는 그 거수(渠帥, 수장, 우두머리)의 목을

---

25) 『삼국지·위지』에는 '도(駒)'로 되어 있다.
26) 고구려 제6대 군주 태조대왕(太祖大王, 재위 53년~164년)이다.

베었다. 안제(安帝) 영초(永初) 5년(111년), 궁이 사신을 보내 공물을 바치고 현도에 속하기를 요청하였다. 원초(元初) 5년(118년), 다시 예맥(濊貊)과 함께 현도를 침입해서 화려성(華麗城)을 공격했다.

건광(建光) 원년(121년) 봄, 유주자사 풍환(馮煥), 현도태수 요광(姚光), 요동태수 채풍(蔡風) 등이 군사를 이끌고 새(塞)를 나와 [고구려를] 공격해, 예맥의 거수를 포획하거나 죽이고 병마(兵馬)와 재물(財物)을 노획했다. 이에 궁이 적자인 수성(遂成)[27]에게 2천여 명을 거느리고 요광 등에게 맞서도록 하고는 사신을 보내 거짓으로 항복하였다. 요광 등이 이를 믿자 수성은 험준한 요지를 점거해 대군(大軍)을 차단하고 은밀히 군사 3천 명을 보내 현도, 요동을 공격해 성곽을 불태우고 2천여 명을 살상하였다. 이에 광양(廣陽), 어양(漁陽), 우북평(右北平), 탁군(涿郡)의 속국[28]에서 3천여 명의 기병을 선발해 함께 구하게 하였지만, 맥인(貊人)은 이미 떠난 뒤였다.

여름, [고구려는] 다시 요동의 선비(鮮卑)족 8천여 명과 함께 요대현(遼隊縣)을 공략해 관원과 백성을 죽이고 약탈했다. 채풍 등이 신창(新昌)으로 추격하였으나 전사하였고, 공조(功曹) 경모(耿耗), 병조연(兵曹掾) 용단(龍端), 병마연(兵馬掾) 공손포(公孫酺)도 몸으로 채풍을 호위하다 모두 진중에서 전사하였다. 사망자가 백여 명에 이르렀다.

가을, 궁이 마침내 마한, 예맥의 수천 기병을 이끌고 현도를 포위하였다. 부여왕이 아들 위구태(尉仇台)를 보내 2만여 명을 거느리고 주군(州郡)과 힘을 합해 이를 격파하고 5백여 명의 머리를 베었다.

이 해 궁이 죽고 아들 수성이 즉위하였다. 요광이 상소하여 말하길 상중을 틈타 군사를 내어 공격하자고 하니 논의한 자들이 모두 좋다고 여겼다. 그러나 상서 진충(陳忠)이 말하길 "궁이 이전 포악하고 교활하여 요광이 토벌하지 못하

27) 고구려 제7대 군주 차대왕(次大王, 재위 146년~165년)이다.
28) 광양, 어양, 우북평군 등은 탁군의 속현이 아니라 유주(幽州) 소속의 군이다.

다가 그가 죽자 공격하려고 하는 것은 의롭지 못합니다. 모름지기 조문 [사절]을 파견해서 이전의 죄를 꾸짖되 용서하여 처벌하지 말고 훗날의 친선을 도모해야 합니다"라고 하니 안제(安帝)가 이를 따랐다.

이듬해 수성이 한나라의 포로들을 돌려보내고 현도에 와서 항복하였다. [안제가] 조서를 내려 말하길 "수성 등은 포악하고 도리에 어긋남이 형용하기 어려워 사지를 끊어 젓갈을 담가 백성에게 보여야 마땅하나 요행히 사면을 받아 죄를 구하고 항복을 요청하였도다. 선비와 예맥이 해마다 노략질하고 연약한 백성들을 내몰아 잡아간 것이 천명을 헤아리는데 겨우 수십, 수백 명만을 보내니 귀의하고자 하는 마음가짐[向化之心]이 아니다. 앞으로는 현의 관원과 싸우지 말 것이며, 스스로 몸소 포로들을 돌려보내도록 하라. [그러면] 모두에게 몸값을 지불할 것이니 [성인은] 한 사람 당 비단 40필을 주고, 어린이는 그 절반을 주겠노라"라고 하였다.

수성이 사망하자 아들 백고(伯固)²⁹⁾가 즉위하였다. 그 후 예맥이 따르고 복속하니 동쪽에는 사소한 일만 남았다.

순제(順帝) 양가(陽嘉) 원년(132년), 현도군에 둔전 6부를 설치하였다. 질제(質帝)와 환제(桓帝) 연간에 다시 요동 서안평(西安平)을 침범해 대방령(帶方令)을 죽이고 낙랑태수의 처자를 약탈하였다. 건녕(建寧) 2년(169년), 현도태수 경림(耿臨)이 [고구려를] 정벌하여 수백 명의 머리를 베니 백고가 항복하고 현도에 속하기를 간청하였다고 한다.

『삼국지·위지』

고구려는 요동의 동쪽으로 천리 밖에 있고 남쪽으로는 조선(朝鮮), 예맥(濊貊), 동쪽으로는 옥저(沃沮), 북쪽으로는 부여와 접하고 있다. 환도(丸都) 아래

---

29) 고구려의 제8대 군주 신대왕(新大王, 재위 165~179년)의 이름이다.

에 도읍하였으며 사방 2천 리에 호구 수는 3만이다. 높은 산과 깊은 계곡이 많고 들판과 호수는 없다. 산과 계곡을 따라 거주하고 계곡물을 마신다. 좋은 밭이 없어 부지런히 농사를 지어도 배를 채우기에는 부족하였다. 그들의 풍속은 음식을 절약하고 궁실을 치장하는 것을 좋아하며, 거처하는 곳 좌우에는 큰 집[大屋]을 지어 귀신을 제사지내고 또한 영성(靈星)과 사직(社稷)에 제사를 지냈다. 사람들의 성정은 사납고 성급하며 노략질을 좋아하였다.

그 나라에는 왕이 있고 관직으로는 상가(相加), 대로(對盧), 패자(沛者), 고추가(古雛加), 주부(主簿), 우태(優台), 승(丞), 사자(使者), 조의(皁衣), 선인(先人)이 있으며, 존귀하고 비천함에 각각 등급이 있었다. 동이의 옛말에 부여의 별종이라고 하는데, 언어를 비롯해 여러 분야에서 부여와 같은 점이 많으나 성정과 기질, 의복은 다르다. 다섯 부족으로 연노부(涓奴部), 절노부(絕奴部), 순노부(順奴部), 관노부(灌奴部), 계루부(桂婁部)가 있다. 본래 연노부가 왕이 되었으나 점차 미약해져 지금은 계루부가 대신하고 있다.

한나라 때 북과 나팔[鼓吹], 기예를 지닌 사람[技人]을 하사하였으며, 항상 현도군에서 조복(朝服) 및 의복과 두건(幘)을 수령하였다. 고구려령[30]이 그 명적(名籍, 명부)을 주관하였는데, 후에 점차 교만하고 방자해져 다시 [현도]군에 이르지 않고 동쪽 경계에 작은 성을 쌓아 조복 및 의복과 두건을 그곳에 두면 해마다 와서 가져갔다. 지금도 오랑캐들은 여전히 이 성을 책구루(幘溝漊)라고 부르는데, 구루는 구려(句麗)의 말로 성(城)을 의미한다.

관직을 설치할 때, 대로가 있으면 패자를 두지 않고, 패자가 있으면 대로를 두지 않았다. 왕의 종족인 대가(大加)는 모두 고추가(古雛加)라고 불렸으며, 또한 [독자적으로] 종묘를 세워 영성과 사직에 제사를 지낼 수 있었다. 절노부는 대대로 왕과 혼인하여 고추가의 칭호를 더하였다. 여러 대가(大加)들은 또한 스

---

30) 현도군 고구려현의 현령이다.

스로 사자(使者), 조의(皁衣), 선인(先人)을 두었는데 그 명단은 모두 왕에게 알렸다. 이는 [중국의] 경과 대부의 가신과 같은 것인데, 회동해서 업무를 처리할 때 왕가(王家)의 사자, 조의, 선인과 같은 서열은 아니었다.

그 나라의 대가(大家, 호족)는 농사를 짓지 않는데 좌식자(坐食者)[31]가 만여 명으로 하호(下戶)가 멀리서 양식과 생선, 소금 등을 가져다 바쳤다. 백성들은 가무를 즐겨 나라 안의 읍락에선 밤이 되면 남녀가 무리 지어 모여서 노래와 유희를 즐긴다. 커다란 창고가 없고 집집마다 작은 창고가 있는데 이를 부경(桴京)이라고 한다. 사람들은 청결한 것을 좋아하고 술을 잘 빚었다. 무릎 꿇고 절할 때에는 한쪽 다리를 펴니 부여와 같지 않으며, 걸음걸이는 모두 달리는 것 같았다.

10월 하늘에 제사를 지내며 나라 안에서 성대한 연회를 여는데, 이를 동맹이라고 한다. 공식 모임의 의복은 모두 비단에 수를 놓고 금은으로 치장한다. 대가(大加)와 주부(主簿)는 머리에 책을 쓰는데 [중국의] 관책과 비슷하나 뒤 부분이 없고, 소가(小加)는 절풍(折風)을 쓰는데 그 모양이 고깔과 같았다.

그 나라의 동쪽에는 거대한 동굴이 있어 수혈(隧穴)이라고 부른다. 10월 성대한 연회를 열 때 수신(隧神)[32]을 영접하여 나라의 동쪽에서 제사를 지내는데, 나무로 만든 수신의 상을 신좌에 모신다. 감옥이 없어 죄지은 자는 제가(諸加)가 회의하여 즉시 사형에 처하고 그 가족은 몰수하여 노비로 삼는다. 풍속에 혼인을 할 경우 혼담이 이루어지면 여자 집에서는 큰집(大屋) 뒤편에 조그만 집(小屋)을 짓는데 이를 서옥(婿屋)이라고 한다. 해질 무렵 사위는 여자(신부)의 집 밖에 이르러서 자신의 이름을 말하고 엎드려 절하며 여자와 잠잘 수 있게 해

---

31) 좌식자는 일반적으로 놀고먹는 사람의 의미로 사용되지만, 여기에서 좌식자는 단지 놀고먹는 사람을 가리키는 것이 아니라 생산 활동 이외에 종사하는 지배 집단을 의미하는 것으로 보인다.

32) 수신은 동굴이 생명의 모태를 상징한다는 점 등에서 풍요·농업과 관련되는 지모신(地母神)으로 간주되고 있으며, 고주몽의 어머니인 유화와 동일시되기도 한다.

달라고 간청한다. 이렇게 두세 번을 거듭하여 여자의 부모가 마침내 서옥에서 자는 것을 허락하면 [가지고 간] 돈과 비단은 [서옥] 옆에 가지런히 놓아둔다. 자식을 낳아 장성하게 되면 아내를 데리고 [자신의] 집으로 돌아간다.

풍속은 음란하다. 남녀가 혼인을 하면 바로 죽어서 입고갈 수의[送終之衣]를 조금씩 만들어 둔다. 장례는 후하게 치러 죽은 자를 보내는데 금, 은, 재화를 아끼지 않았다. 돌을 쌓아서 봉분을 만들고 소나무와 잣나무를 나란히 심었다.

말은 모두 작아서 산을 오르는데 편리하다. 나라 사람들은 기운과 힘이 세고 전투에 능숙하여 옥저와 동예가 모두 복속하고 있다. 또한 소수맥(小水貊) 구려가 있어 대수 유역에 나라를 세우고 살았는데, 서안평현(西安平縣) 북쪽으로 소수(小水)가 있어 남쪽으로 흘러 바다로 들어간다. 구려의 별종이 소수에 의지해서 나라를 세웠으므로 소수맥이라고 하며, 좋은 활을 산출하니 이것이 바로 맥궁(貊弓)이다.

왕망(王莽)시대 초기에 고구려의 군사를 징발해서 흉노[胡]를 정벌하게 하였으나 가려고 하지 않자 강압적으로 보냈더니 모두 요새 밖으로 달아나서는 도적이 되었다. 요서(遼西)의 대윤(大尹) 전담(田譚)이 추격하다 오히려 죽음을 당했다. 주·군·현에서는 구려후 도(騊)의 허물로 돌렸다. 엄우(嚴尤)가 아뢰기를 "맥 사람들이 법을 어긴 것이지, 그 죄가 도(騊)에서 비롯된 것이 아니니 위로하고 안심시키는 것이 마땅한 줄 아옵니다. 지금 그에게 대죄를 씌우게 되면 아마도 반란을 일으키지 않을까 우려됩니다"라고 하였으나 왕망이 듣지 않고 엄우에게 공격하게 하였다. 엄우가 구려후 도를 만나자고 유인하여 그가 도착하자 목을 베고 그 목을 장안으로 보냈다.[33] 왕망이 크게 기뻐하고는 천하에 포고하고 고구려를 하구려로 이름을 고쳐 부르게 하였다. 이때 후국(侯國)이 되었

---

33) 『삼국사기』에 의하면, 고구려가 왕망과 상쟁한 것은 유리명왕 31년(서기 12년) 때 일로서, 유리명왕이 직접 참전하지 않고 휘하 장수인 연비(延丕)를 보내 싸우게 한 것인데, 정보가 부족하거나 혹은 전공을 부풀리기 위해 연비를 고구려왕으로 과장해서 기록한 것으로 보인다.

는데, 후한 광무제 8년(32년) 고구려왕[34]이 사신을 파견해 조공을 하고서 비로소 왕을 칭할 수 있게 되었다.

상제(殤帝)와 안제(安帝) 연간에 구려왕 궁(宮)[35]이 수차례 요동을 노략질하므로 다시 현도에 소속시켰다. 요동태수 채풍(蔡風), 현도태수 요광(姚光)은 궁이 두 군의 해가 된다고 여겨 군사를 일으켜 정벌하였다. 궁이 거짓으로 항복하고 강화를 요청하자 두 군은 진격하지 않았는데, 궁이 은밀히 군사를 보내 현도를 공격하여 후성(候城)을 불태우고는 요수(遼隧)에 침입하여 관원과 백성을 죽였다. 후에 궁이 다시 요동을 침범하자 채풍은 경솔하게 관병을 거느리고 추격해 공격하다가 패배하여 죽었다.

궁이 죽자 아들 백고(伯固)[36]가 즉위하였다. 순제(順帝), 환제(桓帝) 연간에 다시 요동을 침범하여 신안(新安), 거향(居鄉)을 노략질하고 또한 서안평(西安平)을 공격하다 도중에 대방령(帶方令)[37]을 죽이고 낙랑태수의 처자를 약탈하였다. 영제(靈帝) 건녕(建寧) 2년(169년), 현도태수 경림(耿臨)이 [고구려를] 토벌하여 수백 명을 죽이고 사로잡으니 백고가 항복하여 요동에 복속하게 되었다. 가평(嘉平) 연간 백고가 현도에 귀속되기를 간청하였다. 공손탁(公孫度)이 발해 동쪽으로 세력을 떨치자 백고는 대가 우거(優居)와 주부(主簿) 연인(然人) 등을 파견해서 공손탁을 도와 부산적(富山賊)을 공격하여 격파하였다.

백고가 죽자 두 아들이 있었는데 큰 아들이 발기(拔奇)이고 작은 아들이 이이모(伊夷模)이다. 발기가 불초(不肖)하여 나라사람들이 함께 이이모[38]를 옹립하여 왕으로 삼았다. 백고 때부터 여러 차례 요동을 침략했고 또 멸망한 흉노

---

34) 고구려 제3대 군주 대무신왕(大武神王, 재위 4년~44년)이다. 32년에 낙랑을 공격하여 정복하였다.
35) 고구려의 제6대 군주 태조왕(太祖王, 재위 53년~146년)이다.
36) 고구려의 제8대 군주 신대왕(新大王, 재위 165년~179년)이다. 『삼국사기』에는 태조왕의 이복동생이라고 하나 신채호는 태조왕의 서자일 가능성이 크다고 한다.
37) 낙랑군 대방현의 현령이다.
38) 이이모는 고구려 9대 군주 고국천왕(재위 179년~197년)이다.

(胡) 5백여 가를 받아들였는데, 건안(建安) 연간 공손탁이 군사를 보내 공격하여 그 나라(고구려)를 격파하고 읍락을 불태웠다.

발기는 형이면서도 왕위에 오르지 못한 것을 원망하여 연노부의 가(加)와 함께 각각 하호 3만여 명을 거느리고 공손강(公孫康)에게 투항하고 비류수(沸流水)로 돌아와 거주하였다. 투항한 호(胡) 역시 이이모를 배반하자, 이이모는 다시 새로운 나라를 세웠는데 지금 존재하는 것이 그곳이다. [이후] 발기는 마침내 요동으로 가버렸으나 그의 아들은 구려국에 남았으니 바로 지금 고추가의 박위거(駮位居)이다.[39] 그 후 다시 현도를 공격하자 현도와 요동이 함께 공격하여 이를 대파하였다.

이이모는 아들이 없었는데, 관노부[의 여인]과 사통하여 아들을 낳으니 이름을 위궁(位宮)이라고 하였다. 이이모가 죽자 즉위하여 왕이 되니 바로 지금의 구려왕 궁(宮)[40]이다. 증조부의 이름이 궁(宮, 태조왕)인데, 태어나자마자 눈을 떠서 볼 수 있었으므로 나라 사람들이 두려워하였다. 장성하자 과연 흉악하고 포악해 여러 차례 [한나라를] 노략질 하다가 나라를 망가트리게 되었다.

지금 왕도 태어나자마자 역시 눈을 뜨고 사람을 볼 수 있었다. 구려에서는 서로 닮은 것을 위(位)라고 불렀는데, 증조부와 닮았기 때문에 이름을 위궁이라고 한 것이다. 위궁은 힘이 세고 용맹하며 말을 잘 타고 사냥에서 활을 잘 쏘았

---

39) 고구려의 역사에서 왕위를 둘러싼 분쟁이 종종 있었지만, 그중에서도 특히 극적인 느낌을 자아내는 사건이 바로 발기(拔奇)가 일으켰던 난이다. 그런데 『삼국사기』에는 발기가 이이모의 형이 아니라 바로 밑의 동생으로 등장한다. 그에 의하면 197년 이이모, 즉 고국천왕이 후사가 없이 사망하자 왕비인 우씨(于氏)는 처음에 상(喪)을 공포하지 않은 채 바로 밑의 동생인 발기에게 왕위를 이을 것을 권하였으나, 발기는 왕의 죽음을 알지 못하였기 때문에 우씨를 불손하다고 책망하였다. 이에 우씨는 다음 동생인 연우(延優)에게 가서 왕의 죽음을 전하고 발기는 오만하니 연우에게 왕위에 오를 것을 권하였다. 연우가 응하자 다음날 아침 우씨는 왕의 유명(遺命)이라고 속여 연우를 왕으로 즉위하게 하였다. 이에 분노한 발기는 요동태수 공손탁과 결탁하여 무력 침략을 하였으나 실패하고 결국 『삼국지·위지』의 기록과는 달리 자결하였다고 한다. 이 연우가 바로 고구려 제10대 군주 산상왕(山上王, 재위 197년~227년)이다.
40) 고구려 제11대 군주 동천왕(東川王, 재위 227년~248년)이다.

다. 경초(景初) 2년(238년), 태위 사마선왕(司馬宣王)이 무리를 이끌고 공손연(公孫淵)을 토벌할 때 궁이 주부, 대가를 파견해 수천 명을 거느리고 [사마선왕의] 군을 지원하게 하였다. 정시(正始) 3년(242년), 궁이 서안평을 침략하였다. 정시 5년(244) 유주자사 관구검(毌丘儉)에게 격파 당하였는데, 이 이야기는 관구검전에 실려 있다.

4. 동옥저, 북옥저, 물길 별부 읍루하

『후한서』

동옥저(東沃沮)는 고구려 개마대산(蓋馬大山)의 동쪽에 있는데, 동쪽으로는 큰 바다에 접해 있고, 북쪽으로는 읍루와 부여, 남쪽으로는 예맥과 접하고 있다. 땅은 동서로 좁고 남북으로 길어, 네모나게 하면 사방으로 천 리 정도이다. 토지는 비옥하며, 산을 등지고 바다를 향해 있고, 오곡의 농사를 짓기에 좋으며, 읍락에는 장수(長帥, 우두머리)가 있다.[41]

사람들의 성정은 질박하고 곧으며 강인하고 용맹하여 긴 창을 잘 다루며 도보전에 능하다. 언어와 음식, 거처, 의복은 구려와 흡사하다. 장례를 치를 때에는 큰 목곽을 만드는데, 길이가 10여 장(丈)이나 되며 한 쪽 윗부분에 문을 만들었다. 막 죽은 사람은 우선 가매장하여 가죽과 살이 다 썩으면 뼈를 추려서 목곽 안에 안치한다. 집 안 사람들이 모두 하나의 곽을 쓰는데, 나무를 깎아 살아 있을 때와 같은 모습으로 만드니, 죽은 사람의 수만큼 되었다.

무제(武帝)가 조선을 멸하고 옥저의 땅을 현도군으로 삼았다. 후에 동이와

---

41) 당시 옥저 일대는 구심점이 될 만한 강력한 정치적 지도자는 없었고, 읍락마다 우두머리가 존재하였다. 이미 국왕이 존재하고 있었던 부여와 고구려의 경우와 비교된다. 강력한 여러 세력들에 의해 둘러싸여 있었고 무엇보다 낙랑군의 강한 견제를 받은 탓에 정치적 성장 속도가 다소 더디었던 것 같다.

예맥의 침입을 받아, 군(郡)을 고구려의 서북쪽으로 옮기고, 옥저를 현(縣)으로 변경하고서 낙랑(樂浪)의 동부도위(東部都尉)에 속하게 하였다. 광무(光武) 연간에 이르러 도위관(都尉官)을 철폐한 후 그 거수(渠帥)를 모두 봉하여 옥저후(沃沮侯)로 삼았다.[42]

영토가 협소하고, 큰 나라들 사이에 끼어 있어, 마침내 구려에 신하로써 복속하였다. 구려는 다시 그중에서 대인(大人)을 두고 사자(使者)[43]로 삼아 [옥저후와] 서로 감독하게 하고, 조세로 초피(貂皮, 담비 가죽)와 면포, 생선과 소금, 해산물을 바치게 하였으며 아름다운 여성을 뽑아 여종이나 애첩으로 삼았다.

또한 북옥저가 있는데 일명 치구루(置溝婁)라고 한다. 남옥저에서 8백여 리 떨어져 있는데 풍속은 모두 남[옥저]와 같다. 경계의 남쪽은(생각하건대, 남은 마땅히 북이라고 해야 한다) 읍루와 접하고 있는데, 읍루 사람들은 배를 타고 노략질하는 것을 좋아하였기에 북옥저는 이를 두려워하여 여름철에는 항상 바위로 된 동굴[巖穴]에 숨어 지냈고, 겨울이 되어 뱃길이 통하지 않게 되면 내려와 읍락에 거주하였다.

노인이 말하기를 일찍이 바다에 떠다니던 베옷 입은 사람 하나를 건졌는데, 그 모양이 마치 중국인[中人]의 옷 같았고 두 소매의 길이는 3장(丈)이나 되었다. 또한 해안가에서 한 사람을 발견하였는데, 파손된 배에 타고 있었으며, 목덜미에 사람 얼굴의 [문신이] 있었다. 말을 건네 보았으나 통하지 않았으며 아무것도 먹지 못하고 죽었다. 또한 말하길 바다 가운데에 여자 나라가 있는데, 남자는 없다. 전설에 의하면 그 나라에는 신비로운 우물[神井]이 있어 이 우물

---

42) 도위(都尉)는 전한 대의 관직으로 각 군(郡) 및 속국에 둔 군사 및 경찰의 임무를 담당하였다. 낙랑군 동부도위의 철폐는 토착민들의 저항과 후한의 정책이 결부된 결과로서, 29년 철폐된 것으로 보인다.

43) 이 사자(使者)는 고구려의 관직명으로 고구려 초기에는 대가(大加) 아래 소속되어 있었다. 고구려는 때로 정복지 집단의 장이나 유력자를 사자로 임명하여 조세수취를 담당케 하는 간접 지배 양식을 택하기도 하였는데, 옥저의 경우가 그 일례이다.

을 들여다보기만 해도 바로 아들을 낳는다고 하였다[는 고구려의 재대(祭隊) 풍속과 근원을 같이 한다고 한다].

『삼국지·위지』

동옥저(東沃沮)는 고구려 개마대산(蓋馬大山)의 동쪽에 있으며 큰 바다에 근접해서 거주한다. 땅은 동북으로 좁고 서남으로 길어, 천 리 정도이며, 북쪽으로는 읍루(挹婁)와 부여(夫餘), 남쪽으로는 예맥(濊貊)과 접하고 있다. 호구 수는 5천이며, 대군왕은 없고 대대로 읍락에는 장수(長帥, 우두머리)가 있다. 언어는 대체로 구려와 같으나 약간의 차이도 있다. 한나라 초기 연나라 유민인 위만이 조선의 왕일 때 옥저가 모두 복속하였다. 한 무제 원봉(元封) 2년(기원전 109년) 조선을 정벌하여 위만의 손자 우거를 죽인 후 그 땅을 나누어 4군을 삼았는데, 옥저성을 현도군으로 삼았다. 후에 이(夷)와 맥(貊)의 침략을 받아 군은 구려의 서북으로 옮겼는데, 지금의 현도고부(玄菟故府)가 이에 해당한다. 옥저는 다시 낙랑에 속하게 되었다.

한나라의 땅이 광활하여 단단대령의 동쪽을 나누어 동부도위를 설치하였다. 치소를 불내성(不耐城)으로 하고 영동 7현[44]으로 나누어 다스렸는데, 이때 옥저도 모두 현이 되었다. 후한 광무제 건무(建武) 6년(30년) 변경의 군을 정리하였는데, 이를 계기로 도위(都尉)도 혁파하였다. 그 후 현에 있는 모든 거수를 현후(縣侯)로 삼아, 불내·화려·옥저의 여러 현들은 모두 후국(侯國)이 되었다. 이민족[夷狄, 여기에서는 후국]들이 서로 공방전을 벌이는 가운데, 오직 불내의 예후만은 지금[45]도 여전히 공조(功曹)와 주부(主簿) 등 여러 관직을 두고 있는데, 관원은 모두 예민(濊民)이 담당하였다. 옥저 읍락의 거수는 모두 예전 현

---

44) 동이(東暆), 불이(不而), 잠태(蠶台), 화려(華麗), 야두매(邪頭昧), 전막(前莫), 부조(夫租) 현을 가리킨다.
45) 여기에서 지금은 『삼국지』가 편찬된 진(晋)나라 시기를 가리킨다.

국(縣國)의 제도를 본받아 스스로를 삼로(三老)라 칭하였다.[46]

나라가 작아 큰 나라 사이에서 압박을 받다가 마침내 구려에 복속하여 신하가 되었다. 구려는 다시 그중에서 대인을 사자(使者)로 삼아 [거수와] 함께 다스리게 하였다. 또 [고구려인] 대가(大加)로 하여금 조세를 총괄 책임지게 하여, 포목·생선·소금·해산물 등을 천리를 짊어지고 가서 바치게 하였으며, 아름다운 여성을 바치게 하여 여종이나 애첩으로 삼고서는 노복과 마찬가지로 대하였다.

토지는 비옥하고 산을 등진 채 바다를 향하고 있어 오곡이 자라기에 적합하여 농사짓기에 적당하다. 사람들의 성정은 질박하고 정직하며 굳세고 용감하다. 소나 말이 적고 창을 잘 다루며 보병전에 능하였다. 음식·주거·의복·예절은 [고]구려와 유사하다.

장사를 지낼 적에는 큰 나무로 곽(槨)을 만드는데, 길이가 10여 장(丈)이나 되며, 한쪽 윗부분에 문을 만들었다. 막 죽은 사람은 모두 가매장을 하는데, 형체만 덮어두었다가 가죽과 살이 다 썩으면 뼈만 추려서 곽 속에 안치하였다. 온 집안이 모두 하나의 곽을 공유하며, 나무로 살아 있는 형상처럼 깍아 만들어 두는데, 그 형상의 수는 죽은 사람 수만큼 되었다. 또한 질그릇 솥 안에 쌀을 넣어 곽의 문 한쪽에 메달아 놓았다(생각하건대, 현재 중국 북방에서는 여전히 이러한 풍속이 남아 있다).[47]

관구검(冊丘儉)이 구려를 정벌하니 구려왕 궁이 옥저로 달아났다. 이에 군사를 보내 공격하여 옥저의 읍락을 모두 파괴하였으며, 목을 베거나 사로잡은 자가 3천여 명에 이르렀다. 궁은 북옥저로 달아났다. 북옥저는 일명 치구루(置溝婁)라고 한다. 남옥저에서 8백여 리 떨어져 있는데, 그 풍속은 남과 북이 모

---

46) 삼로는 한대 현이나 그 밑의 행정단위인 향에 설치한 향관이다. 부로(父老) 가운데 유덕자를 선발해서 그 지역 인민의 교화를 담당하였다.

47) 옥저에서 목곽 안에 쌀을 담은 솥을 매달아 놓은 것은 곡령(穀靈)의 힘을 빌려 죽은 자의 부활을 빌거나, 죽은 자의 삶을 위한 식량을 마련해 준다는 복합적인 의미를 담고 있다고 한다.

두 같으며, 읍루와 접해 있다. 읍루는 배를 타고 노략질하기를 즐기는데 북옥저는 이를 두려워해서 여름에는 산속 바위 깊은 동굴 속에서 방비를 하다가 겨울이 되어 물이 얼어 뱃길이 통하지 않으면 마침내 촌락으로 내려와 거주하였다.

왕기(王頎)가 별도로 [군사를] 보내 궁을 추격해 토벌하게 하여 그 나라의 동쪽 경계에 이르렀다. 그곳의 노인에게 물었다.

"바다의 동쪽에도 사람이 살고 있는가?"

노인이 대답하였다.

"이 나라 사람이 일찍이 배를 타고 고기를 잡다가 풍랑을 만나 수십 일 만에 동쪽의 한 섬에 이르렀습니다. [섬에는] 사람이 살고 있었지만 말이 서로 통하지 않았습니다. 그곳 풍속에 항시 7월이면 어린 여자아이를 뽑아서 바다에 빠트린다고 합니다."

또한 말하였다.

"또 바다 한 가운데 어느 나라가 있는데, 모두 여자만 있고 남자는 없다고 합니다."

또한 말하였다.

"바다에 떠다니는 베옷 입은 사람 하나를 건졌는데 그 시신은 마치 중국인과 같은 옷을 입고 있었고, 두 소매의 길이는 3장(丈)이나 되었습니다. 또한 파도를 따라 해안가에 밀려온 난파선 한척을 발견하였습니다. [그 배에는] 한 사람이 있었는데 목덜미에 사람 얼굴의 [문신이] 있었습니다. 살려 내서 말을 해보았으나 통하지 않았으며 아무것도 먹지 못하고 죽었습니다."

[노인이 말한] 그 지역은 모두 옥저의 동쪽 큰 바다 가운데에 있다[이는 고혈도(庫頁島), 사할린 지역을 가리킨다. 아락특군도(阿落特群島) 및 하이도(蝦夷島)[48] 등의 지역을 가리키는 것이라고 생각한다].

---

48) 일본의 홋카이도(北海道)를 가리킨다.

5. 예(濊)

『후한서』

예(濊)는 북쪽으로는 고구려와 옥저, 남쪽으로는 진한(辰韓)과 접하고 있다. 동쪽으로는 큰 바다와 닿아 있으며 서쪽으로는 낙랑에 이른다. 예와 옥저, 구려는 모두 본래 조선의 땅이다. 옛날 무왕이 기자(箕子)를 조선에 봉했는데 기자는 예의(禮義)와 농사 및 양잠을 가르쳤고 또한 여덟 가지 조항의 가르침⁴⁹⁾을 제정하여 사람들은 마침내 서로 도둑질하지 않아 문을 닫지 않았으며, 부인들은 정숙하였고 변두(籩豆)⁵⁰⁾로 먹고 마셨다.

그로부터 40여 대가 지나 조선후(朝鮮侯) 준(準)에 이르러 스스로 왕을 칭했다. 한나라 초에 큰 난리로 [조선으로] 몸을 피한 연(燕), 제(齊), 조(趙)나라 사람들이 수만 명이었는데, 연나라 사람 위만(衛滿)이 준(準)을 격파하고 스스로 조선의 왕이 되었고 나라를 전해 손자인 우거(右渠)에 이르렀다.

원삭(元朔) 원년(기원전 128년), 예군(濊君) 남려(南閭) 등이 우거에 모반하여 28만 명을 인솔해 요동으로 와서 복속하자 무제는 그 땅을 창해군(蒼海郡)으로 삼았으나 몇 년 뒤에 폐지하였다.⁵¹⁾ 원봉(元封) 3년(기원전 108년)에 이르러 조선을 멸하고 낙랑(樂浪), 임둔(臨屯), 현도(玄菟), 진번(眞番) 4군을 나누어 설치했다. 소제(昭帝) 시원(始元) 5년(기원전 82년)에 이르러 임둔과 진번을 혁파해 낙랑과 현도에 병합시키고 현도는 다시 구려로 옮겼다. 단단대령(單單大領) 동쪽으로부터 옥저, 예, 맥은 모두 낙랑에 속하게 했다.

---

49) 가르침의 내용에는 '살인한 자는 바로 죽인다', '상해를 입힌 자는 곡물로 배상한다', '도둑질한 경우 남자는 가노(家奴)로, 여자는 계집종[婢]으로 삼는데 속전하려면 50만 전을 지불해야 한다' 등이 있었다고 한다.

50) 나무로 만든 식기나 제기를 가리킨다.

51) 창해군을 폐지한 것은 기원전 126년이다. 창해군으로의 도로건설로 인해 한나라는 물론 창해군 사람들의 반대가 심하게 일어나자 이 군을 폐지하였다고 한다.

그 후 [낙랑의] 관할구역이 광활하여 다시 영동(領東)의 7개 현을 나누어 낙랑동부도위를 설치하였다. 복속한 이후로 풍속이 점차 각박해지고 금지하는 법 또한 점차 많아져 60여 개의 조목에 이르게 되었다. 건무(建武) 6년(30년), 도위(都尉) 관직을 폐지하고 마침내 영동 지역을 포기하고는 그 거수(渠帥)를 현후(縣侯)로 봉하니 모두 세시(歲時)에는 조정에 와서 예를 올렸다.

대군장(大君長)은 없고 관직으로는 후(侯), 읍군(邑君), 삼로(三老)가 있다. 원로들에 의하면 자신들은 예로부터 구려(句驪)와 같은 종족이라고 하는데, 언어와 법, 풍속은 대체로 비슷하였다. 인성이 우직하고 순박하며 욕심이 적고 부탁을 하지 않았다. 남녀 모두 깃이 둥근 옷[曲領]을 입었다.

풍속으로 산천을 중요시하는데 산천에는 각각 영역이 있어 [타인의 산천에는] 함부로 들어가지 않았다. 같은 성씨끼리는 혼인을 하지 않았으며, 꺼리고 금기하는 것이 많아 질병으로 사람이 죽으면 반드시 옛집을 버리고 다시 새로운 집을 지었다. 마(麻)를 재배하고 양잠을 하였으며, 면포를 만들었다. 별자리를 살펴서 그 해의 풍흉을 예측하였다.

매년 10월에는 하늘에 제사를 지내며 밤낮으로 음주가무를 즐겼는데, 이를 무천(舞天)이라고 한다. 또한 호랑이에게 제사를 지내며 신으로 섬겼다. 읍락 간에 서로 침범하는 일이 있으면 반드시 서로 벌하여 노비[生口], 우마(牛馬)를 징수하였는데 이를 책화(責禍)라고 한다. 살인자는 사형에 처하였으며, 도둑이 적었다.

보병전에 능하고 길이가 3장의 창을 만들어 간혹 여러 명이 함께 잡고서 사용하기도 하였다. 낙랑의 단궁(檀弓)은 이 지역에서 나왔다. 또한 무늬 있는 표범[文豹]이 많고 과하마(果下馬)[52]가 있으며 바다에서는 반어(班魚, 바다표범)를 산출하였는데 사신이 오면 이를 모두 바쳤다.

---

52) 키가 3척의 작은 조랑말로 말을 타고서도 과일나무 아래를 지날 수 있다고 해서 붙여진 이름이다.

『삼국지·위지』

예(濊)는 남쪽으로는 진한(辰韓)과 북쪽으로는 고구려, 옥저와 접해 있다. 동쪽으로 큰 바다에 닿아 있으며, 현재 조선의 동쪽은 모두 그 땅이다. 인구는 2만 호(戶)이다. 옛날 기자가 조선에 가서 팔조(八條)의 가르침을 지어 이들을 교화하여 문을 닫아두지 않아도 백성들이 도둑질을 하지 않았다. 그 후 40여 대인 조선후 준(淮)이 참람되게도 왕을 칭하였다. 진승(陳勝) 등의 봉기로 천하가 진(秦)나라를 배반하게 되자, 연(燕), 제(齊), 조(趙)나라의 백성 수만여 명이 조선 땅으로 피난하였다. 연나라 사람 위만(衛滿)은 상투를 틀고 이족(夷族)의 복장을 하고는 그곳의 왕이 되었다.

한 무제가 조선을 정벌해서 멸하고, 그 땅을 나누어 4군으로 삼았다. 이로부터 후에 오랑캐와 한(漢)이 점차 구별되었다. 대군장(大君長)이 없고, 한나라 이래 관직으로는 후(侯), 읍군(邑君), 삼로(三老) 등이 있어 하호(下戶)들을 다스렸다. 원로들에 의하면 예로부터 구려와 같은 종족이라고 한다. 사람들의 성정은 질박하고 성실하며, 욕심이 적고 염치가 있어 구려에 구걸하지 않았다. 언어와 법, 풍속은 대체로 구려와 같으나, 의복에는 차이가 있어 남녀가 모두 깃이 둥근 옷을 입으며, 남자들은 몇 촌 넓이의 은으로 된 꽃모양의 장식을 매달아 치장하였다.

단단대산령(單單大山領)의 서쪽은 낙랑(樂浪)에 속하였고, 그 영동의 7개 현은 도위(都尉)가 다스렸는데 백성은 모두 예(濊)족이다. 후에 도위를 폐지하고, 그 거수(渠帥)를 후(侯)로 봉하였으니 지금의 불내(不耐) 예족은 모두 그 종족이다. 한나라 말기에 다시 구려에 복속하였다.

풍속으로 산천을 중요시하는데, 산천에는 각각 영역이 있어 [타인의 산천에는] 함부로 들어가지 않았다. 같은 성씨끼리는 혼인하지 않았다. 꺼리고 금기하는 것이 많아 질병으로 사람이 사망하면 반드시 옛집을 버리고, 다시 새로운 집을 지었다. 마포(麻布, 삼베)와 양잠을 하고 면포를 만들었다. 별자리를 살펴서 그 해의 풍흉을 예측하였다. 매년 10월 절기에는 하늘에 제사를 지내고 밤낮으로 음주가무를 즐겼는데, 이를 무천(舞天)이라고 한다. 또한 호랑이를 신으로 섬기며 제사를 지냈다. 읍락 간에 서로 침범하는 일이 있으면 반드시 서로 벌하여 노비[生口], 우마(牛馬)를 징수하였는데 이를 책화(責禍)라고 한다. 살인자는 사형에 처하였으며 도둑이 적었다.

길이가 3장의 창을 만들어 간혹 여러 명이 함께 잡고서 사용하기도 하였으며, 보병전에 능하였다. 낙랑의 단궁은 이 지역에서 나온다. 바다에서는 반어피(班魚皮, 바다표범 가죽)를 산출하며 육지에서는 무늬 있는 표범[文豹]이 많다. 또한 과하마(果下馬)를 산출하는데 한나라 환제 때 이를 바쳤다.

정시(正始) 6년(245년), 영동(嶺東)의 예(濊)가 구려에 복속하자 낙랑태수 유무(劉茂)와 대방태수 궁준(弓遵)이 군사를 일으켜 이를 정벌하니, 불내후(不耐侯) 등이 [다스리던] 읍락을 바치고 항복하였다. 정시 8년(247년)에 조정에 이르러 조공을 바치니, 조서를 내려 다시 불내예왕(不耐濊王)에 임명하였다. [예왕은] 백성들 사이에 섞여 거처하며 4계절마다 군에 이르러 알현하였다. [낙랑과 대방] 두 군은 군사가 출정할 일이 있을 때에는 그들에게도 일반 백성과 마찬가지로 세금을 거두거나 부역을 할당하였다.

6. 삼한

『후한서』

한(韓)에는 세 종족이 있는데, 첫째는 마한(馬韓), 둘째는 진한(辰韓), 셋째는 변진(弁辰, 변한)이다. 마한은 [한반도의] 서쪽에 위치하며 모두 54개국으로 나누어져 있는데, 북쪽으로 낙랑, 남쪽으로 왜(倭)와 접하고 있다. 진한(辰韓)은 동쪽에 위치하며 12개국으로 나누어져 있는데, 북쪽으로 예맥(濊貊)과 접하고 있다. 변진(弁辰)은 진한의 남쪽에 위치하며 역시 12개국으로 나누어져 있는데 남쪽으로 왜와 접하고 있다. 모두 78개국인데, 백제(伯濟)는 그중의 한 나라이다.

큰 나라는 만여 호(戶)이고, 작은 나라는 수천 가(家) 정도인데, 각각 산과 바다로 둘러싸여 있다. 토지는 합계 사방 4천여 정도로 동쪽과 서쪽은 바다에 둘러싸여 있으며 모두 옛날의 진국(辰國)이다.[53] 그중에 마한이 가장 커서 그 후손을 공동으로 진왕으로 삼고 목지국(目支國)에 도읍하였다. [진]왕은 삼한의 땅을 모두 다스렸는데, 여러 나라 왕들의 조상은 모두 마한 혈통이다.

마한 사람은 농사와 양잠을 하였으며, 면포(綿布)를 만들었다. 배만한 크기의 밤을 산출하였다. 꼬리가 긴 닭이 있는데, 꼬리의 길이가 5척이 넘었다. 읍락은 잡거(雜居)하였으며 성곽이 없었다. 흙으로 만든 주거지[土室]는 무덤과 같은 모양을 하였으며 위쪽에 출입구가 있었다. 무릎을 꿇고 절하는 예절을 알지 못하고 남녀노소의 구별이 없었다.

금은과 보배, 비단과 융단을 귀하게 여기지 않고, 또 소나 말을 타는 것도 알지 못하였다. 다만 옥구슬을 소중히 여겨 옷에 꿰매어 장식하고 목에 걸거나 귀에 늘어뜨렸다. 대체로 모두 머리카락을 동여매서 상투를 틀었고[魁頭露紒] 베로 만든 도포를 입었으며 짚신을 신었다.

사람들은 건장하고 용맹하여 젊은이들 중에 힘이 있는 자는 집을 지을 때에 줄을 등가죽에 꿰어서 큰 나무를 매달고 큰 소리로 외치는 것을 강건한 것으로 여겼다. 매년 5월 밭갈이가 끝나면 귀신에게 제사를 지내고 밤낮으로 술을 마시면서 무리들이 모여 노래를 하고 춤을 추는데, 춤을 출 때는 언제나 수십 명이 함께 땅을 밟으면서 박자를 맞추었다. 10월 농사일이 끝나면 다시 이와 같이

---

53) 『사기』 및 『한서』의 조선전에 의하면 진국은 위씨조선 시대 현재 한반도 남부에 있었다고 한다. 뒤에 나오는 『삼국지』에서는 "진한은 예전의 진국이다(辰韓者古之辰国也)"라고 하여 3세기의 진한을 진국의 후예라고 보고 있다. 이는 삼한 모두를 예전의 진국이라고 주장하는 『후한서』의 주장과 서로 어긋나는데, 여하튼 진국은 진한, 또한 삼한의 전신이라는 것이다.

하였다.

여러 국읍(國邑)에서는 각각 한 사람에게 천신(天神)에 제사 지내는 일을 주관하게 하였는데, 이 사람을 천군(天君)이라고 하였다. 또한 소도(蘇塗)를 건립하여 방울과 북을 매단 큰 나무를 세우고는 귀신을 섬겼다.

남쪽 경계는 왜(倭)와 가까워서 문신을 한 사람들이 있었다. 진한(辰韓)의 원로들은 스스로 말하길 진(秦) 나라에서 망명한 사람들로 힘든 노역을 피해 한국(韓國)으로 왔더니 마한에서 동쪽 경계의 땅을 나누어 주었다고 한다. 나라[國]를 방(邦)이라 하고 활[弓]을 호(弧)라고 하며, 도둑[賊]을 구(寇)라고 하고 술잔 돌리는 것[行酒]을 행상(行觴)이라 하며 서로를 부를 때 도(徒)라 하여 진(秦)나라 말과 유사했는데 이 때문에 때로는 진한(秦韓)이라고도 하였다. 성곽과 목책 및 가옥이 있다. 여러 조그만 읍락에도 각각 거수(渠帥)가 있었는데, 그중 세력이 큰 읍락의 우두머리를 신지(臣智), 그 다음을 검측(儉側), 그 다음을 번지(樊秖), 그 다음을 살해(殺奚), 그 다음을 읍차(邑借)라고 하였다.

토양이 비옥하여 오곡에 알맞으며, 누에치기를 알고 비단을 짰다. 또한 소와 말을 타고 신부를 맞이하는 것을 예법으로 여겼다. 보행자는 길을 양보하였다. 나라에서는 철을 생산하였는데, [이것을] 예, 왜, 마한과 거래하였다. 무릇 모든 물건을 사고파는 데에는 철을 화폐로 삼았다. 풍속으로 음주와 가무, 거문고 타기를 좋아하며, 아이가 태어나면 머리를 납작하게 만들기 위해 모두 돌로 누른다. 변진과 진한은 잡거하여 성곽이나 의복 등은 같았지만, 언어와 풍속은 달랐다. 사람들의 형상은 모두 체구가 크며 머릿결이 곱고 의복이 청결하였으며, 형벌과 법은 엄격하였다. 그 나라는 왜(倭)와 가까워서 문신한 사람이 매우 많았다.

옛날 조선왕 준(準)은 위만에게 패배하고서 남은 무리 수천 명을 이끌고 바다로 달아나 마한을 공격하여 격파하고는 스스로 한왕(韓王)이 되었다. 준이 그 후 완전히 망하자 마한인들은 다시 스스로 진왕(辰王)을 세웠다. 건무(建武) 20

년(44년), 한(韓)의 염사(廉斯) 출신 소마시(蘇馬諟) 등이 낙랑으로 와서 조공을 바쳤다. 광무제는 소마시를 한(漢)나라 염사읍 군장(君長)으로 삼아 낙랑군에 속하게 하고 사계절 마다 조공하게 하였다.

영제 말기, 한(韓)과 예(濊) 모두 강성하여 군현(郡縣)을 제어하지 못하여 백성들이 어려움을 겪자 많은 사람들이 유망(流亡)하여 한(韓)으로 들어갔다. 마한의 서쪽 바다 가운데 섬에 주호국(州胡國)이 있었는데, 사람들은 키가 작고 왜소하며 머리를 삭발하고 가죽옷을 입었는데 상의만 걸치고 하의는 입지 않았다. 소와 돼지를 잘 기르며 배를 타고 왕래하며 한(韓)과 교역하였다.

『삼국지·위지』

한(韓)은 대방[군]의 남쪽에 있으며, 동쪽과 서쪽은 바다로 둘러싸여 있고, 남쪽은 왜와 접하고 있으며 사방으로 4천 리나 된다. [한에는] 세 종족이 있는데, 첫째는 마한, 둘째는 진한, 셋째는 변한이다. 진한은 옛날의 진국(辰國)이다.

마한은 서쪽에 있는데, 그곳 사람들은 정착하여 농사를 짓고 잠상을 알며 면포를 만들었다. 각각 우두머리[長帥]가 있는데, 세력이 큰 자는 스스로 신지(臣智)라 하고, 그 다음은 읍차(邑借)라고 하였다. [사람들은] 산과 바다에 흩어져 살았으며 성곽은 없었다. 원양국(爰襄國), 모수국(牟水國), 상외국(桑外國), 소석색국(小石索國), 대석색국(大石索國), 우휴모탁국(優休牟涿國), 신분활국(臣濆活國), 백제국(伯濟國), 속로불사국(速盧不斯國), 일화국(日華國), 고탄자국(古誕者國), 고리국(古離國), 노람국(怒藍國), 월지국(月支國), 자리모로국(咨離牟盧國), 소위건국(素謂乾國), 고원국(古爰國), 막로국(莫盧國), 비리국(卑離國), 점리비국(占離卑國), 신흔국(臣釁國), 지침국(支侵國), 구로국(狗盧國), 비미국(卑彌國), 감해비리국(監奚卑離國), 고포국(古蒲國), 치리국국(致利鞠國), 염로국(冉路國), 아림국(兒林國), 사로국(駟盧國), 내비리국(內卑離國), 감해국(感奚國), 만로국(萬盧國), 벽비리국(辟卑離國), 구사오단국(臼斯烏旦國), 일리국(一離國), 불미국(不彌國), 지반국(支半國), 구소국(狗素國), 첩로국(捷盧國), 모로비리국(牟盧卑離國), 신소도국(臣蘇塗國), 고랍국(古臘國), 임소반국(臨素半國), 신운신국(臣雲新國), 여래비리국(如來卑離國), 초산도비리국(楚山塗卑離國), 일난국(一難國), 구해국(狗奚國), 불운국(不雲國), 불사분야국(不斯濆邪國), 원지국(爰池國), 건마국(乾馬國), 초리국(楚離國)이 있는데, 무릇 50여 국이다. 큰 나라는 만여 가이고, 작은 나라는 수천여 가로 총 10여만 호이다.

진왕(辰王)은 월지국(月支國)을 다스렸다. 신지(臣智)는 간혹 우대하는 호칭이 더해져서 신운국(臣雲國)에서는 견지보(遣支報), 안야국(安邪國)에서는 축지분(踧支濆), 신리아(臣離兒)에서는 불례(不例), 구야국(拘邪國)에서는 진지렴(秦支廉)이라고 불렀다. 관직으로는 위솔선(魏率善), 읍군(邑君), 귀의후(歸義侯), 중랑장(中郞將), 도위백장(都尉伯長)이 있었다.

[조선]후(侯) 준(準)은 연나라 망명인 위만의 공격에 패하여 좌우 궁인들을 거느리고 달아나 바다로 들어가 한(韓) 땅에 거주하며 스스로 한왕을 칭하였다. 그 후 멸망하였으나 지금도 한인(韓人)들은 여전히 그를 받들어 제사를 지내고 있다.

한(漢)나라 때에는 낙랑군에 속하여 사계절마다 조공을 바쳤다. 환제(桓帝)·영제(靈帝) 말기에 한(韓)과 예(濊)가 강성하여 군현이 제어하지 못하자 많은 백성이 한국(韓國)으로 흘러 들어갔다. 건안(建安) 연간(196년~220년) 공손강(公孫康)이 둔유현(屯有縣) 이남의 황무지를 분할하여 대방군으로 만들고 공손모(公孫模), 장창(張敞) 등을 파견하여 [한(漢)나라의] 유민을 모아 군사를 일으켜서 한(韓)과 예(濊)를 정벌하자 [한과 예에 있던] 옛 백성들이 차츰 돌아왔으며, 이 후 왜(倭)와 한(韓)은 마침내 대방에 복속되었다.

경초(景初) 연간(237년~239년), 명제(明帝, 재위 226년~239년)가 대방군 태수 유흔(劉昕)과 낙랑군 태수 선우사(鮮于嗣)를 은밀히 파견하여 바다를 건너서 두 군을 평정하고, 여러 한국(韓國)의 신지(臣智)에게는 읍군(邑君)의 인수(印

綬)를 하사하고, 그 다음에게는 읍장(邑長)의 [인수]를 하사하였다. 그들은 의복과 두건을 좋아하여 하호(下戶)들조차도 군에 이르러 [태수를] 알현할 때에는 모두 의복과 두건을 빌렸는데, 스스로 인수와 의복과 두건을 착용하는 자가 천여 명이나 되었다.

[위나라의] 부종사(部從使) 오림(吳林)이 낙랑은 본래 한국(韓國)을 다스렸으므로 진한(辰韓) 8국을 분할하여 낙랑에 병합시키려 하였는데, 역관이 통역함에 서로 다른 점이 있었는지 한(韓)의 신지가 격분해서 대방군의 기리영(崎離營)을 공격하였다. 이때, 태수인 궁준(弓遵)과 낙랑 태수 유무(劉茂)가 군사를 일으켜 정벌했는데, 궁준은 전사하였으나 두 군은 마침내 한을 멸망시켰다.

풍속은 기강이 서 있지 않고 나라에는 비록 주사(主師)가 있었지만, 읍락에 뒤섞여 살았기 때문에 제대로 다스리지 못하였다. 무릎을 꿇고 엎드려 절하는 예절이 없었다. 초가지붕에 흙으로 만든 집에 거주하는데, 그 모양이 마치 무덤과 같았다. 문은 위쪽에 있으며 온 가족이 함께 거주하였는데, 남녀노소의 구별은 없었다.

장례에는 관은 있으나 곽은 없고 소와 말을 타는 법을 몰랐으며, 소와 말은 다 죽은 자에게 보냈다.[54] 옥구슬을 보화로 여겨 옷에 꿰매어 장식하고 목에 걸거나 귀에 늘어뜨린 반면에 금은 비단 등은 귀하게 여기지 않았다. 사람들의 성정은 굳세고 용감하며 맨머리에 상투를 틀었는데, 경병(炅兵)[55]과 같았으며, 베로 만든 도포를 입고 발에는 가죽으로 만든 신을 신었다. 그 나라에 일이 있거나 관가에서 성곽을 쌓게 하면 여러 용감하고 건장한 젊은이들은 모두 등가죽

---

54) 소와 말을 다 죽은 자에게 보냈다는 것은 시신을 안장하면서 소와 말을 같이 매장한 것이 아닌가 생각한다.

55) 진한은 철광 생산이 풍부하여 일찍부터 철제 무기를 사용하였다. 철제 무기는 매우 예리하고 햇빛이 비추면 번쩍였기 때문에 이를 '경병'이라고 하였다. 여기에서 경병과 같았다는 것은 머리를 깍아서 빛나는 병사라는 의미로 사용한 것이 아닌가 생각한다. 그렇다면, 상투를 틀었는데 빛났다는 것은 일반적 상투가 아니라 변발과 유사한 머리 형태였을 것으로 생각한다.

을 뚫어서 큰 밧줄로 관통한 다음 한 장 길이의 나무막대를 매달아서 하루 종일 소리 지르며 힘써 일하는데, 이를 고통으로 여기지 않고 즐거이 일하는 것을 또한 건장하다고 여겼다.

매년 5월 씨뿌리기를 마치고 나서는 귀신에게 제사를 지내고 무리들이 모여 노래하고 춤추며 먹고 마시기를 낮과 밤을 쉬지 않았다. 그 춤은 수십 인이 함께 일어나 서로 뒤를 따르며 땅을 밟고 뛰었다가 내려오는데 손과 발이 서로 호응하여 장단을 맞추니 탁무(鐸舞)와 유사하였다. 10월에 농사일을 마치고서는 또 이와 같이 하였다.

귀신을 믿으며, 국읍(國邑)에서는 각각 한 사람을 세워 천신의 제사를 주관하게 하니, 이를 천군(天君)이라 한다. 또한 여러 나라마다 각각 별읍(別邑)이 있으니 이를 소도(蘇塗)라고 한다. 방울과 북을 메달은 큰 나무를 세우고 귀신을 섬겼다. 도망한 자들이 그 안에 이르면 모두 돌려보내지 않았다. 도적질을 좋아하여 소도를 세운 뜻은 부도(浮屠, 불교)와 유사하나, 그 선악을 행하는 데에는 차이가 있었다.

북방 군현에 가까운 나라들은 예의범절에 다소 밝으나, 먼 나라들은 마치 죄수와 노비들을 서로 모아놓은 것과 같았다. 달리 진귀한 보물은 없고 금수와 초목은 대략 중국과 같다. 큰 밤이 나는데 크기가 배만 하였고, 또한 꼬리가 긴 닭이 있는데, 꼬리의 길이가 5척이 넘었다. 남자들은 때때로 문신을 새기기도 한다. 또한 마한 서쪽 바다 가운데 큰 섬인 주호(州胡)가 있는데, 그 사람들은 키가 작고 왜소하며 언어가 마한과 달랐다. 머리 모양은 모두 선비(鮮卑)와 같았으며, 가죽옷을 입으며 소와 돼지를 잘 길렀는데, 옷은 상의만 있고 하의가 없어 거의 벌거벗은 것 같았다. 배를 타고 왕래하며 마한과 교역을 하였다.

진한(辰韓)은 마한의 동쪽에 있는데, 그곳 원로들이 대대로 전하는 말에 의하면 자신들은 예전 유망인으로 진(秦)나라의 노역을 피해 한(韓)나라에 왔는데, 마한에서 동쪽 경계의 땅을 나누어 주었다고 한다. 성책이 있으며 언어는 마한과 같지 않다. 국(國)을 방(邦), 궁(弓)을 호(弧), 적(賊)을 구(寇) 행주(行酒, 연회석에서 술잔을 돌리는 것)를 행상(行觴), 서로에 대한 호칭을 도(徒)라고 하여 진나라 사람들과 유사하지만, 연과 제나라의 사물에 대한 명칭과는 달랐다. 낙랑 사람을 아잔(阿殘)이라고 하는데, 동쪽 지역 사람이 자신[雅]을 아(阿)라고 하는 것에서 낙랑 사람은 본래 그 남은 사람들이라고 할 수 있는데, 지금은 그들을 진한(秦韓)이라고도 한다. 처음에는 여섯 나라가 있었으나 점차 나누어져 열두 나라가 되었다.

변진(弁辰) 역시 열두 나라이며 또한 모두 조그만 별읍(別邑)을 두고 있다. 각각 거수[渠帥]가 있는데, [세력이] 큰 우두머리를 신지(臣智)라 하고, 그 다음은 험측(險側), 그 다음은 번예(樊濊), 그 다음은 살해(殺奚), 그 다음은 차읍(借邑)이라고 한다.

이저국(已柢國), 불사국(不斯國), 변진미리미동국(弁辰彌離彌凍國), 변진접도국(弁辰接塗國), 근기국(勤耆國), 난미리미동국(難彌離彌凍國), 변진고자미동국(弁辰古資彌凍國), 변진고순시국(弁辰古淳是國), 염해국(冉奚國), 변진반로국(弁辰半路國), 변악노국(弁樂奴國), 군미국(軍彌國), 변진미오사마국(弁辰彌烏邪馬國), 여담국(如湛國), 변진감로국(弁辰甘路國), 호로국(戶路國), 주선국(州鮮國), 마연국(馬延國), 변진구사국(弁辰狗邪國), 변진주조마국(弁辰走漕馬國), 변진안사국(弁辰安邪國), 마연국(馬延國), 변진독로국(弁辰瀆盧國), 사로국(斯盧國), 우중국(優中國)이 있다. 변진과 변한을 합하면 24개국인데, 큰 나라는 4~5천호이며, 작은 나라는 6~7백호로 모두 4~5만호가 된다.

그중 12개국은 진왕(辰王)에 복속하고 있었는데, 진왕은 항상 마한 사람을 등용하여 세워 대대로 계승하였기 때문에 진왕은 스스로 왕이 되지는 못하였다. 토지가 비옥하여 오곡 및 벼농사에 적합하였으며, 양잠에 밝아서 비단을 만들었고 소와 말을 타고 다녔다. 시집 장가가는 예의범절에는 남녀의 구별이 있었으며, 큰 새의 날개를 죽은 자와 함께 묻었는데, 이는 죽은 사람이 하늘높이

날아오르게 하려는 의도였다.

나라에서는 철을 생산하여 한(韓), 예(濊), 왜(倭)가 모두 이를 가져갔으며, 시장에서 물건을 사고 팔 때에도 모두 철을 사용하였는데 마치 중국에서 전(錢)을 사용하는 것과 같았다. 또한 두 군(낙랑군과 대방군)에도 [철을] 공급하였다.

풍속으로 노래하고 춤추며 먹고 마시는 것을 즐기며, 거문고가 있어 그 모양이 축(筑)과 비슷한데 이를 타면 음률과 곡조가 있었다. 아이가 태어나면 바로 돌로 머리를 누르는데 이는 머리를 납작하게 하려는 것이다. 지금 진한 사람은 모두 [머리가 납작한] 편두(褊頭)이다. 남녀는 왜와 가까워서 역시 문신을 하였다. 보병전에 능하며 병사의 무기는 마한과 같았다. 길을 가던 자들이 서로 마주치면 모두 멈추어 서서 길을 양보하는 풍속이 있었다.

변진은 진한과 더불어 섞여 산다. 역시 성곽이 있으며, 의복과 거처는 진한과 같고 언어와 법, 풍속은 서로 유사하나 귀신을 제사하는 것은 달랐다. 부엌은 모두 집의 서쪽에 만들었다. 그중 독로국(瀆盧國)은 왜와 경계를 접하고 있었다. 열두 나라 역시 각각 왕이 있는데 그 사람들은 체격이 모두 컸으며, 의복은 청결하고 머리가 길며 또한 폭이 넓고 곱게 짠 베옷을 지어 입었다. 법도와 풍속이 매우 엄격하였다.

『위략』

당초 우거(右渠)가 아직 격파되지 않았을 때 조선의 재상 역계경(歷谿卿)이 간하였지만, 우거가 듣지 않자 [역계경은] 동쪽의 진국(辰國)으로 갔다. 이때 백성 중에 따라나선 자가 2천여 호나 되었는데, 역시 조선·진번(眞蕃)과는 서로 왕래하지 않았다. 왕망 지황(地皇) 연간(20년~23년)에 이르러 염사치(廉斯鑡)가 진한(辰韓)의 우거수(右渠帥)가 되었는데, 낙랑의 토양이 비옥하고 백성들이 부유하다는 말을 듣고, 망명해서 투항하고자 하였다. 읍락을 벗어나 밭 가운데에서 참새를 쫓고 있는 한 남자를 보았는데, 말하는 것이 한인(韓人)이 아니었다. 이에 물으니, 남자가 대답하였다.

"우리는 한(漢)나라 사람으로 이름은 호래(戶來)입니다. 우리들 무리는 천 5백 명으로 벌목을 하다 한(韓)의 공격을 받아 모두 머리를 깎이고, 노예가 된지 3년이 되었습니다."

염사치가 말하였다.

"나는 한(漢)나라의 낙랑에 투항하러 가는 중인데 그대도 같이 가지 않겠는가?"

호래가 말하였다.

"좋습니다."

진한의 염사치가 호래를 데리고 나와 함자현(含資縣)에 이르렀다. 현에서 군에 보고하니 군은 즉시 염사치를 통역으로 삼고 금중(芩中)에서 커다란 배를 타고 진한으로 가서 무력으로 호래와 함께 투항한 무리 천여 명을 얻었으나 5백 명은 이미 죽고 없었다. 염사치가 진한을 꾸짖으며 말하였다.

"그대들은 5백 명을 돌려보내시오. 만약 그러하지 않는다면 낙랑은 1만 군사를 배에 태워 보내 그대들을 공격할 것이오."

진한이 말하였다.

"5백 명은 이미 죽고 없으니 우리가 마땅히 보상을 하겠습니다."

그리고 이에 진한 사람 1만 5천 명과 변한(弁韓)의 포 1만 5천 필을 내놓았다. 염사치가 이를 거두어들이고는 바로 돌아오니 군에서는 염사치의 공로를 치하하여 관직과 전택을 하사하였다. 그의 자손들은 수 세대를 지나 안제(安帝) 연광(延光) 4년(125년)에 이르기까지 부역을 면제받았다.

『진서』

마한은 …… 태강(太康, 진나라 무제 사마염의 연호) 원년(280년), 2년(281년), 그곳의 왕 빈(頻)이 사신을 파견하여 공물을 바쳤다. 7년(286년), 8년(287

년), 10년(289년)에 또 빈이 [파견한 사신이] 도착하였다. 태희(太熙) 원년(290년), 동이교위(東夷校尉) 하감(何龕)에 이르러 특산물을 바쳤다. 함령(咸寧)[56] 3년(277년)에 다시 왔으며 그 이듬해 또 내부(內附, 와서 복종하는 것)하기를 요청하였다.

진한은 마한의 동쪽에 있으며 스스로 말하기를 진(秦)나라에서 도망해 온 사람들로 고역을 피해 한(韓)나라에 들어왔는데, 한에서 동쪽 경계를 나누어 주어서 거주하게 되었다고 한다. 성책(城柵)을 세우고 언어가 진(秦)나라 사람과 유사하였으므로 간혹 진한(辰韓)을 진한(秦韓)이라고 부르기도 한다.

처음에는 6개 나라가 있었는데 후에 점차로 나누어져 12개 나라가 되었다. 또한 변진(弁辰)이 있는데, 역시 12개 나라이며 모두 4~5만 호로 각각 거수(渠帥)가 있으며 진한(辰韓)에 속해 있었다. 진한은 항상 마한 사람을 세워 왕으로 삼아 비록 대대로 계승하였으나 스스로 서지는 못하였는데, 이는 이주해 온 사람이기 때문에 마한의 통제를 받은 것이 분명하다. …… 무제 태강 원년(280년) 진한의 왕은 사절을 파견해서 특산물을 바쳤으며, 2년(281년)에 다시 와서 조공을 하였고, 7년(286년)에 또 왔다.

『북사』, 「백제전」

백제국(百濟國)은 마한에 속해 있으며 색리국(索離國)에서 나왔다. 그 왕이 행차를 나갔는데, 시녀가 후궁에서 임신을 하였다. 왕이 돌아와서 시녀를 죽이려고 하니 시녀가 말하였다.

"전에 하늘 위를 보니 [상서로운] 기운이 있었는데 마치 크기가 계란만한 것이 내려와서는 감응하여 임신을 하게 되었습니다"

왕이 용서하였더니 후에 남자 아이가 태어났다. 왕은 아이를 돼지우리에 갖

---

56) 시간의 흐름을 거슬러 올라가는 것에서 함령은 연호를 잘 못 쓴 것이 아닌가 생각한다.

다 두게 했더니 돼지가 입 기운으로 불어서 죽지 않았다. 후에 마구간에 옮겨 놓았더니 또한 이와 같았다. 왕은 신비롭게 여겨 기르도록 하고 이름을 동명(東明)이라고 하였다. [동명은] 자라면서 활을 잘 쏘았다. 왕은 그 용맹함을 꺼려서 다시 죽이려고 하였다. 이에 동명은 도망하여 남쪽의 엄체수(淹滯水)에 이르러 활로 물을 치니 물고기와 자라가 다리가 되어 주어 이를 타고 건널 수 있었다. 부여에 이르러 왕이 되었다.

동명의 후손으로 구태(仇台)가 있어 어질고 믿음이 두터웠는데, 처음 대방의 옛 땅에 나라를 세웠다. 한나라 요동태수 공손탁(公孫度)이 자기 딸을 아내로 삼게 하니 마침내 동이 중의 강국이 되었다. 당초 백가(百家)가 건너갔다고 해서 나라 이름을 백제(百濟)라고 하였다. 그 나라는 동쪽으로는 신라, 고구려에 닿아있고, 서남쪽은 모두 큰 바다를 경계로 하고 있으며 조그만 바다의 남쪽에 위치하고 있다. 동서로는 4백5십 리이고, 남북으로는 9백여 리이다. 도읍은 거발성(居拔城)이라고도 하고, 또는 고마성(固麻城)이라고도 한다. 지방에는 5방(五方)이 있는데 중방(中方)을 고사성(古沙城)이라 하고, 동방(東方)을 득안성(得安城), 남방(南方)을 구지하성(久知下城), 서방(西方)을 도선성(刀先城), 북방(北方)을 웅진성(熊津城)이라고 하였다.

왕의 성은 여씨(余氏)이고 어라가(於羅暇)라 부른다. 백성들은 건길지(鞬吉支)라고 부르는데 이는 중국어로 왕이라는 말이다. 또 왕의 아내를 어륙(於陸)이라고 부르는데, 이는 중국어로 왕비라는 말이다. 관등으로 16품(品)이 있으니, 좌평(左平)은 5인으로 1품이고, 달솔(達率)은 30인으로 2품이며, 은솔(恩率)은 3품, 덕솔(德率)은 4품, 간솔(杆率)은 5품, 나솔(奈率)은 6품이다. 이상은 관(冠)을 은화(銀華)로 장식한다. 장덕(將德)은 7품으로 자색 허리띠[紫帶], 시덕(施德)은 8품으로 검은 허리띠[皂帶], 고덕(固德)은 9품으로 붉은 허리띠[赤帶], 계덕(季德)은 10품으로 푸른 허리띠[靑帶]이고, 대덕(對德)은 11품, 문독(文督)은 12품인데 모두 누런 허리띠를 차며, 무독(武督)은 13품, 좌군(佐軍)은 14품,

진무(振武)는 15품, 극우(克虞)는 16품인데, 모두 흰 허리띠를 찬다. 은솔 이하 관리들은 일정한 인원이 없으며, 각각 부사(部司)가 있어 여러 업무를 나누어 담당하였다. 내관(內官)에는 전내부(前內部), 곡내부(谷內部), 내략부(內掠部), 외략부(外掠部), 마부(馬部), 도부(刀部), 공덕부(功德部), 약부(藥部), 목부(木部), 법부(法部), 후관부(後官部)가 있다. 외관(外官)으로는 사군부(司軍部), 사도부(司徒部), 사공부(司空部), 사구부(司寇部), 점구부(點口部), 객부(客部), 외사부(外舍部), 주부(綢部), 일관부(日官部), 시부(市部)가 있다. 지방관[長吏]은 3년에 한 번씩 교대하였다.

도성(都城) 아래로 방(方)이 있는데, 5부로 나뉘어 상부(上部), 전부(前部), 중부(中部), 하부(下部), 후부(後部)라 하였다. 부에는 5항(巷)이 있어 사(士)와 서민이 거주하였고, 부는 병사 5백 명을 통솔하였다. 오방에는 각각 방령(方領) 한 사람을 두었는데 달솔(達率)이 이를 담당하였고 방좌(方佐, 방령의 보좌관) 2명을 두었다. 방에는 10개 군(郡)이 있고 군장(郡將)은 3명을 두었는데, 덕솔(德率)이 담당하게 하였으며 병사는 1200명 이하, 700명 이상을 통솔하고 도성 내외의 서민들과 나머지 작은 성도 모두 나누어 예속시켰다.

사람들은 신라, 고구려, 왜 등이 섞여 있었으며 중국인도 있었다. 음식과 의복은 고구려와 거의 같았다. 가령 조정에 알현하거나 제사지낼 때에는 그 관의 양쪽 곁에 날개를 더하였으나, 전쟁 시에는 배알하는 예를 하지 않았다. 부인들은 분을 바르거나 눈썹을 그리지 않았으며, 여자들은 머리를 땋아 뒤로 드리웠다가 출가하게 되면 양 갈래로 나누어 머리 위로 틀어 올렸다. 옷은 도포와 유사하며 소매가 다소 넓었다.

무기로는 활, 화살, 칼, 창이 있다. 풍속으로 말을 타고 활 쏘는 것을 중요하게 여기며, 전적(典籍)과 사서(史書)를 좋아하여 우수한 사람은 문장에 대한 이해가 상당하였으며 행정 사무에도 능하였다. 또한 의약, 점복, 관상술, 음양오행도 알고 있었다. 불법에 승려와 비구니가 있고 사찰과 탑이 많았으나 도사(道

士)는 없었다. 고각(鼓角, 북과 뿔피리), 공후(箜篌, 현악기), 쟁우(箏竽, 쟁과 피리), 호적(箎笛, 긴 피리) 등의 악기가 있고, 투호(投壺, 투호놀이), 저포(摴 蒲, 윷놀이), 농주(弄珠, 구슬놀이), 악삭(握槊, 주사위놀이) 등 여러 유희가 있었는데, 특히 혁기(奕棋, 바둑)를 좋아하였다.

송(宋)나라의 원가력(元嘉曆)[57]을 사용하며, 인월(寅月)[58]을 세워 연초(年初)로 삼았다. 포목, 비단, 생사, 마, 쌀 등을 세금으로 부과하였는데 그 해의 풍작과 흉작을 헤아려서 차등 있게 징수하였다. 형벌로는 배반하거나 싸움에서 도망친 군인 및 사람을 죽인 자는 목을 베고, 도둑질한 자는 유형에 처하되 훔친물건의 두 배를 징수하였다. 부인이 간통을 범하면 재물 등을 몰수하고 남편 집의 여종으로 삼았다. 혼인하는 예절은 대략 중국의 풍속과 같았다. 부모와 남편이 죽으면 3년 동안 상복을 입으며, 나머지 친척의 경우에는 장례를 마치는 대로 [상복을] 벗었다.

토양이 습하고 기후가 온난하여 사람들은 모두 산에서 살았다. 커다란 밤이 있으며, 오곡과 여러 과일, 채소 그리고 술과 안주와 반찬 등은 내지(內地, 중국)와 같은 것이 많았다. 다만, 낙타, 노새, 당나귀, 양, 거위, 오리 등은 없었다. 왕은 매년 네 번의 중월(仲月; 2월, 5월, 8월, 11월)에 하늘 및 오제의 신에게 제사를 지내고, 시조인 구태(仇台)의 사당을 나라의 도성에 세우고 해마다 네 번 제사를 지냈다. 나라의 서남쪽에는 사람이 사는 섬이 15곳이 있는데, 모두 성읍(城邑)이 있었다.

위(魏)나라 연흥(延興) 2년(472년), 왕 여경(餘慶)[59]이 처음으로 관군장군(冠軍將軍) 부마도위(駙馬都尉) 불사후(弗斯侯), 장사(長史) 여례(餘禮), 용양장군

---

57) 원가력은 남북조시대 송의 천문학자 하승천(何承天)이 편찬한 역법이다. 남조의 송·제·양 왕조에서 원가(元嘉) 22년(445년)부터 천감(天監) 8년(509년)까지 약 65년간 사용되었다. 이 원가력은 백제를 통해 일본에도 전해졌다.
58) 음력 정월을 가리키다.
59) 백제의 제21대 군주 개로왕(蓋鹵王, 재위 455년~475년)이다.

(龍驤將軍) 대방태수(帶方太守) 사마장무(司馬張茂) 등을 보내 표문을 올려 스스로 말하였다.

"신과 고구려는 원래 부여에서 나왔으니, 선대의 시기에는 오랜 친분을 돈독히 하였습니다. 그 조상인 쇠(釗)[60]가 이웃의 우의를 가볍게 져버리고는 신의 영역을 짓밟았습니다. 신의 조상인 수(須)[61]가 군사를 정비하고 신속하게 달려가서 쇠의 목을 베어 매달았습니다. 이로부터 감히 남쪽을 넘보지 못했습니다. [그런데] 풍씨(馮氏, 북연)의 국운이 다하여 그 유민이 [고구려로] 달아난 뒤로 추악한 무리가 점차 강성해져 마침내 능멸과 핍박을 당하게 되었습니다. 원한이 사무치고 재앙이 계속된 지 30여 년입니다. 만일 천자의 자비와 간절한 긍휼이 먼 곳이라도 예외가 없다면 급히 장수 한 사람을 보내어 신의 나라를 구해 주십시오. 미천한 딸을 받들어 보내어 후궁에서 청소를 하게하고, 아울러 자제를 보내어 마구간에서 말을 돌보게 하겠으며, 한 치의 땅과 한 명의 필부라도 감히 저의 것으로 하지 않겠습니다. 지난 경진(庚辰)년(440년) 후에 신의 서쪽 경계의 바다에서 10여 구의 시신을 발견하고, 아울러 의복, 기물, 안장, 굴레를 수습하고 살펴보니 고구려의 물건이 아니었습니다. 후에 들으니 이는 바로 왕의 사람(황제의 사신)이 신의 나라로 내려오다가 잔인하고 흉폭한 놈들(고구려)이 길을 막고서 바다에 빠트린 것이라고 합니다. 이에 수습한 안장 하나를 바쳐 실제 증거로 삼고자 합니다."

헌문제(獻文帝, 재위 465년~471년)는 멀리 외진 곳에서 위험을 무릅쓰고 와서 예물을 보낸 데 대하여 예로써 우대하였고, 사신 소안(邵安)을 보내 함께 돌아가게 하였다. [헌문제는] 조서에서 말하였다.

"표문을 통해 별일이 없음을 들었다. 경이 고구려와 화목하지 못하여 침범

---

60) 고구려 16대 군주 고국원왕(故國原王, 재위 331년~371년)이다. 미천왕의 아들이다.
61) 백제의 제14대 군주 근구수왕(近仇首王, 재위 375년~384년)이다. 참고로 고국원왕을 전사시킨 왕은 근구수왕이 아니라 그 아버지인 근초고왕이다.

을 당하기에 이르렀으나, 진실로 의(義)를 따르고 인(仁)으로써 이를 지킨다면 또한 어찌 원수를 근심하겠는가? 이전 사신을 파견하여 바다를 건너 멀고먼 나라들을 위무하게 하였는데, 여러 해가 지나도 돌아오지 않아 살았는지 죽었는지, 도착했는지 아닌지를 제대로 알 길이 없었다. [그러던 차에] 경이 보내온 안장을 예전에 타던 것과 비교해 보았으나 중국의 물건이 아니니, 애매모호한 일을 가지고 반드시 그러할 것이라는 오류를 범해서는 안 될 것이다. 나라를 경영하고 다스리는 데의 요체는 이미 별지에 마련해 두었다."

또한 조서에서 말하였다.

"고구려는 선조(先朝)로부터 번국을 칭하며 오랜 시절 책무를 다하였다. 그대들과는 비록 옛날부터 틈이 있었다고는 하지만, 우리와는 아직 명을 어긴 허물이 없다. 경이 처음으로 사신을 보내 즉시 정벌할 것을 요구하였으나 이 일을 깊이 검토해 보니 역시 사리에 맞지 않는다. 보내준 비단과 면포, 해산물은 비록 모두 도달하지 않았지만, 경의 지극한 마음만큼은 분명하니, 이제 여러 물품을 별지와 같이 하사한다."

또한 련(璉)⁶²⁾에게 안등(安等)을 목적지까지 보호해서 보내라고 조서를 내렸는데, 안등이 고구려에 도착하자 련은 예전부터 여경(余慶)과 원수지간이었음을 내세워 동쪽으로 지나가는 것을 허락하지 않았다. 안등은 결국 모두 돌아왔다. 이에 조서를 내려 [련을] 엄하게 질책하였다. 5년(475년) 안등을 시켜 동래(東萊)에서 바다를 건너 여경에게 조서[璽書]를 하사하고, 그 정성과 충절을 기리게 하였다. 안등이 해안가에 이르렀으나 풍랑을 만나 표류하다가 마침내 [백제에] 도달하지 못한 채 돌아왔다.

[백제는] 진(晉), 송(宋), 제(齊), 양(梁)나라가 [양자]강 좌우에 웅거할 때에도, 역시 사신을 보내 번국을 칭하였으며, 아울러 책봉을 받았다. 또 위(魏), 북

---

62) 고구려의 제20대 군주 장수왕(長壽王, 재위 412년~491년)이다.

위)와의 [관계]도 끊지 않았으며, 제(齊)가 동위(東魏)에게 선양을 받았을 때에도 그 왕인 융(隆)[63]은 또한 사신을 보내왔다. [융이] 갑자기 죽자, 그의 아들 여창(餘昌)[64] 역시 제나라에 사신을 보내 교통하였다.

무평(武平) 원년(570년), 제나라 후주(後主)가 여창을 사시절(使持節)·시중(侍中)·거기대장군(車騎大將軍)·대방군공(帶方郡公)으로 삼았으며, 백제왕(百濟王)은 이전과 같이 하였다. [무평] 2년(571년)에 또 여창을 지절(持節)·도독동청주제군사(都督東青州諸軍事)·동청주자사(東青州刺史)로 삼았다. 주(周)나라 건덕(建德) 6년(577년), 제나라가 멸망하자 여창이 비로소 주나라에 사신을 파견하였다. 선정(宣政) 원년(578년)에 또 사신을 파견해 공물을 바쳤다.

수(隋)나라 개황(開皇, 581년~600년) 초에 여창(餘昌)이 또 사신을 보내 특산물을 바치니, 상개부(上開府)·대방군공(帶方郡公)·백제왕(百濟王)의 직위를 수여하였다. [수나라가] 진(陳)나라를 평정한 해(589년)에 전선(戰船)이 표류하여 해동의 탐모라국(耽牟羅國, 현 제주도)에 이르렀다. 그 배가 돌아오면서 백제를 지나자, 여창이 매우 후하게 재물을 보내 주었으며 아울러 사신을 파견해 표문을 올려 진나라를 평정한 것을 경하하였다. 문제(文帝)가 이를 치하해서 조서를 내려 말하였다.

"그대의 나라는 멀리 떨어져 있어서 오고 가는 것이 지극히 어려우니, 이후로는 해마다 와서 조공할 필요는 없다."

사신이 춤을 추며 돌아갔다.

[개황] 8년(598년), 여창이 장사(長史) 왕변나(王辯那)를 사신으로 파견해 특산물을 바쳤는데, 마침 요동의 역[遼東之役, 고구려와의 전쟁]이 일어나자, 표

---

63) 백제의 제25대 군주 무령왕(武寧王, 재위 501년~523년)이다. 북제가 동위에게 선양을 받은 해는 550년인데, 무령왕의 재위기간과는 맞지 않는다. 아마 그 다음대인 성왕(재위 523년~554년) 때일 것이다.

64) 백제의 제27대 군주 위덕왕(威德王, 재위 554년~598년)이다. 성은 부여(扶餘), 휘는 창(昌)으로, 성왕의 맏아들이다.

문을 보내 군도(軍導, 길잡이)가 되기를 요청하였다. 문제(文帝)가 조서를 내려 그 사신을 후하게 대접하고 돌려보냈다. 고구려가 그 사실을 알고는 [백제의] 경계를 무력 침범하였다. 여창이 죽자, 아들 여장(餘璋)[65]이 즉위하였다. 대업(大業) 3년(607년)에 여장이 사신 연문진(燕文進)을 파견해 조공하였고, 그 해에 또 왕효린(王孝鄰)을 사신으로 파견해 공물을 바치고, 고구려를 정벌할 것을 요청하였다.

양제(煬帝)가 이를 허락하고는, 고구려의 동정을 살피도록 명하였다. 그러나 여장은 안으로는 고구려와 우호관계를 맺고서는 간사한 마음을 품고 중국의 [동정을] 엿본 것이다. [대업] 7년(611년), 양제가 친히 고구려를 정벌하였는데, 여장이 신하인 국지모(國智牟)를 사신으로 파견해서 군령(軍令)을 [내려줄 것을] 요청하자 양제가 크게 기뻐하며 상을 후하게 내리고, 상서기부랑(尚書起部郎) 석률(席律)을 백제에 보내 [군령을] 알려주었다. 이듬 해(612년)에 6군이 요수(遼水)를 건너자, 여장 또한 국경에 군사를 배치하고 [수나라의] 군사를 도울 것을 표명하였으나, 사실은 거취를 결정하지 못한 채 망설이고 있었다. 얼마 안 되어 신라와 균열이 생겨 자주 전쟁을 하였다. [대업] 10년(614년), 다시 사신을 파견해 조공하였다. 후에 천하가 어지러워지면서 마침내 사절도 끊어졌다. 그 남쪽 바닷길로 3개월을 가면 탐모라국(耽牟羅國)이 있는데, 남북으로 천여 리이고 동서로 수백 리이다. 그 땅에는 노루와 사슴이 많으며, 백제에 복속하였다. 서쪽으로 3일을 가면 맥국(貊國)에 이르는데, 천여 리라고 한다.

『북사』, 「신라전」

신라의 선조는 본래 진한(辰韓) 종족이다. 그 땅은 고구려의 동남쪽에 있으며 한나라 시기의 낙랑 지역이다. 진한(辰韓)은 또한 진한(秦韓)이라고도 한다.

---

65) 백제의 제28대 군주인 혜왕(惠王, 재위 598년~599년)이다. 성은 부여(扶餘), 이름은 계(季)이고, 헌왕(獻王)이라고도 한다. 성왕의 둘째 아들이며, 선대인 위덕왕의 동생이다.

대대로 전해오는 말에 의하면 진(秦)나라 때 유망인(流亡人)들이 고역(苦役)을 피하여 [마한으로] 가자, 마한에서는 동쪽 경계를 분할하여 살게 하였는데, 진나라 사람인 까닭에 그곳을 진한(秦韓)이라고 하였다고 한다. 그들의 언어와 물건 이름은 중국인과 유사하여 국(國)을 방(邦), 궁(弓)을 호(弧), 적(賊)을 구(寇), 행주(行酒, 연회석에서 술잔을 돌리는 것)를 행상(行觴)이라 한다. 서로에 대한 호칭을 도(徒)라고 하여 마한과 달랐다.

또 진한(辰韓)은 항상 마한 사람을 왕으로 세워 대대로 계승하여 진한 스스로 왕을 세울 수 없었는데, 이는 유랑해서 이주해 온 사람이기 때문에 항상 마한의 통제를 받았던 것을 밝혀준다. 진한은 처음 여섯 나라였는데, 점차 나누어져 열두 나라가 되었다. 신라는 그중 하나이다. 일설에 의하면 위나라 장수 관구검(毌丘儉)이 고구려를 정벌하여 격파하니, [고구려인들은] 옥저로 달아났다가 그 뒤 다시 자기 나라로 돌아갔는데, 남은 자들이 마침내 신라를 세웠다고 한다. [신라를] 사로(斯盧)라고도 한다.

중국·고구려·백제의 족속의 사람들이 두루 있으며, 옥저·불내(不耐)·한(韓)·예(濊)의 땅을 차지하고 있다. 나라의 왕은 본래 백제 사람이었는데, 바다로 도망쳐 신라로 들어가 마침내 그 나라의 왕이 되었다. 당초에는 백제에 복속하였는데, 백제가 고구려를 정벌하자 [고구려인들이] 융역[戎役]을 견디지 못하고 잇달아 [신라에] 귀의하니 마침내 강성해져 백제를 습격하고 가라국(迦羅國)을 복속시켰다.[66]

개황 14년(594년), 30대를 거쳐 진평왕(眞平王) 시기에 사신을 파견해 특산

---

[66] 융역을 견디지 못한 주체가 누구인가에 대해서는 백제에 복속하고 있던 신라인이라는 설도 있다. 그러나 그 설로는 뒤에 신라가 강성해진 연유가 설명이 되지 않는다. 이에 『수서』와 『당서』의 「신라전」을 보면 "其先附庸於百濟, 後因百濟征高麗, 高麗人不堪戎役, 相率歸之, 遂致强盛, 因襲百濟附庸於迦羅國."이라고 하여 백제가 고구려를 정벌함에 고구려인들이 융역을 견디지 못하고 잇달아 [신라에] 귀의(피난)하여 마침내 강성해졌다고 한다. 여기에서는 이에 근거해서 해석하였다. 그리고 이어지는 문장은 그대로 해석하면 신라가 가라국에 복속하였다고 해야 하지만, 문맥상 어색하므로 신라가 가라국을 복속시킨 것으로 해석하였다.

물을 바쳤다. [수나라] 문제(文帝)가 진평왕에게 상개부 낙랑군공 신라왕(眞平上開府樂浪郡公新羅王)을 하사하였다. 관직으로는 17관등이 있는데, 첫째는 이벌간(伊罰干)으로 승상[相國]의 지위에 해당하였다. 다음은 이척간(伊尺干), 다음은 영간(迎干), 다음은 파미간(破彌干), 다음은 대아척간(大阿尺干), 다음은 아척간(阿尺干), 다음은 을길간(乙吉干), 다음은 사돌간(沙咄干), 다음은 급복간(及伏干), 다음은 대나마간(大奈摩干), 다음은 나마(奈摩), 다음은 대사(大舍), 다음은 소사(小舍), 다음은 길사(吉士), 다음은 대오(大烏), 다음은 소오(小烏), 다음은 조위(造位)이다.

외부에는 군현이 있다. 문자와 갑병(甲兵)은 중국과 같았다. 사람들 중에 건장한 자를 선발해서 모두 군에 편입시켜 봉화·수자리·순라 등의 군영과 대오를 갖추었다.

풍속·형정(刑政)·의복은 대체로 고구려·백제와 같았다. 매년 정월 초하루[67]에는 서로 하례하였는데, 왕은 연회를 베풀어 여러 관원들의 노고를 치하하였다. 그 날에는 일신(日神)과 월신(月神)에게 제사를 드렸다. 8월 15일에는 잔치를 열어, 관원들에게 활을 쏘게 하고 상으로 말과 삼베를 하사하였다. 큰일이 있으면, 바로 관원들을 모아서 진지하게 논의하여 정하였다. 의복의 색깔은 흰 색을 상서롭게 여겼다. 부인들은 머리를 땋아 목에 두르고는 여러 가지 빛깔의 구슬로 장식하였다. 혼례의 예절은 단지 술과 음식뿐이지만, 빈부에 따라 정도의 차이가 있었다.

신부는 저녁에 여자가 먼저 시부모에게 절을 하고, 다음에 [남편의] 대형(大兄)과 남편에게 절하였다. 죽으면 [시신을] 관에 넣고 장례를 치르고서 분묘를 세웠다. 왕 및 부모와 처자의 상은 1년간 상복을 입었다. 땅이 매우 비옥하여 논농사와 밭농사를 아울러 지었으며, 오곡과 과일, 채소, 새와 짐승 등의 산물은

---

67) 『북사』 원문에는 매월 초하루로 되어 있으나 여기에서는 설날의 풍습으로 이해하는 것이 타당할 것 같다.

대체로 중국과 같았다. 대업(大業, 605년~618년) 이래 해마다 [사신을] 파견해 조공을 하였다. 신라 지역은 험준한 산이 많아서 비록 백제와 원한이 있으나, 백제 또한 [쉽게] 도모하지는 못하였다.

하. 분석

1. 지리적 위치

부여

부여는 애초 모용씨에게 멸망된 후 말갈에 병합되었는데, 발해의 부여부(夫餘府)는 그 옛 땅이다. 부여부는 요(遼)나라 때 황룡부(黃龍府)[68]로 변경되었는데,『구오대사(舊五代史)』에 의하면 북쪽으로 혼동강(混同江)에서 겨우 백 리에 이른다고 하니 지금 장춘(長春)의 동북쪽에 있었을 것이다. 요나라 황룡부는 금나라의 상경로(上京路)에 속하며 이른바 융주(隆州)이다[금나라 천권(天眷) 3년(1140년), 황룡부를 제주(濟州)로 변경하고 이섭군(利涉軍)을 설치하였다. 천덕(天德) 4년(1152년)에는 제주로전운사(濟州路轉運司)로 명칭을 변경하였다. 대정(大定) 29년(1189년) 융주(隆州)로 개명하고, 정우(貞祐, 1213년~1216년) 초기 융안부(隆安府)로 승격하였다(『금사(金史)』참조)].

원나라 때는 요양성(遼陽省) 개원로(開元路)에 속하였으며, 명나라 때는 삼만위(三萬衛)에 속하였다. 현재 길림성 장춘, 농안(農安), 부여 등 현은 모두 [부여의] 옛 땅이다. 부여의 면적은 사방이 2천 리였다고 하는 것에서 황룡부의 옛 땅만이 이에 해당한다고 할 수 없다.『삼국지ㆍ위지』에서 "동이의 지역 중에서 가장 평평하며 탁

---

68) 『요사(遼史)』에 의하면 태조가 발해를 평정하고 부여부에서 묵었는데 성 위에 황룡이 나타나 부여부를 황룡부로 변경하였다고 한다.

트여 있다"라고 한 것에서 현재의 길림성 서쪽 경계나 흑룡강 남쪽 경계, 혹은 조남 (洮南) 일대의 대평원에 걸쳐 있었음이 분명하다. 그리고 "산릉(山陵)과 넓은 연못 이 많았다"라는 것에서 길림성 중부의 산택에 걸쳐있거나 혹은 홍안령(興安嶺) 남 단에 걸쳐 있었을 것이다. 『후한서』, 『삼국지·위지』에서는 모두 현도에서 북쪽으로 천리에 있으며, 요동이라고 말하지 않는 것에서 그 구역은 분명히 지금의 송화강 (松花江) 동쪽 기슭의 땅을 포괄하였을 것이라고 생각한다.

읍루

읍루의 지리적 위치는『후한서』,『삼국지·위지』에서 매우 명확히 언급하고 있다. 서쪽으로는 부여와 경계하고, 동쪽으로는 큰 바다에 닿아 있으며, 남쪽으로는 옥저 와 접해 있고, 북쪽으로는 그 끝나는 곳을 알 수 없다고 하니 대체로 현재 길림성의 동부, 흑룡강성의 동부, 러시아에 속하는 동해 빈주(濱州)의 대부분 및 아무르주가 이에 해당할 것이다. 서쪽과 남쪽 방향으로는 모두 중국의 관할 접경지가 아니기 때문에 중국과의 관계는 매우 적었다. 『만주원류고』에서 흥경[興京, 현재 흥빈현(興 濱縣)] 또한 숙신의 한 지역이라고 여긴 것은 훗날 물길의 범위를 역으로 읍루라고 논한 것에서 온 오류이다. 또한 『만주원류고』는 청대의 관찬서로, 청대는 숙신을 [자신들의] 먼 조상이라고 인식하였기 때문에 과장하였을 것이다. 읍루는 여러 부 락으로 흩어져 있어 통일된 국가가 아니었기 때문에 도성(都城)이 없었다. 『송막기 문(宋漠紀聞)』에 의하면 "옛 숙신 성(城)은 사방이 약 5리 가량으로 지금도 성첩(城 堞)[69]이 남아 있다. 발해 국도에서 30리 정도 떨어져 있는데 역시 돌을 쌓아서 성의 기초를 삼았다"라고 한다. 돌로 기초를 다져 성을 쌓고 사방이 약 5리 정도였다고 하는 것에서 한(漢)대 읍루는 할 수 없었을 것이 분명하기 때문에 대략 물길시대 이 후에 쌓은 것이 아닌가 생각한다[발해의 도성은 현재의 영안(寧安), 즉 영고탑(寧古

---

69) 넓은 의미에서 낮게 쌓은 성의 담장을 가리킨다.

塔)에 있으므로 숙신의 성은 영안부성(寧安附城)에 있었을 것이다].

고구려·구려

생각하건대, 『후한서』에서 고구려와 구려는 한 권에 있으면서 전(傳)이 나뉘어져 있는데, 『삼국지·위지』에는 구려전은 없고 고구려전은 『후한서』의 고구려전과 [내용이] 서로 같다. 아마도 구려는 본래 한 부류가 아니다. 한나라 무제 때 구려의 하나인 고구려를 현으로 삼았으며, 소제(昭帝) 시원(始原) 5년(기원전 82년) 현도군의 치소를 [이곳으로] 옮겼다. 전한 말기 구려의 한 지류로 불린 소수맥(小水貊)이 점차 강성해져서 고구려의 옛 이름을 답습하였으나 한나라 무제 때의 명칭인 현과는 결코 같은 부류가 아니다. 고구려는 전한 말기 흥망성쇠를 거치면서 그 강역 또한 역대로 변천을 거듭하였다. 이에 대해서는 다음 절에서 상세히 논하겠다.

옥저

옥저의 지리적 위치는 『후한서』와 『삼국지·위지』에 기록된 바에 의하면 대체로 지금 조선의 동북쪽 경계, 즉 함경도 일대 및 길림성 동남쪽 구역, 그리고 러시아령 동해 빈주(濱州)의 남부에 해당할 것이다. 동옥저는 대체로 지금 함경도 지역 및 길림성 동남단, 북옥저는 동해 빈주의 남부에 해당할 것이다. 옥저는 부여나 고구려와 같이 하나의 국가가 아니라 여러 부락으로 분산되어 있었으며, 백성은 예민(濊民)이다. 『요사』, 「지리지」에 의하면 "해주(海州) 남해군(南海軍)은 본래 옥저국 땅으로 옥저현이 있었다"라고 한다. 이 지역은 [지금은] 알 수 없으나 발해 이래 이른바 솔빈로(率賓路)는 옥저의 본체에 해당할 것이다.

예(濊)

예의 영역은 한나라 동부도위에 속해 있었으며, 금강산맥이 동쪽으로 뻗어나가는 지역이다. 대체로 지금 조선의 강원도에 해당하는데, 북쪽으로는 함경도와 옥저의 경계에 걸쳐 있으며 남쪽으로는 경상도와 진국(辰國)의 접경지에 걸쳐 있었다.

삼한

삼한은 진국(辰國) 및 그 서쪽 인근 부락의 연변(演變)으로 한인(漢人) 및 예 부족과 달리 한반도의 토착 혼합체라고 할 수 있으며, 예인(濊人)과 비교해서 문화[수준]은 낮았다. 지리적 위치는 지금 경상도와 전라도 양도에 해당하며, 흥성할 때에는 충청도까지 아우르고 있었다. 『삼국지·위지』에 의하면 "한(韓)은 대방군의 남쪽에 있다"라고 하는데, 북쪽으로 경기도에 이르지는 못했을 것이다.

현재 삼한의 경계를 명확히 알 수는 없지만, 그 상대적 위치는 밝힐 수 있다. 진한이 동부, 마한이 서부에 위치하고 있었으며, 변진은 이 양자 사이에 끼인 채 남쪽에 치우쳐 있었다. 남북조 시기의 이른바 임나(任那)는 대체로 변진의 옛 땅일 것이다[『동국문헌비고(東國文獻備考)』에 기록된 역대 강역은 그림으로 나타낼 수 없으며 연대 또한 표명할 수 없어 채용하기 어렵기 때문에 여기에서는 생략한다].

2. 족류(族類)

한, 위진 시기 동북 제 부족의 분류는 『후한서』, 『삼국지·위지』에 매우 정연하게 기록되어 있다. 그러나 근대적 사고의 요구에 비추어 볼 때, 고대의 서술은 부합하지 못하는 점이 많으므로 여러 서적에 기록된 글자 사이의 행간의 의의를 세세하게 이해하지 않는다면, 중요한 사실을 간과하기 쉬울 것이다. 따라서 분석에 앞서 우선 두 가지 사실을 짚고 넘어갈 필요가 있다.

첫째, 여러 서적에 기록된 동북 부족은 한 시대의 사실이 아니라는 것이다. 기씨 조선에서 모용씨에 이르기까지 비록 한족 및 그 문화의 동진(東進)은 이미 항시적인 일이었지만, 역대 여러 오랑캐의 흥망성쇠는 같지 않았으며, 강역의 이합집산 역시 달랐다. 이를 혼동해서 한 시대의 사실로 간주한다면 지극히 중요한 사항을 놓치게 될 수 있으니, 반드시 시대별로 흥망을 살핀 후에야 본래의 흐름을 파악할 수 있을 것이다.

둘째, 일국 내, 한 지역의 백성이 모두 순일한 부족은 아니라는 것이다. 동북 지역은 북쪽으로는 흑수금산(黑水金山)에 접해 있고, 서쪽으로는 한해(瀚海)와 송막(松漠)으로 이어져 있으며, 남쪽으로는 한반도를 끼고서 서남쪽으로 산동반도와 서로 대응하고 있다. 형세가 바다와 육지 모두 봉쇄되어 있지 않았기 때문에 역사적으로 당연히 다수의 민족이 이주해 오거나 갔다. 그로 인해 지역에 따라서는 통치자와 백성이 서로 다른 부족인 경우가 종종 있었다. 게다가 한 지역의 백성인 경우에도 그 연원이 반드시 하나의 줄기였다고 할 수 없으며, 계급 형성 역시 피할 수 없었다. 이 계급의 형세를 간과해 버린다면 역사적 사실은 매우 혼란스러워질 것이다.

예를 들어 부여의 경우 지배층은 '유망인(有亡人)'이었지만, 피지배층은 예민(濊民)이었다. 또한 진한(辰韓)의 본체는 마한 등 한반도 남부의 원주민과 진인(秦人)이 혼합된 것이다. 백제의 경우 백성은 옛 마한인이고 왕조는 부여 통치자의 한 지류였다. 나아가 기씨, 위씨조선의 통치자는 비록 중국에서 이주해 갔으나, 대부분의 백성은 옛 예맥족이 적지 않았던 것이다.

지금 막연하게 언급하면 그 개요와 강령을 오해할 우려가 있기 때문에 우선 동북 제 부족 내에 있는 계급을 잘 살펴야만 동북 제 지역의 민족 분포를 알 수 있을 것이다[이 일련의 사실은 역사를 연구할 때 가장 소홀히 해서는 안되는 것이다. 가령 '대청제국'은 외국인이 중국을 일컫는 것으로, 혁명 시기 중국인은 만청(滿淸)이라고 하였다. 이 두 가지 견해가 모두 틀리지는 않지만 전 인민의 관점에서 본다면 '대청제국' 자체가 중국이며, 통치 조직을 대상으로 한다면 청국은 본래 만주인 것이다. 쑤오룬(索倫), 예허(葉赫)의 제 부를 여진이라 하고, 우량하(兀良哈)를 몽골이라고 하는 것은 모두 이와 같이 볼 수 있다. 거란과 금나라 사람은 원대에 들어가 한인(漢人)이라고 불리니, 이는 옛 요, 금 대부분의 인민이 모두 한인이었기 때문이다. 그러므로 나라가 멸망한 이후에는 [인민의] 다수에 따라서 부르는 것이다. 거란이란 말은 러시아 및 몇몇 서북 부족 중에서 중국을 칭한 단어로 역시 이와 같다.

쑤어룬은 여진에서 나왔고, 우량하는 몽골에서 나왔지만, 거란은 본래 중국[諸夏]이므로 자체로는 큰 차이가 있다. 그러나 관습화된 호칭에는 본래 나름의 이유가 있을 것이므로 성급하게 그릇된 것으로 여겨서는 안 된다. 세상에는 순수한 민족이 매우 적은데, 봉건시대 사회의 계급 즉, 민족의 계급은 소수의 통치자와 다수의 피통치자가 항상 일치하지는 않았다. 만일 계급을 고려하지 않은 채, 어떤 나라가 어떤 부족에서 나왔다고 하는 것은 반드시 주의해야 한다].

이 두 가지 사항에 주의하면서 분석하면 다음과 같다.

첫째, 중국인이다.

중국인이란 연(燕), 제(齊) 일대에서 중원으로 이주하여 한어(漢語)를 모어로 사용하는 민족을 가리키는 말이다. 이 민족은 문화적으로 우월한 세력 및 거대한 정치 조직을 가지고 태고적부터 이미 동쪽을 향해 개척해 나갔다. 요동반도에는 처음부터 산동반도와 동일한 민족이 거주하고 있었던 것이다. 문헌상 중국에서 외부로 이주해 간 것 중 가장 빠른 것은 기자를 동쪽에 책봉한 것이다. 그 땅은 지금의 압록강[옛 이름은 마자수(馬訾水)] 양쪽 강변에 해당할 것이다. 그 후 연나라와 진나라 시기 영토를 개척하여 패수(浿水, 지금의 대동강)를 넘어 열수(洌水, 지금의 한강의 북쪽 지류)로까지 이르렀으며, 요동과 요서에 모두 군현을 설치하였다. 이는 기원전 3세기 상황으로 중국 세력은 이미 조선 서반부(한반도의 서남 지역 제외)까지 개척하였던 것이다. 따라서 한 무제가 낙랑군을 설치한 것은 역사상 최초의 업적이 아니라 이전의 사업을 계승한 것에 불과하다(상세한 것은 본서 윗장을 참조).

중국인 세력은 더욱이 동남쪽을 향해 진국(辰國)까지 들어갔다. 진한(辰韓)은 실제로 중국인과 토착인의 혼합 국가로서 그들의 언어에는 중국어 성분뿐만 아니라 진인(秦人)의 방언도 내포하고 있다. 『후한서』에 의하면 "진한(辰韓)의 원로들은 스스로 진나라의 유망인으로 고역을 피해 한국으로 가서 마한의 동쪽 경계의 땅을 분

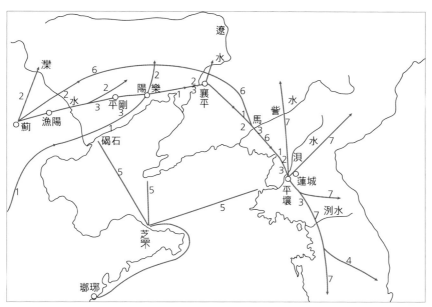

무제가 조선을 평정하기 전 중국인의 동쪽 진출에 대한 지도
1. 기자가 동쪽으로 떠난 선 (이는 가정이다.)
2. 연나라 사람이 동향, 북향으로 요동, 요서 제군을 개척한 선
3. 진(秦)나라 사람이 개척한 선
4. 진(秦)나라 사람이 진국(辰國)에 들어간 선
5. 예전 해상 교통로
6. 위만 조선의 선
7. 위씨가 조선에 거하면서 외부로 향해 영토를 개척한 선

할 받았다. 국(國)을 방(邦), 궁(弓)을 호(弧), 적(賊)을 구(寇), 행주(行酒, 연회석에서 술잔을 돌리는 것)를 행상(行觴), 서로에 대한 호칭을 도(徒)라고 하여 진나라 말과 유사하였기 때문에 진한(秦韓)이라고도 하였다"라고 한다. 『삼국지·위지』에는 "원로들이 대대로 전하는 말에 의하면 자신들은 예전 유망인으로 진(秦)나라의 노역을 피해 한(韓)나라에 왔는데, 마한에서 동쪽 경계의 땅을 나누어 주었다고 한다. 성책이 있으며 언어는 마한과 같지 않다. 국을 방, 궁을 호, 적을 구, 행주를 행상, 서로에 대한 호칭을 도라고 하여 진나라 사람들과 유사하지만, 연과 제나라의 사물

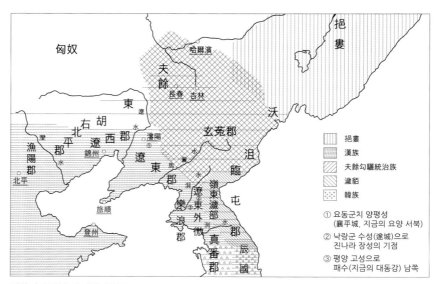

진한시기 동북 각 민족의 분포도
진시황제의 통일부터 한무제가 조선을 평정하고 4군을 설치할 때까지 진(秦)·위씨(衛氏)·한(漢) 3대를 거침.

에 대한 명칭과는 달랐다"라고 한다. 이는 명확한 증거이다. 연나라 사람 위만은 수만의 '유망인'을 인솔해서 동쪽으로 패수를 건너 기씨(箕氏)를 정벌하고 나라를 세웠는데, 예맥, 진번, 옥저가 모두 복속하였기 때문에 거느리는 중국인은 더욱 많았을 것이다. 한 무제가 통일한 이후에는 마침내 요외(遼外)에 제군을 견고하게 설치하여 부여와 구려, 예맥이 모두 복속하였다. 이후 모용씨가 흥성하기까지 4백여 년 한인(漢人)들은 견고하게 그 세력을 개척하고 확장하였다. 무릇 동쪽으로 이주한 흔적은 대략 첨부한 지도와 같다.

둘째, 예맥이다.

예와 예맥은 하나이다. 제4장 5절에서 소개한 예(濊)는 사실 예족(濊族) 전체를 포괄한 것은 아니다. [넓은 의미에서] 예족은 부여·구려·옥저를 포함하고 있다.

『후한서』에서 "부여국은 본래 예 지역이다"라고 하고, 『삼국지·위지』에서 "부여 …… 그 인(印)은 '예왕의 인'이고 나라에 있는 고성의 이름은 예성(濊城)이니 대체로 본래 예맥의 땅이며 부여는 그중의 왕이다"라고 하는 것에서 부여는 통치자뿐만 아니라 토착민도 예족(濊族)이었다는 것이 분명하다. 구려가 예족이라는 것은 『삼국지·위지』에서 "구려는 일명 맥이다(句麗一名貊耳)"라고 하는데, 여기에서 이(耳)는 어미(語尾)에 해당한다. 또한 말하길 "별종으로 소수(小水)에 의거해서 나라를 세우니 이로 인해 소수맥이라고 하며, 좋은 활을 산출하니 이른바 맥궁(貊弓)이다"라고 한다. 왕망 시기 구려가 노략질을 하자 "엄우(嚴尤)는 진나라 말로 맥인이 법을 어겼다"라고 하였다. 이는 『삼국지·위지』의 기록인데, 『후한서』에서도 동일하다. 그 문장에서는 "이에 변경에서 맥인의 노략질이 더욱 심해졌다"고 한다. 또한 『후한서』 광무기에 건무(建武) 25년(49년) "요동 장성 밖의 맥인이 우북평·어양·상곡·태원을 노략질하여 요동태수 제동(祭彤)이 달래니 투항하였다"라고 한다. 이는 곧 본서의 「구려전」에서 이른바 "제동이 은혜와 의리로써 초무하였다"는 사건이다(이러한 사례는 일일이 다 거론할 수 없을 정도로 많다). 무릇 이는 모두 구려의 부족이 맥족이라는 것을 말해주고 있다.

옥저가 예족이라는 것은 『삼국지·위지』에서 광무제 건무 6년(30년), 낙랑의 동부 제현을 폐지하고 토착민을 현후(縣侯)로 삼았다고 기록하고 있는데, 그 문장에서 "오직 불내(不耐)의 예후(濊侯)만이 지금도 여전히 유지되어, 공조(功曹)[70]와 주부(主簿) 등 여러 관직은 모두 예민(濊民)이 만든 것이다"라고 한 것이 바로 그 증거이다.

또한 『후한서』·『삼국지·위지』에 부여·구려·옥저·예맥의 언어는 대동소이하며, 풍속과 생활 또한 그렇다고 기록하고 있다. 공통적인 민족 성분을 가지거나, 서로 다른 이민족의 혼합 혹은 분화가 이미 오래된 후에야 비로소 대동소이할 수 있

---

70) 부사년의 원문에는 공서(功書)로 되어 있으나 원전에 따라 공조(功曹)로 정정하였다.

는 것이다. 그러므로『후한서』·『삼국지·위지』에서 언급하는 예(濊)는 순수한 예족을 의미하는 것이다. 반면, 직예(直隸)의 한나라 관원이 언급하는 부여·구려·옥저는 한나라 조정에서 전출된 다른 종족 통치자가 예족을 피지배자로 삼았다는 것을 의미한다.

통치 계급을 명확히 한 후에야 부여·구려·옥저·예맥의 관계를 추측할 수 있으며, 그런 후에 언어상의 대동소이가 어떤 의미인지를 고찰할 수 있을 것이다. 놀라운 사실은 예맥족이 광활한 지역에 분포하고 있었다는 것이다. 아마도 진·한·위 시기 중국인을 제외하면 동북에서 가장 수가 많은 민족이었을 것이다. 당연히 이 예맥족의 번성은 한 순간에 그렇게 된 것은 아니며, 동북 지역에서 이미 상당한 역사를 지니고 있었다.『후한서』·『삼국지·위지』는 모두 기자(箕子)가 예(濊)를 교화시킨 내용을 서술한 부분에서 예족은 원래 동북 민족의 주체로서 기자 건국의 기반이 되었으며, 그 후 한인(漢人) 및 북부 융적(戎狄)으로 분열되었다는 것을 밝히고 있다.『후한서』에서 "동이 무리는 모두 토착민이다"라고 하는 것은 명확한 증거이다. 중국인과 예맥의 관계는 경전에서도 명확히 기록하고 있는데,『시경』「대아·한혁편(韓奕篇)」에는 다음과 같이 말하고 있다.

저 웅장한 한성은(溥彼韓城),
연나라 사람들이 다 쌓았네(燕師所完).
선조의 책명을 받아서(以先祖受命),
수많은 오랑캐를 다스리네(因時百蠻).
왕이 한후에게 하사하시니(王錫韓侯)
추와 맥이로다(其追其貊).
북쪽 나라를 어루만져 받아들여(奄受北國),[71]

---

71) 부사년의 원문에는 북백(北伯)이라고 되어 있으나 원전에 따라 북국(北國)으로 정정하였다.

그 우두머리가 되었네(因以其伯).

한(韓)의 옛 나라는 대대로 전하는 바에 의하면 황하 서쪽 위수의 북쪽으로 후대의 한성현(韓城縣)이다. 그러나 그 성은 연나라 사람들이 다 완성하지 못하였는데, 왕응린(王應麟)은 『시지리고(詩地理考)』에서 다음과 같이 언급하고 있다.

『수경주』에서 왕숙(王肅)은 말하길 "탁군(涿郡) 방성현(方城縣)에는 한후성이 있다"라고 한다[『북위지[(北魏志)』에 범양군(范陽郡) 방성현에는 한후성이 있다고 한다. 이씨는 말하길 "저 웅장한 한성은 연나라 사람들이 다 쌓았네"라고 하였는데, 탁군은 곧 연나라 지역이다. 또한 "엄수북국(奄受北國)"이란 말은『수경주』에 "성수(聖水)는 방성현의 고성(故城) 북쪽을 경유하고 또한 동남쪽으로 한성(韓城)의 동쪽을 경유한다"고 하여『한혁(韓奕)편』의 말을 인용해서 근거로 삼고 있는데, 양산(梁山)은 아마 방성현에서 가까운 양문(梁門) 경계상의 산일 것이다. 이 또한 하나의 설로 참고할 만한 가치가 있다.『괄지지(括地志)』에 방성의 고성은 유주(幽州) 고안현(固安縣)에서 남쪽으로 십 리에 있다고 한다].

즉, 현재의 하북성 중부는 서주(西周) 시기에는 맥족이 거주하고 있었는데, 주나라의 봉건세력이 바깥쪽으로 몰아냈다고 하는 것이다[『시경』, 「정전(鄭箋)」에 의하면 "추와 맥은 오랑캐[玁狁]로서 핍박을 받아 점차로 동쪽으로 이주하였다"고 한다. 정현(鄭玄, 127년~200년, 한대 경학의 집대성자)은 한나라 사람으로 이 설은 틀림이 없다. 한나라의 맥은 곧 주나라의 맥이다]. 당연히 일부분은 본토에 잔류하여 중국인으로 흡수 동화되었다. 한족과 동북 부족이 같은 부류라고 하는 데에는 이것이 하나의 사례가 될 것이다.

이에 다음과 같은 의문을 품을 수 있을 것이다.『시경』에서 등장하는 맥이 과연 한나라 시대의 맥인가? 필자가 이를 명확히 증명할 수는 없지만, 동쪽 사람은 일반적으로 이(夷)라고 하지 맥이라고 하지는 않았다. 호(胡)라는 글자는 한나라 시기부터 혼용되기 시작하였는데, 옛 사람들은 민족을 표시하는 호칭으로 만이융적을 제외하고 혼용하는 일은 드물었다. 맥은 통시적인 명칭이 아니며 아마 전용된 것도 아닐 것이다. 지리적으로 이를 찾는다면 진한시기 맥은 요동의 장성 밖에 있었고, 연나라와 진나라가 아직 영토를 개척하기 이전에는 당연히 더 안쪽을 향해 있었을 것이다. 『시경』에서 "북백으로 삼는다(以爲北伯)"라는 것은 응당 여러 맥 중 북쪽 나라의 우두머리라는 것으로 정현이 이른바 "점차로 동쪽으로 이주하였다"라고 한 것은 당연히 틀리지 않은 것이다. 또한 『시경』, 「노송(魯頌)·비궁(閟宮)」편에 "지우해방(至于海邦), 회이만맥(淮夷蠻貊)"이라고 하는데, 이는 춘추시대 산동반도의 남쪽 해변가로 현재도 여전히 맥인의 흔적이 남아있다. 그러므로 황하 유역의 제 부족이 아직 혼합되지 않고 중국 민족을 형성하기 이전, 맥인의 분포는 산동과 요동 한반도의 일부에 걸쳐 있었을 것이다. 중국민족으로 혼합된 후에 동부의 가장 중요한 핵심은 맥 유민이었을 것이다.

셋째는 부여·구려의 통치족이다.

부여의 통치자가 그 지역의 옛 토착세력과 다르다는 것은 『후한서』, 『삼국지·위지』에 기록된 말의 의미에 근거해서 명확히 할 수 있다. 부여·구려의 통치족 중에서 가장 주의할 만한 점은 원시 신화인데, 이에 대해서는 본서의 제1장에서 이미 논하였다. 이 신화와 『시경』에 보이는 은주의 원시 설화가 마치 부절(符節)을 합한 것과 같은 것[72]은 이 민족과 중국 고대민족이 밀접한 관계가 있다는 것이다. 그렇다면, 부여의 통치족은 중국에서 이주해 간 것인가? 세세하게 『삼국지·위지』의 문장을 살펴보면 당연히 그렇다고 할 수 있다. 『삼국지·위지』, 「부여전」에 의하면 "나라의 원로들은 스스로 예전 유망인이다"라고 하는데, 어느 곳에서 왔는지에 대해

---

72) 부절이란 돌이나 대나무, 옥 등으로 만든 물건에 글자를 새겨 둘로 나눠 가져 계약의 증거로 삼는 물건으로, 부절을 합한 것과 같다는 것은 서로 어긋남이 없이 정확이 들어맞는 모양을 의미한다.

서는 말하지 않지만 중국에서 유망해 왔다는 것은 바로 다음 문구를 통해 알 수 있다. 이어지는 문장에 의하면 "지금 부여의 창고에 있는 옥(玉)·벽(璧)·규(圭)·찬(瓚) 등 누대의 물건은 대대로 전해져 내려온 보물로서 원로들에 의하면 선대(先代)에게 하사받은 것이라고 한다. 그 인장에는 '예왕지인(濊王之印)'이라는 문구가 있고, 나라에는 고성이 있는데 예성(濊城)이라고 한다. 무릇 본래 예맥의 땅인데 부여가 그곳의 왕이 되었으니 스스로 망명인이라고 하는 것도 이런 연유일 것이다"라고 한다. 이른바 옥·벽·규·찬이란 중국의 문물로서 원로들이 선대에게 하사받은 것이라고 하였는데, 한나라의 선대는 바로 주(周)·진(秦)으로 이를 통해 분명히 중국의 변경에서 유망하여 부여로 갔다는 사실을 알 수 있다. 문장의 말미에 "스스로 망명인이라고 한 것도 이런 연유에서 일 것이다"라고 한 것은 중국의 역사가가 그 전설을 인정한 것이라 하겠다. 이처럼 『후한서』와 『삼국지·위지』에 의미가 명확히 기재되어 있음에도 후대 사람들은 이를 중요하게 여기지 않고, 단지 『후한서』 등에 기록된 북이(北夷) 색리국(索離國)의 왕자 동명(東明)이 도망하여 남쪽의 엄호수(掩淲水)를 건너서 부여에 이르러 왕이 되었다고 하는 신화로 인해 부여의 왕실을 북쪽에서 온 것으로 여겼다. 이 신화는 고구려와 백제 부족에서도 보이는데 이름을 동명(혹은 주몽)이라고 하는 것도 같으며, 남쪽으로 넘어온 것도 같고 그 물 이름도 또한 단지 음이 변한 것뿐이다[고구려 광개토대왕비에서는 주몽을 추모[雛牟], 엄호(掩淲)를 엄리(掩利)라고 한다]. 이 신화 속의 내용은 본래 일개 신화 속의 정형화된 표현이 세세대대 전래되는 가운데 지역적 차이에도 불구하고 변함이 없었기 때문에 실제 지리적 특성을 구할 수는 없다.

이러한 의미에서 북부여는 부여 자체가 이주한 것이 아니라 부여의 북부에 불과하다는 것이 분명하다(광개토대왕비문에 의하면 부여는 동북쪽에 별도로 있었다. [그러나] 그 지리적 위치를 생각하면 동부여는 즉 옥저이고, 북부여는 즉 부여일 것이다. 고구려에서 본다면 옥저는 동쪽에 있고 부여는 서쪽에 있을 뿐, 별도로 북부여가 있었던 것은 아니다). 또한 색리(索離)라는 말은 더욱 주의를 요한다. 색리는

『위략』에는 고리(槀離), 『양서(梁書)』에는 고리(槀離), 『통전』에는 탁리(橐離)로 되어 있으며, 『수서』에는 단지 고려로 되어 있다. 『후한서』에 등장하는 색리의 색(索) 자는 틀림없이 고(槀)의 오자로 『수서』에서도 그 사실을 언급하고 있다. 탁리(橐離)와 구려는 의심하건대 이름은 같지만 글자를 달리한 것이다. 구려는 본래 몇몇 부락이 아주 넓은 지역에 흩어져 살았는데 후에 구려 부락 가운데 소수맥의 통치자가 부여에서 나왔으며, 부여 통치자는 원래 이름인 탁리의 일부에서 나왔기 때문이다(구려 설은 아래에 상세하다).

그러면 부여의 통치자는 언제 중국 변경에서 유망해서 부여로 갔던 것인가? 주나라와 진나라의 역사적 기록을 살펴보면 이 사건은 연과 조나라가 영토를 개척하는 시기가 아니라 묵돌선우(冒頓單于)가 동쪽을 겸병하는 시기에 해당한다. 『사기』, 「흉노전」에 의하면,

[전국시대] 조나라의 무령왕(武靈王, 재위 기원전 326년~298년)은 풍속을 바꾸어 호복(胡服)을 입고 말 타고 활 쏘는 법을 가르쳐, 북쪽으로는 임호(林胡), 누번(樓煩)을 격파하고 장성을 쌓았으며, 대(代)에서 음산(陰山)산맥 기슭을 따라 고궐(高闕)까지를 요새로 삼고 운중(雲中)·안문(雁門)·대(代) 등 세 군(郡)을 설치하였다. 그 후 연나라의 명장 진개(秦開)가……동호(東胡)를 격파하고 진격하자 동호는 천여 리를 물러났다.……연나라 또한 장성을 구축하여 조양(造陽)에서 양평(襄平)까지 상곡(上谷)·어양(漁陽)·우북평(右北平)·요동(遼東)·요서(遼西)의 군을 설치하고 동호를 방비하였다.

라고 한다. 시대적 상황 및 지리적 측면에서 분석하면, 이는 동호(東胡)가 동북쪽을 향해 유망해간 시기에 해당한다. 또한 전하는 바에 의하면 "동호는 처음 묵돌을 경시하여 방비를 게을리 하였다고 한다. 이에 묵돌은 군사를 이끌고 습격해서 대파해 동호의 왕을 죽이고 그 백성 및 가축을 잡아갔다"라고 한다. 이는 동호가 멸망한 시

기이다. 동호는 주나라 말기 강한 종족으로 그 구성이 매우 복잡하다. 이른바 임호, 루번, 산융 등은 흉노의 다른 부족인지 혹은 동호인지 알 수가 없으며, 단지 알 수 있는 것은 중국과의 관계가 적지 않았다는 것이다. 동호의 후예로는 오환(烏桓)·선비(鮮卑)가 있는데, 모두 중국과 가깝지 않으며, 중국에 가까운 동호부는 멸망 이후 종적이 다 사라져 알 수 없다. 진(秦)나라 때 중국은 남쪽을 통일하였고 흉노는 북쪽을 통일하였으니, 동호와 산융 등은 필시 동쪽 방향으로 이주해 갔을 것이다. 동방의 토착민인 맥(貊)은 성곽(城郭)의 종족이고 백성들은 농사를 지어 군사력은 당연히 동호나 산융 등에게 미치지 못하였다. 따라서 동호나 산융, 루번, 임호 등의 집단이 유망인으로서 그 부락을 신하로 복속시킨 것은 지극히 당연한 일이다. 그러므로 부여·구려의 통치계급은 동호의 일파이며 음산(陰山)의 옛 종족이다. 또한 호(胡)는 본래 유목민으로서 동이의 성곽과 농업, 가축과는 전혀 다르다. 『후한서』와 『삼국지·위지』에 기록된 동이 부족의 풍속 중에서 단지 부여가 동호의 영향을 받은 것은 순장 시에 많게는 백 명을 헤아리고, 형이 죽으면 형수를 아내로 맞이하는 것[兄死妻嫂]뿐이다. 이는 본래 순수한 동이의 [풍속이] 아니라 동호의 요소가 혼합된 것뿐이다.

이 통치 민족은 본래 유망인으로 부여를 군주로 하여 다시 몇 갈래로 갈라지는데, 구려·백제 또한 거기에서 나온 것이다. 즉, 한나라 시기의 예족은 낙랑의 동부도위에서 관할하는 것을 제외하면 모두 이 종족의 지배를 받았다. 예족이 몇몇 부족으로 나누어 진 것은 언제나 이민족 정복의 결과 그러하였던 것이다.

넷째 읍루족이다.

『후한서』·『삼국지·위지』·『진서』 등에 의하면 동이·부여·구려·예맥 제 부족의 언어는 대체로 같은데, 읍루만은 달랐다. 생활 습관에서도 동이는 모두 조두(俎豆)를 사용하지만, 읍루만은 유독 그렇지 않았다. 말은 있으나 타지 않고 소와 양을 기르지 않으며, 돼지만 사육하였다. 또한 "법속이 없어 가장 기강이 없었으며", 부여·구려·예맥 등과 뚜렷하게 문화계급이 존재하지 않았다고 한다. 읍루인은 바로 퉁구스인의 먼 조상으로 후에 상세하게 서술한다.

다섯째, 한족(韓族)이다.

후한시대 이른바 마한·진한·변한은, 동부가 전한시기 진국(辰國)의 후손이고, 서부는 전한시기 낙랑 요새 밖의 이민족(蠻族)이므로 결코 단일 민족이 아니다. 삼한의 남쪽 경계는 왜인과 혼합된 성분이 있기 때문에 문신을 한 자가 있었다고 한다. 대체로 세 부류 중에서 마한이 비교적 순수하였으며, 문화적 수준 또한 가장 낮았다. "북방 군(낙랑과 대방) 부근의 여러 나라는 다소 예속에 밝았다." 한화(漢化) 면에서 "[낙랑과 대방에서] 먼 나라들은 단지 죄수와 노비들을 서로 모아놓은 것과 같이", 여전히 토착의 문화 상태에 머물러 있었다.

동쪽의 진한(辰韓)인은 낙랑의 진인(秦人)이 전란을 피해 와서 토착민과 혼합되었기 때문에 언어 중에는 연과 제나라의 특징뿐만 아니라 진(秦)나라의 방언도 있다. 진한의 문화 수준은 높았으며 또한 비교적 부유하였으나, 마한인에 복속하고 있었다. 진한인은 자립해서 왕이 되지 못하고 반드시 마한인을 세워 왕으로 삼았다.

이 몇몇 부락은 북쪽의 예맥과는 다르다. 전체적으로 비록 혼합되었으나, 하나의 기본적인 요소를 가지고 있었다. 따라서 풍속은 예맥에 비교적 가까웠지만, 스스로 독립적인 문화와 계급을 가지고 있었다. 대체로 커다란 정치조직을 지닌 농업 부락은 없었으며, 지리적 형세로 인해 해외 및 육상의 영향을 많이 받았다.

문화

동이의 문화를 분석하는데 가장 주의해야 할 두 가지 점은 첫째, 몇몇 민족의 문화가 서로 다르다는 것이고, 둘째로 그들의 문화는 중국과 유사하다는 것이다.

1. 생활상태

부여·고구려·옥저·예맥 등 여러 부족 사람들은 모두 중국과 마찬가지로 먹고 마시는 데에 조두를 사용하였다. 대국(부여)이건 부락(예맥)이건 간에 모두 성책(城柵)에 거처하며 유목생활을 하지 않았다. 이는 역대 동이와 북적(北狄)이 절대적으로 다른 점이다. 또한 동이의 생활이 중국에 가깝고 북방 초원지대의 부족과 구별되는 가장 중요한 점이다. 이를 통해 역대 동이는 때로는 북부와 뒤섞이기도 했으나 궁극적으로 하나의 뿌리가 아님을 알 수 있는데, 동이가 중국과 혼동되기 쉬운 것도 이 때문이다. 부여와 구려, 예맥, 옥저는 모두 농업 부족이다. 그중에 부여는 점차 유목의 풍속으로 변해갔고 고구려 역시 말을 잘 탔으나, 이는 중국의 말을 타고 활을 쏘는 풍속을 변형한 것에 불과하다. 설령 통치자는 본래 유목민이라고 해도 인민은 대체로 성책에서 농사를 지었던 것이다.

이들 부족 중에서 예맥의 중국화가 가장 두드러진다. [예맥은] 중국의 생활 풍속만이 아니라 금기(禁忌)도 모방하였다. 『후한서』에서 "동이는 중국인과 유사하다"라고 하고, 『삼국지·위지』에서 또한 오로지 기자(箕子)의 가르침을 이은 낙랑 동부의 순수 맥족 부락 중에서 중국화가 두드러졌음을 밝히고 있다. 부여와 구려는 본래 예족을 토대로 한다. 그러나 한화에서 다소 [거리가] 먼 곳은 이후 호속(胡俗)에 물들어 다소 모습을 달리하는 것일 뿐이다. 옥저는 지리적 형세로 인해 문화 발달이 여의치 않았는데, 북쪽으로 읍루와 가까워 여름에는 반드시 [읍루의 노략질을] 피해서 거처하였기 때문에 문화는 간소하고 비루하였다. 그러나 여러 서적에서 기록하고 있는 바와 같이 구려·예맥과 더불어 같은 종족이다.

2. 풍속

무릇 예족의 땅은 부여와 구려, 낙랑 동부를 막론하고 모두 10월에 한 해를 마무리하니, 대체로 농사일을 마친 절기이다. 『이아(爾雅)』에 의하면 "하(夏)에서는 세(歲), 은(殷)에서는 사(祀), 주(周)에서는 년(年)이라고 하였다"라고 한다. 년(年)이란 글자의 형상에서 추수의 의미를 나타내고, 사(祀)는 매해의 제천의례를, 세(歲)는 농사의 의미를 나타내고 있다. 예족이 한 해 농사를 마친 것을 절기로 삼은 것 또한 제하(諸夏, 중국)의 풍속이다. 예속에 감화된 한족(韓族) 역시 그러한데, 10월을 제천절로 하며, 게다가 부여는 은나라 정월[臘月]에 하늘에 제사를 지내 더욱 진(秦)나라 풍속과 유사하다. 구려는 10월의 제천 대회를 동맹(東盟)이라고 하는데, 이는 예족의 옛 호칭을 답습한 것이다.

『위략』에 기록된 부여의 상례 풍속은 중국과 완전히 일치한다(본서 165~166쪽 참조). 옥저에서 질그릇 솥을 목관에 메달아 놓는 것 또한 지금도 중국 북방에서는 통용되고 있다(본서 188쪽 참조). 그 외 주의할 만한 풍속에 대해서는 앞 절에서 수록한 사료에 잘 나와 있으므로 여기에서는 거듭 거론하지 않겠다.

고대인은 두발 장식을 매우 중요시하였기 때문에 두발 장식의 구별은 곧 민족을 구별하는 것이다. 중국인은 머리를 묶고서 관을 쓰며, 남만(南蠻)은 머리를 자르고 문신을 하며, 북적은 머리를 풀어헤치고[被髮], 옷의 오른쪽 섶을 왼쪽 섶 위로 여민다(佐衽).[73] 이 일련의 분포 형세는 동북에서도 그대로 나타난다. 가장 북쪽의 읍루인은 머리를 땋아 늘어트린다. 중간의 부여·구려·예맥은 고깔[弁] 혹은 건[幘]을 사용하는데, 이는 중국의 풍속과 대체로 유사하다. 그 남부의 한족(韓族)은 '괴두로계(魁頭露紒)'를 하는데, 장회태자(章懷太子)[74]의 주석에 의하면 "괴두(魁頭)는 과두(科頭)와 같은데, 머리를 둘둘 감아서 묶어 만든 맨 머리를 말한다. 계(紒)의 음

---

73) 『논어』, 「헌문」편에서 공자는 관중이 환공을 도와 제후의 패자가 되게 하였으니 천하를 바로잡음에 오늘날 백성들에 이르기까지 그 은혜를 입고 있다고 하면서 "관중이 아니었다면 우리는 머리를 풀어헤치고, 고름을 왼쪽 섶 위로 하였을 것이다"라고 언급하고 있다.

74) 장회태자는 당 고종의 여섯 번째 아들이고 측천무후의 둘째 아들이다. 본명은 이현(李賢), 자는 명윤(明允)이며, 장회태자는 그의 시호이다. 675년 황태자에 책봉되었으나 680년에 폐위되었다. 범엽이 편찬한 『후한서』에 주석을 달았는데, 현재 전해지는 『후한서』는 장회태자(章懷太子)의 주석과 유소의 『속한서』 지(志)를 합각한 북송시대의 판본이다.

은 계(計)이다"라고 한다. 그러므로 비록 머리를 땋아서 늘어트리지는 않았더라도 관모를 쓰지 않았으므로 이는 민족을 구별하는 자료를 제공해 준다.

『후한서』·『삼국지·위지』의 기록과 위에서 거론한 점들을 종합해 보면, 다음과 같은 결론을 내릴 수 있다. 문화적 수준이 가장 높았던 것은 예족인데, 그중 낙랑 동부의 순수 예족은 엄연히 중화의 풍속으로 가장 순박하고 선량하였다. 그 북쪽의 부여와 구려는 비록 전쟁에는 탁월하였지만 여전히 예족의 기본 속성을 잃지는 않았다. 더욱이 부여의 일부 풍속은 전래된 은나라 풍속과 결합하여 호(胡)로 변하기도 하였지만, 중국에 가까웠기 때문에 중국의 영향을 더 많이 받았다.

삼한 부락의 문화적 수준은 매우 낮아 조직(대국이 없다) 및 생활(동굴 같은 곳에 거처)면에서 모두 질박하였지만, 이미 농업 단계에 들어가 있었다. 그들의 문화가 점차 진보하게 된 데에는 낙랑 진한(秦漢)인의 영향이 컸다. 문화가 가장 낮았던 읍루는 여전히 석기시대에 머물러 있었으며, 동굴에서 거처하였다. 구려는 청결하고 화려함을 좋아하였지만, 읍루는 청결함과는 거리가 멀었기 때문에 같은 부류가 아닌 것이 분명하다. 읍루인의 형상이 부여와 유사한 것은 대체로 인근 나라가 혼합되기 쉬웠기 때문으로 근본적으로 하나의 계통이 아니라는 것은 단언할 수 있다.

제 부족의 변천 추이

위에서 열거한 몇몇 사실에 대한 고찰을 통해 제 부족의 변천 추이를 분석하면 다음과 같다. 중국의 은 왕조는 본래 동북에서 나왔는데[부사년, 『민족과 고대 중국사(民族與古代中國史)』 참조], 그 유망인 또한 동북으로 갔다는 것이다(기자가 조선으로 감). 일설에 의하면 맥족과도 밀접한 관계가 있다고 한다. 『시경』에 의하면, 맥인이라고 불리는 사람들은 서주, 춘추 초기에는 여전히 현재의 하북성 경계 및 산동성 동남쪽 경계에 살고 있었다. 무릇 이 유민은 전국시기 문화가 서로 뒤섞였으나, 진한 시기에는 정치적으로 통일됨에 따라 이미 중국인이라는 용광로 속에 융화되 것이다. 동북의 예맥족은 기자의 건국을 근본으로 하며, 기자조선은 또한 단지 지금의 대동강 유역만을 본체로 한 것이 아니라 압록강 이북에 걸쳐있었다.

맥족의 동쪽 진출은 그 지역 토착민들에게 커다란 타격을 주었을 것이다. 한반도의 토착민인 한족(韓族)은 맥족 및 연나라, 진나라 세력에 밀려서 남쪽에서 [명맥을] 유지하였다. 그중에는 해상을 통해 오거나 중국에서 이주한 다양한 성분이 합해졌다. 기자조선은 하나의 통일된 국가가 아니라 몇몇 봉건적 부락이었을 것이다. 위만이 뒤를 이어서 한인(漢人)을 거두어 모으고 사방을 복속시켜 국가의 기틀을 세웠으나 기자는 아직 그러하지 못했던 것이다. 생각하건대, 기준(箕準)이 나라가 망한 후 마한으로 달아나 왕 노릇을 하는 형세였으며, 참고로 후대 한반도의 고(高)·왕(王)·이(李) 세 왕조는 모두 북방 지역에서 일어났는데, 삼한의 남단을 지킨 것 또한 북방에서 밀려 내려온 자들이었다.

한반도 내의 민족이동은 남쪽에서 북쪽을 향하는 형세였지만, 요동의 장성 밖에서는 서쪽에서 동쪽을 경유해서 남쪽으로 향하는 형세였다. 부여와 구려의 통치족은 대체로 중국의 북방에서 예(濊) 땅으로 이주해 가서 거주하게 된 것이다(이전 설명을 참조). 부여는 대대로 수백 년 동안 한(漢)·위(魏) 시기 동북 최대의 속국이었으며, 중국의 근심을 산 적이 없었다. 또한 일찍이 커다란 변동도 없었으나 모용씨가 일어난 이후에 나라가 망하고, 고구려가 일어난 이후에 다시 망하였다. 고구려의 고는 분명히 구려와 함께 두 단어가 되니, 『후한서』에는 「고구려전」도 있고, 「구려전」도 있다. 『삼국지·위지』에 기록된 고구려에 대한 기사는 모두 『후한서』, 「구려전」 안에 있다. 또한 왕망이 고구려를 하구려로 개칭한 것은 고가 형용사로 구려 가운데 으뜸이라는 것을 의미하고 있다. 이 의미를 미루어 살펴보면, 구려에는 몇몇 부락이 있는데, 그중 산지에 거하는 자들을 고구려라고 해서 다른 구려의 제 부족과 구별하였던 것이다. 또한 후대 고구려의 국왕을 고씨라고 한 것은 더욱 고라는 글자가 구려와 더불어 한 단어가 아님을 족히 밝혀주고 있다. 한나라 무제 때, 이미 고구려를 평정하였기 때문에 소제(昭帝) 시기 현도를 서쪽으로 이주시키고 고구려를 군치로 삼았으니 이른바 "요동에서 천리를 간다"는 것은 바로 이 고구려인 것이다.

『후한서』에 기록된 고구려 기사에서 풍속이 부족으로 거할 뿐, 변경을 노략질한 일이 없다는 것은 이미 군현 안에 있었기 때문이다. 전한 말기 그중 소수맥의 한 지류가 유독 강성하여 마침내 고구려의 옛 명칭을 답습하였는데, 비록 이름은 고구려이지만, 실제로 한나라 현 내에서의 일은 아니다. 이 소수맥의 고구려가 후에 점차 발전함에 따라 수당에 이르러 마침내 중국의 강적이 되었다. 후에 고려의 김부식이 편찬한 『삼국사기』에는 신라와 고구려, 백제의 건국은 모두 전한 말기이며, 대대로 전해져오는 계보를 매우 선명하게 나열하고 있다. 생각하건대, 고구려의 광개토대왕비문에 보이는 고구려의 계보 및 사적은 비록 표현상 과장된 측면은 있지만, 국사에 대한 과거의 기록이나 혹은 전설로 전해져 오는 것 등 의거하였을 것이다. 김부식에 의하면 고구려는 시조 동명이 원제(元帝) 건소(建昭) 2년(기원전 37년)에 건국하였다고 하는데, 『후한서』에 기록된 구려의 기사는 모두 『고구려기』의 계열로, 이 역시 후한 이후 고구려는 본래 구려의 일부로서, 한 무제 때 설치한 고구려가 아님이 명확하다. 이는 소수맥의 고구려가 후한 상제(殤帝, 재위 105년~ 106년) 시기 요동의 현도를 침략하고, 한나라 말기 더욱 강성해져 공손강, 관구검, 모용황의 세 차례 정벌로 커다란 피해를 입었으나 마침내 그 흥기를 막을 수는 없었던 것이다.

낙랑 동부의 예맥은 한 무제 시기 임둔군이 되어 소제(昭帝) 이후 낙랑군으로 병합되었으니 이른바 동부도위(東部都尉) 영동의 7개 현이다(7개 현 중에는 옥저[부조(夫租)]현을 포함하고 있다). 후한 광무 시기 자치를 허용하였으나 "사계절마다 조정에 알현하였으며, 두 군에 전쟁이 있을 시에는 조세를 납부하거나 사역을 공급하는데 일반 백성과 같이 하였다"고 하니 여전히 장성 내에 있었던 것이다.

옥저는 서쪽은 큰 산으로 막혀 있고 동쪽은 큰 바다에 접해 있으며, 남북으로 길게 늘어져 있었기 때문에 자연히 남북 부락으로 나뉜다. 『만주원류고』에서는 옥저를 만주어의 와집(窩集)으로 여기면서 "지금의 장백산[백두산] 부근에서 동쪽으로는 해변에 이르고 북쪽으로는 오랍(烏拉) 및 흑룡강과 접하며 서쪽으로는 러시아에 이르는데 빽빽하게 우거진 삼림이 그 사이를 끝없이 뻗어 있다. 위나라 관구검이 고구려를 정벌할 때 옥저를 지나 천여 리를 가서 숙신의 남쪽 경계에 도달하였으므로 옥저는 실제로 지금의 와집(窩集)이다"라고 한다(와집이란 만주어로 삼림을 의미한다).

옥저는 여러 부락으로 분산되어 있어 하나의 국가를 이루지는 않았다. 남옥저는 처음에는 현도군의 치소였으나 후에 낙랑 동부도위에 속하였다. 북옥저는 읍루인에게 시달려 "매년 여름에는 언제나 바위굴에 숨어 있다가 겨울철이 되어 뱃길이 막히게 되면 마침내 내려와 읍락에 거주하였다"는 것에서 매우 고생스러웠음을 알 수 있다.

후한 시기에도 이와 같았으나 결국 남북조 시기[혹은 진(晉)나라 시기에도 이미 그러하다]에 읍루인은 옥저를 병합하고서 그 이름을 답습하였다. 『위서』·『북서』의 물길(勿吉)은 말갈이 만든 것으로 그 지리적 위치는 대체로 『후한서』·『삼국지·위지』의 남옥저 및 읍루에 해당하며, 그 명칭인 옥저·물길·말갈은 분명히 하나의 소리가 전이된 것이다. 옥저는 사서(史書)에는 보이지 않지만, 말갈은 당나라시기에 접어들어 강국이 되었다. 이들은 "소로 말을 바꾸었다"는 기록이 매우 많은데, 이는 간과할 수 없는 중요한 사실이다.

오늘날 역사가들이 과연 무엇을 근거로 읍루가 숙신이 되었다고 하는지 알 수 없다. 혹시 돌화살촉과 큰 활을 사용한 것에서 동북의 먼 곳에서 왔다고 한다면, '옛 것을 살펴서[稽古]' 이 이름을 정한 것인지 모르겠다. 그러나 이들 부락의 문화 수준은 매우 낮아서 분명히 한인을 따라 옛 것을 살펴서 이름 짓는 것을 학습하지는 못했을 것이다. 따라서 숙신이라는 말은 오히려 후세에 이르러 일대(一帶)에서 유행하게 된 것으로 송나라 시기의 여진, 명나라 시기의 주신(珠申, 건주는 그 자체로 민족의 호칭이다. 『만주원류고』 참조)은 모두 숙신에서 소리가 전이된 것이다.

그러므로 "읍루는 옛 숙신이다"라는 말은 중국의 역사가가 만든 것으로 근거로 삼을 수 없다. 『좌전』에는 주왕(周王)이 조상을 나열하며 말하길 "숙신 연·박은 우리의 북쪽 땅이다"라고 기록하고 있다. 그렇다면, 숙신은 반드시 현재 요서 혹은 난하(灤河) 일대에 있었을 것이다. 그러나 기자의 건국은 예맥을 본체로 하며 『후한서』·『삼국지·위지』도 모두 이 뜻을 암시하고 있다. 그리고 한나라 시기 예족(濊族)은 지금의 요녕성 동부와 길림성 대부분, 혹은 북으로는 흑룡강성 남단에 이르렀으며, 조선에서는 동부에 거주하였는데, 이 예맥족의 생활풍속은 결코 초원지대에서 나온 유목민족이 아니라는 것을 말해주고 있다.

서주 초기 제하(諸夏)와 읍루의 전신인 숙신이 영역을 접하고 있었다면, 후에 양자의 사이를 횡단한 맥족은 본래 토착민이 아니었다는 것을 알 수 있는데, 그렇다면 이 맥족은 어디에서 온 것인가? 맥족과 읍루가 동족이 아니라는 것은 여러 사적의 기록을 통해서 명확히 알 수 있다. 그러므로 읍루가 '예전의 숙신국'인가에 대해서는 의심의 여지가 있다. 명칭의 변천을 그림으로 나타내면 다음과 같다.

$$\text{옥저} --- \overset{(한)}{} --- \text{물길} --- \overset{(육조)}{} --- \text{말갈} \overset{(수·당)}{}$$

$$\text{숙신} --- \overset{(서주)}{} -- \text{여진} --- \overset{(송)}{} --- \text{주신} \overset{(명)}{}$$

전한 시기, 진국(辰國)의 정치 형태에 대해서는 알 도리가 없다. 그 지역은 한반도의 남단으로 모두 조선 북부 및 요외(遼外)의 민족이 후에 일어난 부족의 압박을 받아 이곳에 무리지어 모인 것이다. 게다가 몇몇 부족은 육로로 갈 수가 없자 해상으로 와서 거주하였다. 왜인이 오기에 가장 편리하였으나, 단지 왜인만은 아니었다. 진국은 일종의 거대한 혼합장으로 예맥에 비해 문화수준이 비교적 낮은 한반도 토착민족을 기본으로 하였다. 기준(箕準)이 나라가 망한 후 이곳에 와서 왕이 되었으나 오래지 않아 멸망하고 말았다. 진한(辰韓)은 문화수준이 가장 높았지만, 마한인을 세워 왕으로 삼은 것에서 알 수 있듯이 마한에 대항하지는 못하였다. 신라가 흥기한 이래 진한 부족은 비로소 강대해져, 더 이상 마한(백제)에 복속하지 않고 나아가 북쪽의 예족을 공격하고 고구려에 대항하였다. 신라는 위나라에서는 사로(斯盧)라고 하였는데, 진한 12개국 중의 하나였다(『삼국지·위지』 참조). 유송(劉宋, 남북조 시대의 송) 시기에 비로소 신라(新羅)라고 하였다. 『북사』에서는 다음과 같이 언급하고 있다.

일설에 의하면 위나라 장수 관구검이 고구려를 정벌해 격파하자 [고구려인들은] 옥저로 달아났다가 그 뒤 다시 자기 나라[故國]로 돌아갔다. 남은 자들이 마침내 신라를 세웠는데, 사로(斯盧)라고도 한다. 그 사람들은 화하(華夏, 중국), 고구려, 백제에 복속하였으며, 옥저, 불내(不耐), 한예(韓濊)의 땅에 걸쳐 있었다. 나라의 왕은 본래 백제 사람이었는데, 바다로 도망쳐 신라로 들어가 마침내 그 나라의 왕이 되었다. 당초에는 백제에 복속[附庸]하였는데, 백제가 고구려를 정벌하자 융역(戎役)[75]을 견디지 못한 [고구려인들이] 후에 잇달아 신라에 귀화하여 마침내 강성해졌다. 그리하여 백제를 공격하고, 가라국(迦羅國)[76]을 복속시켰다.

이전 진한의 혼합이 그와 같고, 이후 신라의 혼합이 이와 같으니 당연히 하나의 종족으로 구성된 것은 아니다. 그러나 수당 시기에 신라는 유일하게 사대(事大)를 하였다. 고구려와 백제는 중국에 대항하였기 때문에 나라를 잃고 유망하게 되었으

---

75) 전쟁에 동원되는 일을 말한다.

76) 가라국은 가야(加耶, 加洛)를 의미한다. 가야는 중국 사서에는 加羅 또는 加邏로 표기되어 있으며, 한국과 일본의 기록에는 加羅, 加良, 加耶, 伽倻, 狗邪, 駕洛 등 다양하게 표기되어 있다. 여기에서 문장대로 해석하면 '가라국에 복속하였다(附庸于迦羅國焉)'라고 해야 하지만, 문맥상의 의미를 살려 '가라국을 복속시켰다'고 하였다.

나, 신라는 당나라에 사대를 하였기 때문에 중국의 유일한 외신이 되어 왜(倭)에게 멸망하지 않고 대대로 번창한 것이다. 당 고종 후 무씨(측천무후)가 나라를 찬탈하여 동방을 돌아보지 못하자 신라는 특별히 총애를 받게 되었다. 안사의 난(安史之亂)[77]으로 중국과 동방의 육로 교통이 단절되자 신라가 한반도의 대부분을 차지하게 되었다. 오계(五季)[78] 시기 후고구려의 왕건에 의해 왕조가 교체되었지만, 고구려, 신라, 백제 삼국 중에서 신라는 가장 강대하였다. 그러나 『삼국사기』, 『동국통감』에서 모두 신라가 가장 빠르게 건국되었다고 묘사하고 있는 것은 대체로 신라만이 당에 멸망되지 않아 한반도의 고대 역사 사료가 신라에서 전하기 때문에 신라인이 과장해서 그렇게 말한 것뿐이다[이는 비록 과장된 것이지만 반드시 일부분은 전설에 의거하고 있기 때문에 모든 것을 부인할 수는 없다. 가령 『삼국사기』 신라기의 처음 몇 권에 실려 있는 일식 등은 틀림없이 『춘추』에 의거해서 모방한 것이다. 양(梁)나라 시기 저들은 아직 문자가 없어서 나무에다 새겨서 약속을 하였다. 언어는 백제[의 통역을] 기다린 후에야 [중국과] 통하였다(『양서』)고 한다. 양조(梁朝)에 조공을 바칠 때 역시 백제의 사신에 의지하였는데, 어찌 한대 초기의 일식을 기록할수 있었겠는가? 『삼국사기』의 사료는 반드시 분석을 거친 후에야 비로소 이용할 수있을 것이다].

마한은 처음 진국을 통치하였으나 그 후 백제(百濟) 또한 군사력이 두드러졌다. 백제는 본래 마한 열국의 하나이다(『삼국지·위지』). 광개토대왕비문에는 그 이름이 백잔(百殘)으로 되어 있는데, 백제라고 한 것은 중국 문서의 가차(假借)이다. 『북사』에서는 백제의 기원 및 명칭을 다음과 같이 해석하고 있다. "동명의 후손인 구태(仇台)는 어질고 신망이 두터워서 대방의 옛 땅에 나라를 세웠다. 한나라 요동태수 공

---

77) 755년 12월부터 763년 2월에 걸쳐 당나라의 절도사인 안녹산(安祿山)과 그 부하인 사사명(史思明), 그리고 그 자녀들에 의해 일어난 대규모 반란이다.
78) 당(唐)나라가 멸망한 907년부터 송(宋)나라가 일어난 960년까지의 사이에 흥망한 다섯 왕조, 곧 후당(後唐), 후량(後梁), 후주(後周), 후진(後晉), 후한(後漢) 시대를 가리키며, '후오대'라고도 한다.

손탁(公孫度)이 자신의 딸을 아내로 삼게 하니 마침내 동이 중의 강국이 되었다. 당초 백가(百家)가 건너갔다고 해서 나라 이름을 백제(百濟)라고 하였다"라고 한다. 백제는 본래 글자가 아니므로 이 설은 당연히 통할 수 없다.

『삼국지·위지』에 의하면, 진한(辰韓)은 "진(秦)나라 사람과 유사하며……낙랑인을 아잔(阿殘)이라고 불렀다. 동방인은 우리[我]라는 말을 아(阿)라고 하였으니, 낙랑인들은 본래 [우리의] 나머지 사람이라는 것이다"라고 한다. 그렇다면, 백제는 낙랑의 백호(百戶)가 남쪽으로 이주한 읍락을 말하는 것인가? 이 설이 믿을 만하다면 백제의 왕이 부여에서 나왔다고 하는 것은 전혀 이상하지 않다. 대체로 낙랑의 유이민은 본래 북쪽에서 남쪽으로 내려간 것이다. 그렇지 않다면 구태가 백제를 건국하였을 때(구태 이후 비로소 부여를 성씨로 삼았다), 중국인의 세력은 쇠퇴하지 않았고 낙랑군의 통치도 여전히 강고하였으며, 또한 그 시기는 공손씨가 해동에 웅거하며 대방군을 설치하였을 때인데, 부여에서 나온 사람들이 어떤 경로를 통해 멀리 한군(漢郡)을 통과해서 마한에 이르렀겠는가? 『삼국사기』에 기록된 삼국의 선대는 대체로 중국의 사적 및 본국의 조잡한 기록과 전설이 뒤섞여 이루어진 것으로 실제 김부식이 역사를 가공한 것은 아니다. 그러나 근거로 삼고 있는 본토의 사료는 한적(漢籍)에 비할 바는 아니다. 일설에 의하면 백제는 진말위초(晋末魏初)에 바다를 건너 요서 일대에 웅거하였는데, 남조의 여러 사서에서는 대부분 백제가 본래 요동에 있었으며, 고구려와 더불어 이웃하고 있었다고 한다. [그러나] 『위서(魏書)』에서는 "북쪽으로 고구려가 천여 리에 있어 매우 멀다"라고 한다[생각하건대, 백제가 요서에 웅거하였다는 사실은 해답을 구하는데 달리 말이 필요 없다. 요서의 강역은 전연·전진·후연·북연 네 나라를 지나면서 모두 연나라의 본토였는데, 백제가 어찌 바다를 건너 이곳에 웅거할 수 있었겠는가! 이는 당시 남조의 사관(史官)이 동북의 지리를 알지 못해 오류를 범한 것으로 위수(魏收, 506년~572년)의 예서(穢書)[79]

<hr>

79) 북제(北齊)의 문인이자 학자인 위수가 편찬한 『위서』는 북위-동위-북제의 정통성에 기반에서 기록한 역사서이기 때문에 북제의 적들을 아주 나쁘게 서술하였다는 평가를 받고 있다. 따라서 후

는 황당무계하여 논할 만한 가치도 없다]. 백제는 당나라 고종시기 왜와 결탁하여 당에게 멸망되었다. 당나라 장군 유인궤(劉仁軌, 601년~685년)가 일본 수군을 백강(白江) 전투[80]에서 섬멸하여 마침내 백제를 평정한 것이다[당평백제비(唐平百濟碑) 참조].

위에서 언급한 내용에 오류가 없다면, 오늘날 사람들(일본인은 더욱 심하다)이 고대 동북 및 조선에 퉁구스인이 거주하였다고 하는 것은 실로 전혀 근거 없는 주장이다. 읍루의 제 부족이 강역을 확장하여 물길(말갈)로 명칭을 변경하면서부터 퉁구스인은 비로소 동북에서 강력한 세력으로 등장하게 된 것이다. 이들이 강대해지기 전에는 부여와 구려가 중국과 퉁구스족간의 매개 역할을 하였다. 수대(隋代) 이전 중국과 퉁구스족을 대표하는 읍루·물길과는 왕래가 매우 적었다. 당대(唐代)에 저들은 비로소 중국과 부딪히게 된 것이다. 고구려가 망하고 나서 말갈이 흥기한 것은 동북의 한족 이외의 거주 구역 중에서는 최대의 변화라고 할 수 있다. 이전이 중국에서 가장 가까운 예맥인의 세계였다고 한다면 이후는 중국에서 다소 먼 퉁구스족의 세계인 것이다. 이 일련의 부침과 관련해서 중요한 것은 [퉁그스족이] 중앙아시아에 머물지 않고 인도, 게르만 세계를 경유해서 터키 세계 하로 들어갔다는 것일지 모르겠다. 그로부터 조선은 독립하여 하나의 민족이 되어 백산(白山)과 흑수(黑水) 사이에서 역대로 [중국에] 가장 순응하지 않아 구려·예맥 시대의 예악과 인문을 회복하지는 못하였다.

대 사람들은 이 책을 '더러운 책'이라는 의미로 예서(穢書)라고 하여 정통 역사서로 인정하기를 꺼리고 있다.

80) 백강전투는 663년 8월 한반도의 백촌강(현, 금강하구 부근)에서 벌어진 왜·백제 유민의 연합군과 당·신라 연합군과의 전쟁이다. 일본에서는 백촌강 전투라고 하는데, 당·신라 연합군의 승리로 끝나면서 백제 부흥의 움직임은 종언을 고하게 된다.

민족 인식

앞에서는 지리적 위치, 언어, 풍속의 변천에 의거해서 민족부락을 설명하였는데, 여기에서는 다시 민족부락의 구별에 의거해서 후대의 민족과 어떠한 관계에 있는지를 탐구해 보고자 한다.

1. 한족

혹은 중국족이라고 한다. 이 종족이 고대 중국 동북 및 조선에 있었다는 경위에 대해서는 이미 본권의 각 절에서 살펴보았기 때문에 여기에서는 다시 언급하지 않겠다.

2. 읍루족

읍루족은 분명히 퉁구스족이기 때문에 그 계통을 확실히 알 수 있다. 읍루가 후에 물길이 되고, 물길의 음이 변하여 말갈이 되었다. 말갈의 후예로서 다시 떨쳐 일어난 것이 여진이며, 여진으로서 중국의 통제를 받은 것이 건주(建州)이고 건주가 만주로 명칭을 변경한 것이다. 만주어와 여진어는 확연히 퉁구스어족의 남쪽 지류이므로 그 본원인 읍루, 물길, 말갈은 틀림없이 퉁구스족이다. 또한 『후한서』, 『삼국지 · 위지』에 기록된 읍루의 생활 풍속은 대체로 지금의 퉁구스인과 일치하고 있다는 점에서 언어 이외의 실마리도 찾을 수 있을 것이다.

3. 예맥

읍루가 퉁구스족이라면 읍루와 언어가 다른 부여, 구려, 옥저, 예맥 계통은 분명히 퉁구스족이 아니다. 퉁구스는 본래 어언족 계통의 명사로 결코 종족이 아니다. 그러나 어언족 계통은 대체로 민족을 분별하는 표준이 될 수 있는데, 어언의 단위는 곧 문화의 단위이기 때문이다. 읍루인의 형상이 부여와 유사한 것은 분명히 그 인근에서 혈통이 혼합되었기 때문인데, 언어가 다르다는 점에서 한 뿌리에서 나온 것이 아니라는 것은 분명하다. 부여 등 이른바 예맥의 한 계통이 비록 읍루와 언어는 다르지만, 읍루와 더불어 퉁구스의 분파라고 해도 문제가 없다는 것은 『후한서』에 기록된 부여, 구려, 읍루에 대한 기사가 지금으로부터 2천여 년 전의 사실이라는 것을 전혀 인지하지 못하고 있는 것이다.

지금 퉁구스인이 거주하는 지역은 동쪽으로는 큰 바다와 접해 있고 서쪽으로는 예니세이 강(葉尼賽河)[81]을 경계로 하고 있다. 동남쪽 끝은 한인(漢人)·조선인과 경계를 하고 있으며 그 중부의 남쪽 끝은 몽골인과 경계하고, 서북의 한 지파는 돌궐어를 사용하는 부족의 사이[그 동북쪽은 돌궐의 엽고극족(葉庫克族), 서남쪽은 돌궐 달단(韃靼)의 여러 족이다]를 횡단하고 있다. 그 형세는 실제로 몽골과 돌궐의 언덕에 기대는 것처럼 보인다. 시베리아의 평원지대에 거주하면서 장구한 세월을 굳게 보존할 수는 없는 것이다. 중국사에 의하면, 읍루(후의 물길)의 지리적 위치 및 그 북쪽의 산천이 교차하는 지역은 이 민족의 본토에 해당하므로 금산(金山)과 흑수(黑水)를 중심으로 하는 것이다. 그 서북쪽으로 긴 선은 약 2천여 년을 지나면서 변천하여 몽골과 돌궐 각 민족이 대대로 거주하던 곳이다. 그러므로 지금의 퉁구스족 부락은 당연히 먼 옛날에 만들어진 민족일리가 없다. 2천여년 전의 부여, 구려 등의 예인(濊人)에 앞서 확실히 퉁구스족의 선조인 읍루인은 언어와 생활상태 및 풍속을 완전히 달리하였고, 그 문화 수준의 정도도 현격하게 달랐다. 그러므로 부여와 구려 등 예맥국이 오늘날 각지의 퉁구스족과 동족이 될 수 없음은 의심할 여지가 없다. 또한 퉁구스족은 남쪽 지류가 한화되어 문화가 크게 발전한 것을 제외하고는 북부는 지금도 여전히 매우 낮은 수준의 문화에 머물러 있다. 그 문화 수준은 바로 예전의 읍루와 상응하며 부여·구려·예맥 등과는 전혀 합치되지 않는다. 동굴에서 거주하며, 돌화살촉을 사용하고 "홀로 법속이 없어 가장 기강이 없

---

81) 러시아에서 몽골 북쪽을 흘러 북극해로 흘러 들어가는 최대 수량을 자랑하는 하천으로 세계에서 5위로 긴 강이다.

는" 읍루인과 성곽과 목책, 조두, 읍하고 사양하며, 청결함을 좋아하고, 상례를 중시하며, 농경을 하고, 관모를 쓰는 부여와 구려, 예맥 제 부는 반드시 근속 관계일 수가 없는 것이다. 그러므로 지금 언급하는 퉁구스족이 부여와 읍루로부터 기원전 수백 년에서 천여 년에 이르러 갈라졌다고 하는 가설은 문명과 야만이 완전히 서로 다른 부류로 나뉜 것으로 역시 통할 수 없다.

4. 삼한부락

삼한은 민족의 명칭이 아니다. 삼한이 복잡한 혼합 부락이라는 것은 몇 가지 사실로 밝힐 수 있다.

첫째로 부여와 구려, 예맥, 옥저는 다소 여러 곳에 분산되어 있어도 언어는 대체로 같은데, 삼한부락은 한반도의 남단에 치우쳐 있으며 언어도 각각 달랐다.

둘째로 진한(辰韓)은 중국 유민이 많기 때문에 진한(秦韓)이라고도 불리는데, "한나라 말기 백성들이 고난으로 많은 유망인들이 한(韓)으로 갔다"고 한다.

셋째로 "왜와 가까워서 문신을 하였다"라고 하니 해상을 통해 온 부류도 적지 않았을 것이다.

넷째로 기준(箕準)이 나라가 망한 이후, 그리고 부여의 위구태가 변란 중에 가서 왕이 되었을 때 분명히 그 부족을 거느리고 함께 갔을 것이다.

다섯째로 진국(辰國) 글자의 의미는 지금은 비록 확실히 알 수는 없다. 그러나 일본인은 진국의 진을 12진(辰)으로 이해하고 있는데, 그 주장은 틀리지 않는 것 같다. 진한, 변진은 모두 12개 나라로 한화(漢化)된 지역 중에는 12종의 동물로써 12진(辰)을 대신한다는 금석문의 기록이 있는데, 아마 조선의 경주 서악(西岳) 각간(角干) 묘(墓)[82]의 12지신 화상은 가장 오래되었을 것이다[한경(漢鏡)에 새겨진 12진(辰)은 결코 12개의 동물을 배합하고 있지는 않다]. 이는 비록 후대에 새긴 것이

---

82) 김유신 장군의 묘를 말한다. 무덤 둘레의 병풍석에는 12지신 상이 새겨져 있다.

지만, 그 신화나 연원은 오래되었을 것이다. 12종의 동물을 12진에 배합하는 것은 북로(北虜)의 풍속으로 중국의 풍속은 아니다.

부도교(浮屠敎)[83]는 후한 시기 이미 해상을 통해 중국에 전래되었으며, 삼한에도 변형된 가르침이 전래되었다. 바다 남쪽 산의 북쪽에 먼 곳의 여러 풍속이 한 곳에 모이니 이 땅은 항상 먼 곳의 영향을 받았다는 것을 알 수 있다[주호도(州胡島, 제주도)에서 선비족과 같이 머리를 삭발한 것(髮頭)은 또한 주의할 만한 사실이다. 생각하건대, 북방 초원지역의 종족은 모두 편발(編髮), 혹은 피발(被髮)을 하는데 머리를 삭발한 것은 선비족이 처음이다. 대체로 선비족은 북쪽에서 남쪽으로 이주하기 전에 이미 간접적으로 중앙아시아에 있는 그리스와 페르시아의 영향을 받았기 때문에 편발이나 피발이 아니라 머리를 삭발한 것이다. 주호(州胡)에서 주(州)는 섬(島)의 원래 글자이며, 호(胡)는 한나라 시기 인도(身毒, 천축)인을 가리켰다. 이 주호는 남양 혹은 인도에서 온 것으로 가죽옷을 입고 하의는 벗었는데, 배를 타고 왕래하며 교역을 하였다는 것은 모두 도래한 방향을 암시하는 것으로서, 이를 통해서 마한의 이른바 소도(蘇塗)가 부도(浮屠)라고 하는 것은 분명 명칭과 형태가 유사하기 때문만은 아니라는 것을 알 수 있다].

반도를 지키는 유민들은 사방에서 모인 유랑민들로 낙랑에서 북방의 풍속[胡俗]과 불교[竺敎]가 혼합된 한화를 이어받은 것으로 삼한을 입체적으로 설명할 수 있을 것이다. 이전의 삼한이 이와 같다면 후대 신라와 백제가 뒤섞인 시기도 알 수 있다. 『북사』 「백제전」에 의하면 "사람들은 신라(新羅)·고려(高麗)·퇴[倭, 왜(倭)자이다] 등이 섞여 있었으며, 또한 중국인도 있었다"라고 한다. 신라전에는 "그 사람들은 중국[華夏]·고구려·백제의 족속들이 두루 있으며, 옥저·불내(不耐)·한(韓)·예(濊)의 땅을 차지하고 있다. 그 나라의 왕은 본래 백제 사람이었는데, 바다로 도망쳐 신라로 들어가 마침내 그 나라의 왕이 되었다"라고 한다. 무릇 이러한 사실은 모

---

83) 중국에서는 불교가 처음 전래되었을 때 부도교라고 하였고, 부처님을 부도씨(浮屠氏)라고 하였다.

두 신라와 백제가 순수한 단일민족으로 구성된 것이 아님을 보여주는 명확한 증거이다.

현재 조선어와 주변 각 언어의 관계는 모두 명확하지 않으며, 조선어 안에는 한자어가 매우 많지만 모두 가차(假借)이다. 또한 일본어와도 일치하는 점이 있는 것은 왜인이 임나에 거주한 것이 자못 오래되어, 남쪽 끝 여러 곳에 적지 않은 영향을 주었다는 것을 의미하는데, 게다가 그 전에 삼한에서 문신을 하였다는 것은 다소 동화(同化)되었다는 증거이다. 이는 단지 아주 사소한 우연의 일치에 불과하지만, 일본과 한국 언어의 원류가 동일하다는 것은 부인할 수 없을 것이다. 조선어와 만주어 및 일반 퉁구스어 또한 서로 유사한 점이 있는데, 이는 당연히 주변의 영향에 의한 것이거나 혹은 다소 동화되어 이루어진 것 때문이다.

이를 정리하면 가차라는 것이 하나이고 어법 및 음계가 인근 이웃의 영향을 받은 것이 또 하나이며, 소량의 혼합이 또 하나이고 크게 혼합된 것이 또 하나이다. 그리고 같은 계열에서 지류가 나뉘어져 완전히 다른 하나가 된 것이 하나이다. 오늘날의 언어학자는 아직 일본과 조선, 퉁구스의 어원이 같다는 것을 증명하지는 못하였지만, 다만 몇몇 근거를 통해 상상해서 나열한 것일 뿐이다.

또한 우랄알타이어족은 자체로 하나인가 아닌가에 대한 것이다. 우선 우랄알타이어는 인도유럽어족 혹은 켈트어족의 각 단어가 함의하는 것과는 비교할 수 없을 정도로 어족 간의 차이가 너무 크다. 지금 여기에서 함의가 불명확한 단어를 가지고 원류를 포함해 아직도 밝혀지지 않은 어언을 과학적으로 파악하는 것은 어려우며, 단지 나라 별로 선입견으로 가지고 정치적으로 주장하는 것일 뿐이다.

참조

(1) S. Kanazawa: The Common Origin of the Japanese and Korean Languages, Tokyo 1910 (원문은 金沢庄三郎, 『日韓両国語同系論』, 1910年)

(2) A. Meilet et M. Cohen: Les Langues du Monde, Paris 1924.

필자는 현재의 한글이 예전 한반도의 어느 곳에서 나왔는지 의문이다. 이 문제에 대한 해결은 그다지 복잡하지는 않다. 가령 고구려에서 나왔다면 예맥이고, 신라와 백제에서 나왔다면 별개의 일이다. 그러나『조선사』는 결코 우리들에게 명확히 설명해주지 못하고 있다. 조선에서 한글을 제정한 것은 명대 초기의 일로 이 전에는 한문을 사용하였다. 따라서 고어(古語)가 남아있는 것은 단지 한문으로 쓴 몇몇 관직명과 지명, 인명뿐이다. 이는 비록 고찰하는데 근거로 삼을 만하지만, 그렇다고 해도 흡족할 만한 결론을 내릴 수는 없다. 동방문명의 유서 깊은 나라에서 그어족(語族)의 내원을 알 수 없다는 것은 유감스러운 일이다.

생각하건대, 근세 조선은 홍무(洪武, 1368년~1398년)[84] 연간에 건국되어, 중국에서 국호를 하사받았으며, 또한 명조는 "내지와 동일시(視同內地)"(『명사』)하였지만, 그 이전 왕건의 고려왕조에 비해 실제로 문화 및 민족의 중대한 변화는 없었다. 고려왕조 시기에는 역대로 거란과 여진의 침략을 받았으며, 게다가 몽골에 유린되었으나 민족의 변화에 영향을 미치지는 못하였다. 고려왕조는 오대 초기에 요(遼)나라와 거의 동시기에 건국되었다. 비록 한반도의 북쪽 지역에서 일어났지만, 궁극적으로 당대 신라를 근간으로 삼고 있었다. 당 고종시기에 백제와 고구려는 당을 등져 나라가 망하였지만, 신라는 사대로서 종사를 보존할 수 있었다. 후에 비록 백여 년에 걸쳐 안동도호부[85]가 설치되었으나 측천무후가 권력을 농단하면서 동방인들에게 진전할 수 있는 기회가 주어졌다. 이에 고구려와 백제는 당대(唐代)에 비록 나라를 회복하였으나 신라로 인해 울타리를 벗어나지는 못하였다. 신라는 당을 섬기며 기미(羈縻)의 신하로서 부절을 받들었다. 고종 이후 몇 세대는 모두 신라가 한

---

84) 명나라를 세운 태조 주원장의 연호이다. 명청시대에는 이전과 달리 한 황제에 하나의 연호(一帝一號)를 사용하였다.

85) 당나라는 고구려가 멸망한 668년에 평양에 안동도호부를 설치하여 고구려의 옛 땅인 압록강 유역 및 요동지구를 관할하고자 하였으나 신라의 저항을 받아 결국 676년(문무왕 16년) 한반도에서 완전히 철수하여 요동성으로 이전하였다. 이후 안동도호부는 여러 차례 거점을 옮겨가다 안사의 난을 계기로 773년경에 폐지되었다. 따라서 비록 안동도호부는 약 백 년 정도 지속되었지만, 실제로 한반도에 존재하였던 시기는 얼마 되지 않는다.

반도에서 세력을 확장해 나가던 시대로서, 신라는 망하기 전에 한반도의 정치권을 거의 통일하였다. 이후 고려는 신라를 기반으로 해서 일어났으니 신라가 고려에 커다란 영향을 미쳤다는 것을 알 수 있다. 그러나 신라는 삼국 중, 건국 초기에는 경전(經傳)을 보지 않은 나라였으며, 후에는 백제에 복속하고 있었다. 또한 선대는 일종의 대혼합으로 현재도 그 혼합의 정도가 서로 어떠하였는지를 알 수는 없다. 조선어는 기본적으로 고구려 혹은 신라에서 나온 것이지만, 혼합어로서 그 친속을 명확히 알기는 어렵다.

"삼한민족"이라는 명사는 삼한시기에 성립한 것은 아니며 이것이 후고구려의 본체인지에 대해서는 더욱 알 수가 없다.

제 5 장

한(漢)·진(晉) 시기
동북의 대사건

한나라 무제가 제하(諸夏)를 통일한 이후 현도와 낙랑은 영원히 한나라의 군이 되었으며, 그 남북에 위치한 이민족 부락도 모두 신하로서 복속하였다. 한 말에 이르기까지 3백여 년간 비록 왕망 때 잠시 문란해지기도 하였으나 결코 이 판도를 상실하지는 않았다. 광무제가 중흥하여 [요동태수] 제동(祭肜)이 북방을 지키니 내외가 복속하여 요동은 소제(昭帝, 재위 기원전 87년~74년), 선제(宣帝, 재위 기원전 74년~48년) 시대의 흥성을 재현하게 되었다. 역사서에서 이 수백 년간 요동의 사정을 기록하지 않은 것은 태평하여 기록할 만한 일이 없었기 때문일 것이다. 당시 한화(漢化)는 구강(舊疆), 신군(新郡)에 매우 뿌리 깊은 기초를 심어놓았던 것이다. 영제(靈帝, 재위 168년~189년) 시기 중국이 분열되자 요동 지역은 다사다난하였다.

요동 지역에 할거한 것은 공손탁(公孫度) 일가 3대이다. 공손씨가 멸망한 후 동북은 곧 진(晉)나라에 예속되었으나, 동진 영화(永和) 8년(352년) 모용준(慕容儁)이 황제를 칭하면서 동북은 중화제국에서 벗어나게 되었다. 이 시기의 중요한 사건을 서술하면 다음과 같다.

제1절 조조(曹操)의 오환(烏桓) 정벌

(『후한서』·『삼국지·위지』·『자치통감』에 의거함)

오환(烏桓,『삼국지·위지』에는 오환[烏丸]으로 되어 있다)은 본래 동호(東胡)이다. 한나라 초기 [흉노의] 묵돌선우(冒頓單于)에게 나라가 멸망하자 나머지 무리들이 오환산(烏桓山)에서 [나라를] 보존하였기 때문에 [오환을] 국호로 삼았다.[1] 무제는 표기장군(驃騎將軍) 곽거병(霍去病)을 파견해 흉노를 격파한 후, 오환족을 상곡(上谷)·어양(漁陽)·우북평(右北平)·요서(遼西)·요동(遼東) 5군의 장성 밖으로 이주시키고, 한나라를 위해 흉노의 동정을 정찰하게 하였으며, 그 대인(大人)에게는 매년 한 차례 조정에 알현하게 하였다. 이에 비로소 호오환교위(護烏桓校尉)를 설치하였는데, 질록은 2천 석으로 옹절감(擁節監)이 관할하며 흉노와 교통하지 못하게 하였다. 그 후 왕망이 가혹하게 부리니 마침내 배반하였다.

후한 광무제 건무 25년(49년), 요서의 오환 대인 학단(郝旦) 등이 922명의 무리를 거느리고 귀화하여 궁궐에 이르러 조공을 하였다. 이에 거수(渠帥) 81명을 후왕(侯王), 군장(君長)으로 책봉하여 장성의 안쪽 부근의 여러 군에 분산시켜 거주하게 하고 부족 사람들을 불러들여 의식을 제공하자 마침내 한나라의 정찰이 되어 흉노와 선비를 공격하였다(선비는 또한 동호의 별종이다).[2] 후에 상곡(上谷)의 영성(寧城)에 교위를 설치하여 영부(營府)를 열고, 아울러 선비를 관할하고 상(賞)으로 인질을 풀어주며,[3] 세시(歲時)에는 교역을 허락하였다. 명제(明帝, 재위 57년~75년), 장제(章帝, 재위 75년~88년), 화제(和帝, 재위 88년~105년) 3대에 이르러 모두 별

---

1) 오환과 선비족이 본래 그 산을 근거지로 하고 있었기 때문에 민족명이 산의 이름으로 되었다고 하는 설도 있다.

2) 후한서 원문에는 한나라의 정찰이 되어 흉노와 선비에 대한 공격을 지원하였다고 되어 있다.

3) 후한은 상곡군 영성(寧城)에 인질들의 관사인 질관(質館)을 만들고 오환과 선비족 지배자의 처자를 인질로 잡아두고 있었다. 참고로 왕망 시기에는 오환족이 배반하자 인질로 잡아둔 처자들을 모두 죽인 바 있다.

탈 없이 장성을 지켰다. 안제(安帝) 영초(永初) 3년(109년), 오환과 남흉노가 침략해 들어와 거기장군(車騎將軍) 하희(何熙), 탁료장군(度遼將軍) 양동(梁慬) 등이 대파하자 곧이어 항복을 청하였고 그 후로 복속과 배반을 반복하였다.

영제(靈帝) 시기에 제군(諸郡)의 오환 대인이 각각 스스로 왕을 칭했다. 중평(中平) 4년(187년), 전 중산태수(中山太守) 장순(張純)이 반란을 일으켜 요서의 오환 대인 구력거(丘力居) 무리에 들어가서는 유혹해서 그 주변을 침략하고 스스로 미천안정왕(彌天安定王)을 칭하였다. 마침내 제군 오한의 원수(元帥)가 되어 청주(靑州)·서주(徐州)·유주(幽州)·기주(冀州) 등 4개 주를 약탈하였다. 중평 5년(188년), 유우(劉虞)를 유주목(幽州牧)으로 삼았는데, 유우는 종실의 명사로 한(漢)과 호(胡)의 희망이었다. 유우는 현상금을 내걸어 장순의 목을 베고는 마침내 북주를 평정하였다.[4] 헌제(獻帝) 초평(初平) 연간(190년~193년), 구력거의 부하인 답돈(蹋頓)이 3군의 오환부족을 총괄해서 다스렸다. 건안(建安, 196년~219년) 초기, 기주목 원소(袁紹)와 전 장군 공손찬(公孫瓚)이 서로 대립하여 결판을 내지 못하였는데, 답돈은 원소와 결탁해서 병사를 파견해 공손찬에 대한 공격을 지원하였다. 공손찬이 멸망하자 원소는 오환을 총애하여 신임하였다.

광양(廣陽) 출신 염유(閻柔)는 젊어서 오환과 선비 사이로 들어가 그 종족 사람들의 신임을 얻었다. 염유는 선비 무리가 오환교위 형거(邢擧)를 살해하자 이(오환교위)를 대신하였는데, 원소는 염유를 총애하고 어루만져 북방을 안정시켰다.

조조가 원소의 아들인 원담(袁譚)과 원상(袁尙) 부자를 격파하자 원상은 답돈(蹋頓)에게 달아났다. 당시 한말 대란으로 북방에는 사건이 많았다. 유주와 기주의 관원과 백성으로 오환으로 달아난 자가 10여만 호에 달하였는데, 원상은 그 병력에 의지해서 다시 중국을 탈환하고자 하였다. 마침 조조가 기주를 평정하자 염유는 선

---

[4] 유우는 후한의 종실로서 오환에서도 인망이 두터웠기 때문에 구력거는 싸우지 않고 유우에게 귀순하였다고 한다. 장순은 도망쳐 선비족으로 들어갔으나 이윽고 식객인 왕정(王政)에게 살해되어 반란은 진압되었다.

비와 오환을 거느리고 귀의하였다. 조조는 염유를 교위로 삼았다. 당시 답돈은 오환 부족 중에서 가장 강하였는데, 원상 형제에게 귀의하여 자주 장성을 넘어와 피해를 끼쳤다. 건안(建安) 11년(206년), 조조가 정벌에 나서면서 호타(呼沱)에서 고수(泒水)에 이르는 수로를 파서 평로거(平虜渠)라고 하였다. 또한 구하(泃河) 입구를 지나 로하(潞河)에 이르는 수로를 파서 천주거(泉州渠)라고 하였는데, 이로써 바다와 통하게 되었다. 건안 12년(207년) 여름 5월, 조조는 무종[無終, 현 하북성 계현(薊縣)]에 도착하였다. 가을 7월, 비가 많이 내려 인근 바다로 가는 길이 막혔다. 전주(田疇)[5)]가 길잡이[嚮導]가 될 것을 청하자 조조가 허락하였다. 군사를 인솔해서 노룡새(盧龍塞)를 벗어나자 장성 밖 도로도 끊어져 지날 수가 없었다. 이에 산을 파고 계곡을 메우니 5백여 리가 되었다. 백단(白檀)을 지나 평강(平剛)을 거쳐 선비정(鮮卑庭)을 지나 동쪽의 유성(柳城)으로 향하였는데, 2백 리를 채 못 남기고 적에게 발각되었다. 원상과 원희는 답돈과 요서의 선우 누반(樓班), 우북평 선우 능신저지(能臣抵之) 등과 함께 수만 명의 기병을 거느리고 [조조의] 군사에 맞섰다. 8월 백랑산(白狼山)에 올라가다 갑자기 오랑캐 무리와 마주쳤는데, 조조는 군사를 부려서 공격하게 하였다. 오랑캐 무리들이 크게 무너져 답돈 및 명왕(名王)[6)] 이하 호한(胡漢)의 투항자 20여만 명의 목을 베었다. 요동선우 속복환(速僕丸)과 요서 우북평의 여러 호족들은 종족들을 버리고 원상, 원희와 함께 요동으로 달아났는데, 무리가 수천 기에 이르렀다. 당초 요동태수 공손강(公孫康)은 [중원에서] 멀리 떨어져 있다는 것을 믿고 복속하지 않았다. 오환을 격파하고서 어떤 이가 조조에게 끝까지 몰아붙이면 원상 형제를 사로잡을 수 있습니다라고 간하자 조조가 말하였다. "이제 공손강으로 하여금 원상과 원희의 수급을 보내오게 할 것이니 군사들을 번거롭게

---

5) 후한 말기의 정치가로 자는 자태(子泰)이며, 우북평군 무종현 출신이다. 당시 조조가 무종을 통해 오환을 공격하였으나 비로 인해 길이 끊어진 데다 샛길들은 원상과 답돈이 지키고 있어 고전하고 있었는데, 전주는 2백여 년 동안 이용하지 않았던 노룡 방면의 샛길을 안내하며 조조에게 진군할 것을 권하였던 것이다.
6) 명왕은 흉노의 왕 중에 관위가 존귀한 자를 가리킨다.

할 필요는 없소." 9월, 조조가 군사를 이끌고 유성에서 돌아오자 과연 공손강이 원상과 원희 및 속복환 등을 참수해 수급을 보내왔다. 남은 무리들이 모두 투항하였다. 유주와 병주(幷州)의 염유는 오환 만여 호를 통솔하였는데, 그 종족이 모두 이주하여 중국에 거주하였다. 그 후왕(侯王)과 대인이 종족을 통솔하여 정벌에 나서니, 이로 말미암아 삼군오환(三郡烏桓)은 천하명기(天下名騎)로 명성이 자자하였다.

영녕(永寧) 연간, 오환이 요동에 귀의함에 따라 한 왕조의 위력은 다시 동북지역에 진동하게 되었다. 후한 시기 오한은 장성 이남에 산발적으로 거주하였으며 선비는 대막(大漠)에서 유목을 하였다. 한 황실이 융성할 때 오환은 변경을 방어하는 용맹한 병사였으나, [황실의] 기강이 문란해지자 무엇보다 커다란 우환거리가 되었다. 따라서 조조가 오환을 평정함에 따라 오호(五胡)가 중국을 어지럽히던 기세가 50년간 저지되었으니 민족문화에 대한 공은 실로 크다. 오환은 한번 평정된 후에는 몰락하여 오호의 난에는 들지 못하였다.

제2절 공손씨의 요동 웅거

공손탁(公孫度, ?~204년)의 자는 승제(升濟)이며 본래 요동군(遼東郡) 양평현(襄平縣) 사람이다. 공손탁의 부친 공손연(公孫延)은 관리의 [추적을] 피해서 현도군(玄菟郡)에서 살았는데, 공손탁에게 군리(郡吏)를 맡겼다. 후에 유도(有道)[7]로 천거되어 상서랑(尚書郎)에 제수되었고 기주자사(冀州刺史)에 이르렀으나 곧 면직되었다.

같은 군(郡) [출신의] 서영(徐榮)이 동탁의 중랑장(中郎將)이 되어 공손탁을 천거

---

7) 후한 시기 선거제 과목의 일종이다.

해 요동태수가 되었다. 공손탁은 현도의 하급관리에서 시작하였기에 요동군에서 경시를 당하였다. 이에 앞서 요동의 속국 사람인 공손소(公孫昭)가 양평령(요동군 양평현의 현령)이 되어 공손탁의 아들 공손강(公孫康)을 불러 오장(伍長)[8]으로 삼았다. 공손탁은 [요동태수] 관직에 취임하자 공손소를 잡아 양평 저자거리에서 태형에 처해 죽였다. [요동]군 내의 명문대가 전소(田韶) 등이 평소 배은망덕하게 [자신을] 대하자 이들을 모두 법에 따라 주살하여 멸망당한 가문이 100여 가에 이르니 군(郡) 전체가 전율하였다. 동쪽으로는 고구려를 정벌하고 서쪽으로는 오환을 공격하여 그 위세가 바다 너머까지 퍼져나갔다. 초평(初平) 원년(190년), 공손탁은 중국이 어지러운 것을 알고 측근에게 일러 말하길 "한조(漢祚)가 장차 끊어지려하니 여러 경들과 함께 왕[업]을 도모하고자 하오"라고 하였다. 예전에 하내태수(河內太守)를 지냈던 이민(李敏)은 [요동]군 내에서 명성이 자자하였는데, 공손탁의 소행을 증오하고 해를 당할까 두려워 식솔들을 거느리고 바다로 들어갔다. 공손탁이 크게 노하여 그의 부친 무덤을 파헤치고 관을 쪼개어 시신을 불태우고 종족들을 주살하였다.

요동군을 나누어 요서중료군(遼西中遼郡)을 설치하고 태수를 두었다. 바다를 건너 동래(東萊)의 여러 현을 거두고 영주자사(營州刺史)를 두었다. 스스로 요동후(遼東侯), 평주목(平州牧)에 오르고, 부친 공손연을 건의후(建義侯)에 추존 봉하였다. 한나라 2조(二祖, 한고조 유방과 후한 광무제 유수)의 묘(廟, 사당)를 세우고 멋대로 양평성(襄平城) 남쪽에 제단을 설치하고 천지신명에게 제사를 지냈다. 몸소 농사를 짓고 군사를 열병하였으며, 천자가 타고 다니는 수레 난로(鑾路)를 타고, 9개의 술이 달린 면류관 구류(九旒)를 썼다. 천자의 의장행렬 기병인 모두(旄頭)와 황실 친위대인 금위군 기병 우기(羽騎)를 부렸다. 조조가 표를 올려 공손탁을 무위장군(武威將軍)으로 삼고 영녕향후(永寧鄕侯)에 봉하였다.[9] 공손탁이 말하길 "내가

---

8) 고대 중국의 군대는 5인을 최소단위로 해서 편성되었는데, 오장은 군대에서 하급관리를 가리킨다.
9) 조조는 공손탁이 고구려와 오환을 토벌한 공적을 높게 평가한 것이다.

요동에서 왕으로 지내는데 영녕이 뭐란 말인가?"라고 하고는 인수(印綬)를 무기 창고에 던져놓았다.

건안(建安) 9년(204), 공손탁이 사망하자 아들 공손강(公孫康)이 지위를 계승하고, 그 아우 공손공(公孫恭)을 영녕향후(永寧鄉侯)에 봉하였다. 건안 12년(207년) 조조가 삼군오환을 정벌하고 유성(柳城, 요서군에 속함)을 살육하였다. 원상 등이 요동으로 달아났으나 공손강은 원상을 참수하고 그 수급을 [조조에게] 보냈다. 공손강을 양평후(襄平侯)에 봉하고 좌장군에 임명하였다. 공손강이 사망하자 아들인 공손황(公孫晃)과 공손연(公孫淵) 등이 모두 어렸으므로 무리들이 공손공(公孫恭)을 세워 요동태수로 삼았다. 조비(曹丕, 위나라 문제)가 제위에 올라 사신을 보내 공손공(公孫恭)을 거기장군(車騎將軍)으로 삼고 절(節)을 하사하였으며, 평곽후(平郭侯)에 봉하고 공손강을 대사마로 추증(追贈)하였다. 공손공은 열등하고 유약하여 나라를 다스릴 수 없었다. 태화(太和) 2년(228년), 공손연이 공손공을 위협하여 지위를 빼앗았다.

위나라 명제(明帝, 조예[曹叡])가 즉위하여 공손연을 양열장군(揚烈將軍), 요동태수에 임명하였다. 공손연은 남쪽으로 손권(孫權)과 내통하며 선물을 주고받았다. 손권은 장미(張彌), 허안(許晏) 등을 사신으로 보내 진귀한 보물[金玉珍寶]을 보냈으며 공손연을 세워 연왕(燕王)으로 삼았다. 공손연은 손권이 멀리 있어 의지할 수 없음을 염려하였지만, 보물을 탐내서 그 사신들을 오게 하고는 장미, 허안 등을 모두 참수하여 수급을 위나라에 보냈다. 손권이 대노하여 바다를 건너 공격하고자 하였으나 실행에 옮기지는 못하였다. 위나라 명제는 공손연을 대사마에 임명하고 낙랑공(樂浪公), 지절(持節)[10]에 봉하고 [요동]군을 예전처럼 다스리게 하였다. [위

---

10) 『진서(晋書)』 직관지에 의하면 지방의 군정을 담당하는 관리의 등급은 크게 사지절(使持節), 지절(持節), 가절(假節)로 구분되었다. 사지절은 가장 높은 지위로 평시와 비상시를 막론하고 2천 석 이하의 관리를 독단으로 처형할 수 있었다. 지절은 평상시에는 관리가 아닌 자밖에 처형할 수 없었으나, 비상시에는 사지절과 같은 정도의 권한을 가졌다. 마지막으로 가절은 기본적으로 군령 위반자만 처형할 수 있었으며, 비상시에는 관리가 아닌 자만 처형할 수 있었다.

나라의] 사신이 도착하자 공손연은 갑병(甲兵, 무장병)으로 군진(軍陣)을 설치한 채 나가서 사신을 맞이하였다. 또한 여러 차례 사신을 맞이해서는 폭언을 내뱉었다. 이에 경초(景初) 원년(237년), 유주자사 관구검 등을 보내 새서(璽書, 옥새가 찍힌 문서)로 공손연을 징계하자 공손연은 마침내 군사를 일으켜 요수(遼隧, 요동군에 속함)에서 맞이하여 관구검 등과 전투를 벌였다. 관구검 등은 [형세가] 불리하자 돌아왔다. 공손연은 스스로 연왕에 오르고 문무백관과 관원을 두고 부절을 지닌 사신을 보내 선비 선우에게 새(璽)를 하사하였으며, 변경민에게 [작위를] 주고 선비족을 회유해 북방을 침략하여 소요를 일으키게 하였다.

경초 2년(239년) 봄, 태위(太尉) 사마의(司馬懿)를 보내 공손연을 정벌하게 하였다. 6월, [사마의의] 군이 요동에 이르자, 공손연은 장군 비연(卑衍)과 양조(楊祚) 등을 보내 보병과 기병 수만을 요수(遼隧)에 주둔하게 하고 주위 20여 리에 참호를 팠다. 사마의의 군이 도착하자 비연에게 맞서 싸우게 하였다. 사마의가 장군 호준(胡遵) 등을 보내 이를 격파하였다. 사마의가 군에 명해 포위를 뚫고 신속하게 양평(襄平)으로 진격하게 하자, 비연 등은 양평에 방비가 소홀한 것을 우려해 야밤에 도주하였다. [사마의의] 군사가 전진하여 수산(首山)에 이르자 공손연은 다시 비연 등을 보내 죽음을 각오하고 싸우게 하였다. 다시 공격하여 크게 부수고는 마침내 진군하여 [양평]성 아래에 이르러 참호를 팠다. 마침 장맛비가 30여 일 동안 내려 요수(遼水)가 크게 불어나 [물자를] 운반하는 배가 요구(遼口)에서 곧바로 성 아래에까지 이르렀다. 비가 그치자 토산을 쌓고 연노(連弩)[11]를 성 안으로 쏘았다. 공손연은 매우 다급해졌지만, 양식조차 떨어져 사람들이 서로 잡아먹어 죽은 자가 매우 많았다. 장군 양조 등이 항복하였다. 8월 공손연은 패색이 짙어지자 아들 공손수(公孫修)와 함께 수백여 기병을 거느리고 포위를 돌파해서 동남쪽으로 달아났다. 이에 많은 군사로 신속하게 공격하게 하여 공손연 부자를 참수하였다. 성을 함락하

---

11) 여러 개의 화살을 연속으로 쏠 수 있게 만든 활의 일종이다.

고 상국(相國) 이하 천여 명의 목을 베었으며 공손연의 수급은 낙양으로 보냈다. 이리하여 요동과 대방, 낙랑, 현도가 모두 평정되었다. 공손탁이 중평(中平) 6년(189년)에 요동을 점거한지 3대째인 공손연에 이르러 무릇 50년 만에 멸망한 것이다.

생각하건대, 공손탁은 족히 칭송할 만한 [인물은] 아니다. 그는 흉폭하고 잔악하여 주군국(州郡國)에 일가를 일으킬 수 없었으나, 그가 성공할 수 있었던 것은 마침 변경에 있었기 때문이다. 창업자가 무장반란으로 섰으니 후계자 역시 수미일관 전전긍긍하여 정사는 돌보지 않고 오직 스스로 뽐내는 데만 힘써서 마침내 패망하게 되었으니 인간적으로도 애석하지 않다. 그러나 시대적 상황에 의거해서 부연하면 공손씨가 요동을 점거한 것에 대한 의의는 일반적인 할거(割據)와는 달리 대체로 동북에서 한족 세력의 성쇠와 매우 깊은 관계를 가지고 있다. 공손씨는 북쪽으로는 부여와 친교를 맺고, 동쪽으로는 고구려를 쳐서 환도성(丸都城)을 무너트렸으며, 남쪽으로는 백제를 건국하고 황무지를 개척하여 대방군(대방군의 일부분은 낙랑에서 분할하고 일부분은 황무지를 개척하였다)으로 삼았다. 한(韓)과 예(濊)를 쳐서 한인(漢人)의 유망인을 낳았다. 제국은 비록 일부를 상실하였으나, 한화(漢化)라는 측면에서 볼 때 동북에서의 역할은 매우 중요한 것이었다. 가령 한 말 요동에 공손씨와 같은 인물이 없었다면 중국의 혼란을 틈타 고구려와 한(韓)과 예(濊)가 반드시 함께 일어나 중국은 동북 혹은 북쪽을 [영원히] 상실하였을 것이다.

위 왕조가 동북지역을 평정한 후 만약 관구검을 임명하였다면, 한나라에서 채동(祭彤)을 임명한 것과 같이 안으로는 왕조 교체가 없었을 것이고 밖으로는 전쟁에 대한 방비를 잘하였을 터이니, 어찌 천하 후세의 대사에 해로웠겠는가? 유감스럽게도 사마씨 자제는 앞에서는 영웅호걸을 치고 뒤에서는 제위의 선양을 받았다. 사마예(司馬睿)[12]가 오나라의 번성함을 평정하고서도 결국 모용씨를 기미(羈靡)하지 않을 수 없었던 것은 내정이 변경의 일에 영향을 미친 결과이다. 스스로 문란하여

---

12) 동진의 초대 황제인 원제(元帝, 재위 318년~322년)로서 선제(宣帝)인 사마의(司馬懿)의 증손이다.

다스려지지 않는데, 어찌 변경을 안정시킬 수 있었겠는가. 자신에게서 구하면 즉, 남을 바로 할 수 있는 것이다.

제3절 관구검(毌丘儉)의 고구려 평정

관구검의 자(字)는 중공(仲恭)이고 하동군(河東郡) 문희현(聞喜縣) 사람이다(현 산서성 서남쪽 경계의 문희현). 부친 관구흥(毌丘興)은 황초(黃初, 위 문제 조비, 재위 220년~226년) 연간에 서쪽 변경에서 공을 세워[13] 고양향후(高陽鄕侯)에 봉해졌는데, 관구검은 부친의 작위를 세습하여 평원후가 되었다. 명제(明帝)가 태자시절부터 교분이 있어 [황제] 즉위 후에 [관구검을] 매우 중용하여 중외의 여러 관직을 역임하였다.

청룡(靑龍, 위 명제, 233년~236년) 연간, 황제가 요동(遼東)을 공략하고자 함에 관구검에게 재간과 모책이 있으므로 그를 유주자사(幽州刺史)로 삼고, 도요좌장군(度遼左將軍), 사지절(使持節), 호오환교위(護烏丸校尉)의 직을 더했다. [경초(景初) 원년(237년)], 유주(幽州)의 제군(諸軍)을 이끌고 양평(襄平, 요동군 양평현)에 도착해 요수(遼隧)에 주둔하였다. 우북평(右北平) 오환(烏丸)의 선우(單于) 구루돈(寇婁敦), 요서(遼西) 오환의 도독(都督) 솔중왕(率衆王) 호류(護留) 등 지난 날 원상(袁尙)을 따라서 요동(遼東)으로 달아난 자들이 무리 5천여 명을 이끌고 항복하였다. 구루돈(寇婁敦)이 동생 아라반(阿羅槃) 등을 보내 궐(闕)에 이르러 조공(朝貢)을 하니 거수(渠率) 20여 명을 봉해 후(侯), 왕(王)으로 삼고 각기 차이를 두어 말(馬)과 채색한 견직물을 하사하였다. 공손연(公孫淵)이 관구검에 맞서 싸우니 [관구검이] 불리하여 군을 이끌고 돌아왔다. 이듬해(238년), 황제가 태위(太尉) 사마의(司馬懿)

---

13) 당시 관구흥은 무위태수(武威太守)를 지내며 반란자는 정벌하고 복종하는 자는 어루만져 황하 상류의 서쪽인 무위, 주천의 길을 개통하는데 큰 공을 세웠다.

를 보내 중앙군과 관구검 등의 군대 수만 명을 통솔하여 공손연을 쳐서 요동을 평정하였다. 관구검은 그 공으로 승진하여 안읍후(安邑侯)에 봉해졌다.

정시(正始, 240년~249년) 연간, 관구검은 고구려(高句驪)가 수 차례 침략하자 제군(諸軍)의 보병과 기병 1만 명을 이끌고 현도(玄菟)를 나가 여러 길로 [고구려를] 쳤다. 구려왕(句驪王) 궁(宮)이 보병과 기병 2만 명을 거느리고 비류수(沸流水) 가로 진군하여 양구(梁口)에서 크게 싸웠다. 궁(宮)이 잇달아 격파되어 달아났다. 관구검이 위험을 무릅쓰고 행군 하여 환도(丸都)에 올라 구려의 도읍을 파괴하고 목을 베거나 포로로 사로잡은 자가 천여 명을 헤아렸다.

구려의 패자(沛者, 구려의 관직명)로 득래(得來)라고 하는 자가 수차례 궁(宮)에게 간언했으나, 궁이 그의 말을 따르지 않았다. 득래가 탄식하며 말했다. "이 땅이 장차 쑥대밭이 되는 꼴을 곧 보겠구나." 그리고는 음식을 먹지 않고 죽으니 온 나라가 그를 현명하게 여겼다. 관구검이 제군(諸軍)에게 명해 그의 묘(墓)를 허물지 말고 그곳의 나무를 베지 못하게 하였으며 그의 처자들을 모두 석방하였다. 궁(宮)이 홀로 처자를 거느리고 달아나 숨자 관구검은 군을 이끌고 돌아왔다.

정시(正始) 6년(245년), 다시 정벌에 나서 궁(宮)이 마침내 매구(買溝)로 달아났다. 관구검이 현도태수(玄菟太守) 왕기(王頎)를 보내 추격하게 하였다. [왕기는] 옥저(沃沮)를 지나 천여 리를 가서 숙신씨(肅慎氏)의 남쪽 경계에까지 이르러 돌에 공적을 새겼으며, 환도(丸都)의 산에도 새기고 불내(不耐)의 성에도 글을 새겼다. 주살하거나 사로잡은 이가 모두 8천여 구에 이르렀고, 논공행상으로 후(侯)에 봉해진 자가 백여 명이었다. 산을 뚫어 농사에 필요한 물을 대니 그 덕에 백성들이 이로웠다.

관구검은 개선 후 진남장군(鎮南將軍)으로 전임되어 오나라를 방비하였다. 그후 사마의가 정권을 탈취하고자 도모하여 왕조 교체를 단행하자 관구검은 마침내 정원(正元) 2년(255년) 군사를 일으켰으나, 거사에 실패하여 죽음을 당하였다. 이 거사에 대해서는 『삼국지·위지』, 「관구검전」에 보인다.

『삼국지·위지』본기에 관구검이 구려를 평정한 것은 정시(正始) 7년(246년)으로 되어 있다. 구려의 평정에 대해 기록한 여러 비석 중의 하나가 청대 광서(光緒) 30년(1904년) 7월, 봉천성 집안현 설치국원에 의해 집안현 경계의 판석령(板石嶺) 서쪽 고개에서 발견되었다. 비문은 모두 7행으로 아래 부분이 파손되어 남은 글자는 59자가 안 된다. 비문의 내용은 다음과 같다.

正始三年高句驪宮　정시 3년 고구려 궁이[예전에는 궁을 관(官)으로 해석하였는데, 지금은 탁본을 볼 수 없어 단지 아연판[鋅版]에 의거해서는 결정하기가 어렵다. 관(官)이라고 해도 크게 문제는 없지만, 궁은 당시 고구려 왕의 이름인 것이다]

督七牙門討句驪五　7군영을 거느리고 구려를 정벌하였다.

復遺寇六年五月旋　5년에 [고구려가] 다시 침략하자, [정벌하고] 6년 5월에 개선하였다[두 번째 글자는 분명히 유(遺)자인데, 예전에는 견(遣)으로 해석하였다. 선(旋) 다음에는 마땅히 수(帥) 혹은 군(軍)자가 올 터이므로 견구(遣寇)라고 하면 문맥이 통하지 않는다].

討寇將軍魏烏丸單于○　(마지막 글자는 일부가 깨져 있다.)

威寇將軍都亭侯　[예전에는 후(侯) 다음에 6글자가 있다고 해석하였는데, 현재 아연판 인쇄본에 의거하면 명확하지 않다.]

行裨將軍領

裨將軍　[예전에는 두 번째 글자를 '비(裨)'라고 해석하였는데, 현재 아연판 인쇄본을 보면 명확하지는 않다. 가령 이 글자를 '비'라고 한다면 그 위의 글자는 행(行)자가 될 것이다.]

생각하건대, 앞의 세 행은 기사이다. 궁(宮)이란 당시 고구려 왕의 이름(『삼국지·위지』참조)이다. 후의 네 행은 정벌에 참여한 여러 장수들의 이름을 기록한 것이다. 제4행은 오환주수(烏桓主帥)가 정벌에 참여한 것이다[『삼국지·위지』, 「오환전」에는 『위략』을 인용하여 말하길 "경초(景初) 원년 가을, 관구검이 요동을 토벌하자 우북평 오환선우 구루돈(寇婁敦)이 무리를 이끌고 투항하였다. 동생 아라반(阿羅槃) 등을 보내 궐(闕)에 이르러 조공(朝貢)을 하니 거수(渠率) 20여 명을 봉해 왕으로 삼았다"고 한다. 이 정시(正始) 6년의 위나라 오환선우는 구루돈이 아니라 그의 후계자이다. 위나라가 오환을 평정한 후, 오환이 정벌에 참여한 것은 이미 본장 제1절 끝부분에 보인다]. 관구검의 이름 및 관직명은 마땅히 제1행 뒷부분에 있으며 사실을 서술하는 중에 나올 것이다. 이 비문에 의거하면 관구검이 고구려를 평정한 것은 1년의 일이 아니며, 『삼국지·위지』에서 7년이라고 기록한 것은 성공한 해와 관련이 있을 것이다.

『삼국지·위지』에 의거하면 관구검이 고구려를 정벌한 것은 도읍지를 파괴한 것만이 아니라 적극적으로 그 땅을 경영한 것으로 그 때문에 "산을 뚫어 농사에 필요한 물을 대니 그 덕에 백성들이 이로웠다"라고 한 것이다.

제4절 모용외의 요서 창업

선비란 오호(五胡) 중의 하나로 전연(前燕), 후연(後燕), 남연(南燕)은 십육국 중의 세 나라이다. 진(晉)나라가 정치를 그르쳐서 천하가 크게 어지러워져 황실이 남쪽으로 천도하자 북방의 이민족[胡] 중 갈족(羯族, 흉노의 일파)이 황제를 칭하였다. 이에 문물이 융성한 중원은 이민족들의 쟁탈장으로 전락하였으니, 이른바 '오호의 난'이다. 오호 중에는 적극적으로 한화(漢化)를 추진한 민족도 있었지만, 한화에는 그다지 관심이 없는 민족도 있었는데, 모용외(慕容廆)의 증조부 [막호발(莫護跋)]은 처음 요서에 들어와 거하다가 한화되었으나 다시 흉노 유씨(劉氏)에게로 돌아갔다. 그러나 모용외 및 그 자손 3대는 중화의 풍습을 우러르고 사모하였기 때문에 동북에서 건국하여 상당한 문물을 갖추었다. 처음 진(晉)나라에 복속하고 또한 신하로써 충절을 다하여, 석씨(石氏)·혁련씨(赫連氏) 등과는 비할 바가 아니었다. 모용씨 삼국의 사적 및 별도의 지류인 토욕혼(吐谷渾)은 일반적 중국사의 한 부분이지만, 여기에서는 구체적으로 서술하지 않고 다만, 요서에서의 창업 및 그 흥망 성쇠의 시기에 대해서만 논한다.

선비란 동호의 일파로서 특별히 선비산(鮮卑山)에 거주하였기 때문에 [선비로] 불리게 되었다.[14] 한나라는 흉노를 서쪽으로 구축하고 그 유민을 군국으로 이주시 켰는데, 결국 지리적으로 적합하지 않아 백성을 이식할 수 없게 되자 그 땅은 마침 내 선비의 소유가 되었다. 중국사상 선비는 "도(道)가 융성하면 순응하고, 시세가 쇠퇴하면 먼저 떨어져 나갔다(道暢則馴, 時薄先離)"라고 한다[『후한서』찬어(贊語)].

단석괴(檀石槐)[15]에 이르러 강대해져 흉노의 옛 땅을 다 점거하니 거듭 한나라 의 우환이 되었다. 위나라 때, 무평(武平)의 오환(烏桓)은 점차 그 세력을 상실하였 다. 단석괴는 중부[中部, 당시 한나라 군 우북평(右北平) 서쪽에서 상곡(上谷)에 이 른다][16]의 대인(大人)으로 모용씨를 두었다(『위서』를 인용한 『삼국지·위지』의 주석 에 보인다).

위나라 초기 모용씨의 막호발은 여러 부족을 거느리고 요서에 들어가 웅거하였 다. 사마의를 따라서 공손씨를 정벌하는데 공을 세워 솔의왕(率義王)에 임명되었 다. 비로소 극성[棘城, 진(晉)나라의 창려군(昌黎郡)에 속함] 북쪽에 나라를 세웠는 데, 모용을 성씨로 삼았다(『진서』에서는 모용을 두 가지 의미로 해석하는데, 모두 한어의 소리와 의미로 해석하고 있다.[17] 『삼국지·위지』 권30에는 『위서』를 인용한

---

14) 한대 초기, 흉노의 묵돌선우가 동호를 멸망시켰을 때, 동호의 남은 무리들이 오환산과 선비산으 로 도망가 보존하면서 각각 오환과 선비가 되었다. 다만, 앞에서도 언급하였듯이 오환과 선비가 거주하였기 때문에 이 산을 오환산과 선비산으로 불렀다는 설도 있다.

15) 후한 말기 선비족의 대인(大人, 부족장)이다.

16) 단석괴는 북방 지역을 동부, 서부, 중부로 나누어 각각 대인을 두었다. 동부에는 우문막괴(宇文 莫槐), 서부에는 탁발(拓拔)씨를 대인으로 두었다.

17) 『진서』에 의하면 당시 북방에서는 보요관(步搖冠, 장식을 늘어뜨려 걸면 흔들리게 만든 관의

주석에서 단석괴가 분배한 중부 대인에는 모용이 있는데, 모용은 본래 선비의 옛 씨명으로 한어가 아니라고 한다). 아들 모용목연(慕容木延)은 관구검을 따라서 고구려를 정벌하는데 공을 세워 좌현왕(左賢王)의 칭호를 더하였다. 모용목연의 아들 모용섭귀(慕容涉歸)는 공을 세워 선비 선우에 임명되어 요동 북쪽으로 근거지를 옮겼는데, 이에 점차 중화의 풍습을 따르게 되었다.

　모용섭귀의 아들인 모용외(慕容廆)는 어려서 진(晉)나라 안북장군(安北將軍) 장화(張華)를 만난 적이 있다. [장화가] 일러 말하길 "그대는 후에 반드시 세상을 구할 그릇이 되어 난세를 바로잡아 시대를 구할 것이오"라고 하였다. 대강(大康) 5년(284년), 모용외가 즉위하여 대강 10년(289년), 도하(徒河)의 청산(靑山)으로 이주하고 『태평환우기』 71에 "도하성은 한나라의 현으로 유성의 동북에 있는 폐성(廢城)이다. 청산이라는 산이 있는데 군의 동북쪽 90리에 있다"라고 한다. 생각하건대, 도하 고성은 현재 금현(錦縣)과 의현(義縣)의 사이에 있었을 것이다], 원강(元康) 4년(294년), 대극성(大棘城, 현재 의현 서북)에 도읍을 정하였다. 영녕(永寧, 301년) 중에 연나라 지역에 홍수가 나자 모용외는 창고를 열고 구휼하여 유주(幽州)를 구제하였다. 진나라 황제가 칭찬하며 명복(命服, 관복)을 하사하였다. 영가(永嘉)의 난이 일어나자 모용외는 스스로 선비대선우를 칭하였다. 당시 요동의 진나라 관리가 서로 죽이자,[18] 장성 언저리에 있던 선비가 이를 구실로 난을 일으키니 백성 중에 유망하여 모용외에 귀의하는 자들이 많았다. 모용외는 근왕(勤王)을 이름으로 삼고 요동에서 선비의 반란을 평정하고 그 무리들을 극성으로 이주시켰다. 낭야(琅琊)의 5대가 건업(建業)에서 황제의 유지를 계승하자 모용외는 사자를 보내 바다로 배를

일종)이 유행하였는데, 막호발이 이를 좋아하여 보요관을 만들어 쓰고 다녔다. 이로 인해 그를 '보요'라고 불렀는데, 보요는 선비어로 모용의 음과 비슷해 모용을 성씨로 삼았다고 한다. 또한 하늘과 땅 두 가지 덕을 사모하고[慕], 해, 달, 별 세 가지 빛이 움직이는 모양[容]을 이어간다는 의미에서 모용을 성씨로 삼았다고도 한다.

18) 당시 요동태수(遼東太守) 방본(龐本)은 사적인 원한으로 동이교위(東夷校尉) 이진(李臻)을 죽였다.

타고 가서 권진(勸進)[19]하였다. 왕이 황제(동진의 원제)에 즉위하자 모용외에게 장군선우를 제수하였다. 당시 2경(二京)[20]이 무너지고 유주와 기주가 함락되었는데 모용외가 형벌과 정사를 공명하게 하고 겸허한 마음으로 사람들을 맞이하니 많은 유망인이 귀의하였다. 모용외는 이에 군을 세워 유망인을 다스려, 기주인(冀州人)은 기양군(冀陽郡), 예주인(豫州人)은 성주군(成周郡), 청주인(青州人)은 영구군(營丘郡), 병주인(并州人)은 당국군(唐國郡)에 속하게 하였다. 그리고는 현명한 인재를 추대하여 제반의 정무를 맡겼다. 하동(河東)의 배억(裵疑), 대군(代郡)의 노창(魯昌), 북평(北平)의 양탐(陽耽)을 참모로 삼고, 북해(北海)의 봉선(逢羡), 광평(廣平)의 유수(游邃), 북평(北平)의 서방건(西方虔), 발해(渤海)의 봉추(封抽), 서하(西河)의 송석(宋奭), 하동(河東)의 배개(裵開)를 중신으로 삼았다. 발해(渤海)의 봉혁(封弈), 평원(平原)의 송해(宋該), 안정(安定)의 황보급(皇甫岌), 난릉(蘭陵)의 무개(繆愷)는 문장(文章)의 재주가 있다 하여 요직에 임명하고, 회계(會稽)의 주좌거(朱左車), 태산(太山)의 호무익(胡母翼), 노국(魯國)의 공찬(孔纂)은 덕이 훌륭하고 청렴하며 진중하다고 하여 불러서 막료로 삼았다. 평원(平原)의 유찬(劉讚)은 유학에 능통하다 하여 불러서 동상(東庠)의 제주(祭酒)로 삼았는데, 세자인 모용황(慕容皝)은 국주(國冑)[21]를 이끌고 속수(束修)의 예[22]를 드리고 가르침을 받았다. 모용외도 정사를 돌보다 틈이 있으면 몸소 임하여 가르침을 들었다.

태흥(太興, 318년~321년) 초기 진(晋)나라 평주자사(平州刺史) 동이교위(東夷校尉) 최비(崔毖)는 고구려(高句麗)와 우문(宇文, 남흉노의 일파), 단국(段國, 선비의 일파, 모두 영가의 난을 틈타 건국하였다) 등을 사주하여 힘을 모아 모용외를 정벌하였으나, 모용외에게 패배하였다. 우문의 영내에서 황제(皇帝)의 옥새(玉璽) 삼뉴

---

19) 동진을 세운 낭야 왕 사마예를 가리킨다. 낭야 왕 사마예에게 황제에 즉위할 것을 권한 것이다.
20) 동경인 낙양과 서경인 장안을 가리켜 2경이라고 한다.
21) 제왕이나 귀족 자제를 일컫는다.
22) 속수의 예란 폐백을 드리고 가르침을 청하는 예를 의미한다. 여기에서는 모용황이 유찬에게 폐백을 드리고 스승으로 모셨다는 의미일 것이다.

(三紐)를 노획하고는 건업(建鄴)으로 보내니 이에 영토가 더욱 확대 개척되었다. 진나라 황제는 모용외를 거기장군(車騎蔣軍), 평주목(平州牧), 단서철권(丹書鐵券), 승제해동(承制海東)에 임명하였다.

갈족(羯族)의 석륵[石勒, 후조(後趙)의 창업자, 재위 319년~333년]이 사신을 보내 교류하며 화친하고자 하였으나 모용외는 이를 거절하고 그 사신을 [붙잡아] 건업(建業, 동진의 수도)으로 보냈다. 석륵이 분노하여 우문걸득귀(宇文乞得龜)를 보내 모용외를 공격하였으나 모용외가 이를 막아 냈다. 진나라 성제(成帝)가 즉위하자[23] 사신을 보내 태위(太尉) 도간(陶侃, 259년~334년)에게 서신을 보내 중원에서의 갈호(羯胡)의 피해와 강남에서의 변고[24]의 치욕을 비통하게 논하면서 힘을 모아서 왕실을 함께 구할 것을 약속하였다. 서신의 말미에 다음과 같이 말하였다.

모용외는 적의 침략으로 인한 환난의 시기를 맞이하여 대진(大晉)으로부터 누대에 걸쳐 은혜를 입고도 스스로 한스럽게도 멀리 떨어져 있어 성조(聖朝)에 아무런 도움이 되지 못하고, 다만 만 리 밖에서 근심하고 동정을 살피면서 분을 품고 있습니다. 지금 해내(海內)의 바람으로 초(楚)·한(漢)의 경중(輕重)이 될 만한 자는 오로지 군후(君侯)에 있습니다. 만약 힘을 합치고 마음을 다하여 모든 오주(五州)의 무리가 연주(兗州)와 예주(豫州) 교외를 점거하여 의로운 사족들[向義之士]에게 [갈구에 대해] 창을 거꾸로 잡고 갑옷을 벗게 한다면 갈구(羯寇)는 반드시 멸망하여 나라의 수치는 반드시 사라질 것입니다. 저 모용외는 한쪽 구석에 있어 감히 목숨을 다하지 못했습니다. 외로운 군으로 경솔히 진격해 봐야 석륵으로 하여금 이런저런 두려움을 갖게 하기에는 부족하므로 옛날을 회고하는 사족들이 안에서 응하고자 하여도 스스로 일어날 수 없는 것입니다.

---

23) 성제는 동진의 세 번째 황제로 325년 윤 8월에 즉위하였다.
24) 강남의 변고는 원제 말년인 영창(永昌) 원년(322년)에 일어난 왕돈(王敦)의 반란과 성제 함화(咸和) 2년(327년)에 일어난 소준(蘇峻)의 반란을 의미한다.

동시에 동이교위 등도 도간에 상소를 올려서 조정에서 모용외를 연왕에 임명할 것을 요구하였다. 조정에서의 논의가 진행 중인 가운데 모용외가 사망하였다. 모용외가 진나라를 섬긴 것은 첫째, 스스로 본심에서 우러러 나온 것은 아니고 대체로 정치적 작용에 의한 것이며, 둘째, 한화(漢化)를 흠모하였기 때문이다. 그런데, 진나라 황실 자신의 유래에서 그 효자와 자손(慈孫)이 어떻게 장구할 수 있었겠는가?[진 명제가 왕도(王導)[25]를 언급한 것], 남쪽으로 내려온 이후 왕돈(王敦)[26]과 소준이 잇달아 반란을 일으켰으므로 왕도(王導)의 절(節)은 소무(蘇武)의 절(節)이 아니며[27][도간(陶侃)이 왕도를 조소하면서 한 말], 도간의 행적 또한 논할 만한 것이 없지는 않다. 이러한 사례에서 먼 곳에서 귀화한 융이(戎夷)가 멀리 떨어진 지역에서 외롭게 충성을 다하고자 해도 실로 불가능한 것이다. 모용외와 같은 행위는 진실로 중화의 풍습을 흠모하였기 때문일 것이다.

모용외가 죽자 아들 모용황(慕容皝)이 계승하였는데, 여전히 진나라의 정삭을 받들었지만 신절(臣節)은 없었다. 단요[段遼, 단씨 동군(東郡) 선비족. 스스로 힘써 자립한 이래 날로 강성해졌다. 그 땅은 서쪽으로는 어양(漁陽)과 접하고 동쪽으로는 요수를 경계로 하여 호(胡)와 진(晉) 3만여 호와 궁사 4~5만 기(騎)를 다스렸다]와 서로 공격함에 거짓으로 후조(後趙)왕 석호(石虎, 석계룡)에게 번을 칭하였다[稱藩, 신하되기를 칭한 것]. 얼마 후 단씨를 멸망시키자 다시 우문씨(宇文氏)가 우환이 되었다. 그런데 고구려는 나라에서 아주 가까이 있었으니(당시 고구려는 이미

---

25) 왕도(王導)의 자는 무홍(茂弘)이다. 동진의 기초를 닦은 인물로 원제(元帝)를 도와 승상이 되었고, 명제(明帝)와 성제(成帝) 시대를 거쳐 출세가도를 달려 벼슬이 태부(太傅)에까지 이르렀다.

26) 왕돈(王敦)은 왕도(王導)의 종형으로 함께 진 원제(晉元帝)를 도와 정남대장군(征南大將軍)에 이르렀는데, 조정을 견제하기 위해 원제의 심복인 유외(劉隈) 등을 모함한 다음 그들을 벤다는 명목을 내세워 거병한 후, 석두성(石頭城)으로 들어가 주의(周顗)·대연(戴淵) 등을 죽였는데, 명제(明帝)가 군사를 일으켜 토벌할 때 병사하였다.

27) 소무(蘇武)는 한나라 무제 때의 인물이다. 흉노에게 사로잡혀 19년간 억류생활을 하면서도 한 왕실에 대한 충절을 버리지 않았다고 하여 충절의 대명사로 불린다. 왕도가 비록 충신이라고 하나 소무만 하지 못한다는 것을 의미한다.

진나라의 혼란을 틈타 북쪽으로 영토를 확장하고 있었다), 먼저 [고구려를] 멸하기로 하였다. 진나라 함강(咸康) 8년(342년)(『진서』에는 7년으로 기록되어 있다) 모용황은 정예병사 4만 명을 거느리고 남협(南陜)으로 가서 우문씨와 고구려를 치고, 또한 모용한(慕容翰), 모용수(慕容垂)를 선봉으로 삼고 장사(長史) 왕우(王寓) 등을 보내 군사 1만 5천을 거느리고 북쪽으로 나아가게 하였다. 고구려왕 쇠(釗)[28]는 모용황의 군사가 북쪽 길로 쳐들어 올 것이라고 보고 동생 무(武)를 보내 정예병사 5만 명을 거느리고 북쪽을 막게 하고, 자신은 오합지졸만을 거느린 채 남협을 방비하였다. 모용한은 쇠와 목저(木底)에서 전투를 하였는데, 크게 격파하고는 승세를 몰아서 마침내 환도에 입성하였다. 쇠는 단기필마로 달아났다. 모용황이 쇠의 부친 리(利)[29]의 무덤을 파서 그 시신과 모친, 아내 및 진귀한 보물을 싣고, 남녀 5만여 구를 포로로 잡고는 궁실을 불태우고 환도성을 헐어버리고 돌아갔다.

이듬해 쇠는 사자를 보내 모용황에게 신하를 청하고 특산물을 바치고 나서 부친의 시신을 돌려받았다. 우문국을 멸하고 천리의 영토를 확장하였다. 또한 『진서』에는 모용각(慕容恪)이 고구려의 남소(南蘇)를 쳐서 승리하고는 군사를 주둔시키고 돌아왔다고 기록하고 있다(『진서』에는 년도에 대한 기록은 없다).

영화(永和) 3년(347년) 세자 모용준(慕容儁) 및 모용각이 기병 1만7천을 이끌고 동쪽으로 부여(夫餘)를 습격하여 승리하고는 그 왕과 무리 5만여 명을 노획하여 돌아왔다. 모용황은 치세 중에 진나라의 작위를 받고 관직에 임명되었으며, 그 또한 빈번하게 사신을 보내 공물을 바쳤다. 모용황은 시기심이 많았으나 항상 문적(文籍)을 좋아하여 『태상장(太上章)』을 만들고, 『전계(典誡)』를 저술하였으며, 동상(東庠, 학교)을 세워서 매양 몸소 강학에 이르렀으니, 이민족[虜] 군주 중에서는 매우 출중한 편이었다.

모용황이 죽자 아들 모용준이 뒤를 이었는데, 후조(後趙) 염민(冉閔)의 난을 틈

---

28) 고구려 제16대 군주 고국원왕(故國原王, 재위 331년~371년)이다.
29) 고구려 제15대 군주 미천왕(美川王, 재위 300년~331년)이다.

타서 남하하여 업도(鄴都)를 평정하고는 마침내 영화(永和) 8년(352년), 황제의 지위를 참칭(僭稱)하였다. 모용준은 계(薊)에서 업(鄴)으로 천도한 후, 동쪽·북쪽·서쪽 세 방향 모두 영토를 확장하여, 비록 남쪽으로는 진나라 군사에 패하였으나 엄연히 중원에서 가장 강한 이민족 왕조였다.

진나라 승평(升平) 2년(358년), 모용준이 죽자 아들 모용위(慕容暐)가 계승하였다. 모용수(慕容垂)가 전진(前秦)의 부씨[苻堅]에게 투항하자[30] 진나라 태화(太和) 5년(370년), 부씨의 장수 왕맹(王猛)에게 [업(鄴)을] 함락당해 [모용위는] 업에서 북쪽으로 달아났으나 전진의 병사에게 포로로 잡혀, 전연(前燕)은 마침내 멸망하였다.

이후 모용수는 부견이 망한 후 잠시 나라를 회복하였으나, 4대 24년 만에 멸망하였다. 한족 출신의 풍발(馮跋)이 계승하였으나 모용씨 연나라의 본토에 변고가 있어 남조의 송[劉宋] 원가(元嘉) 7년(430년)에 사망하고 몇 년 뒤 탁발씨의 북위(北魏)에게 멸망하였다(사서에 죽은 해의 기록은 없다).

동북의 강토는 전연(前燕), 전진(前秦), 후연(後燕), 북연(北燕)의 무대를 거치면서 매우 복잡하여 홍량길(洪亮吉)이 편찬한 『십육국강역지(十六國疆域志)』에도 의거할 수 없는 것이 많아 지금도 상세히 알 수는 없다(중국에서 여러 나라의 흥망성쇠는 명확히 계보를 파악할 수 있으나, 동북 변경에서의 출입에 대해서는 기록이 없다). 이 변란을 틈타 고구려는 판도를 크게 확장하였기 때문에 탁발씨(拓拔, 북위)의 평주(平州)와 영주(營州), 두 주는 실제로 멀어야 요하(遼河) 밖을 넘지 못하였을 것이다.

생각하건대, 모용씨는 요서에서 집안을 일으켜서 대북(代北, 현재 산서북부 및 하북 서북부 일대)의 무인 풍속을 잇고 중원의 문화를 계승하였다. 모용외의 자손

---

30) 모용수는 모용황의 다섯째 아들이다. 모용황은 태자인 모용준보다 모용수를 더 좋아하였는데, 이로 인해 모용준이 즉위하자 견제를 받았다. 모용준이 사망한 후 아들 모용위가 즉위하자 그를 보좌하여 많은 전공을 세웠으나, 그의 세력을 두려워한 모용준의 태후 가족혼씨 등의 암살 위협을 받아 마침내 전연을 탈출하여 전진에 투항한 것이다.

3대는 평소 문적을 좋아하여 학문을 일으키고 서적을 저술하여 한화에 귀의하였는데, 오호 중 흉노의 유연을 제외하고는 비할 데가 없었다. 진나라 사대부를 중용하여 치국 행정의 인재로 삼았는데, 중원의 구 귀족인 하동(河東)의 배의(裵嶷)에게 장상(將相)의 직책을 맡긴 것은 부견이 왕맹(王猛)을 등용한 것을 제외하면 더할 나위 없는 것이었다. 멀리는 건업(建業)의 조정(건업에 새로 건국한 남조의 동진을 의미한다)을 숭앙하고, 같은 마음으로 이하(夷夏)를 변별한 것은 또한 매우 유효하게 정치적인 작용을 하였다. 그 성공의 원인은 단지 북방 유목민족의 풍속에 의한 것이 아니라 곧 청주(靑州), 예주(豫州)에 위엄을 떨침으로써 가능하였던 것이다.